No. [illegible] IDENTI

Name of holder DAVID

FRANKFURTER

Office stamp partly over ...

Signature of holder

David Frankfurter

Ich tötete einen Nazi

David Frankfurter

Ich tötete einen Nazi

Erzählt und bearbeitet
von Schalom Ben-Chorin

Herausgegeben von
Sabina Bossert und Janis Lutz
mit einem Nachwort von Micha Brumlik

S. Marix Verlag

Inhalt

Vorwort

Vom 17. März bis zum 3. Oktober 2022 ist im Jüdischen Museum Frankfurt die Ausstellung »Rache: Geschichte und Fantasie« zu sehen. Es handelt sich um die erste kulturhistorische Schau, die sich mit dem Topos der Rache in der jüdischen Kulturgeschichte befasst. Sie spannt den Bogen von biblischen Geschichten über rabbinische Schriften, jüdische Legenden und judenfeindliche Mythen bis hin zu jüdischen Outlaws. Der Ausstellungsrundgang mündet in einen Raum mit dem Titel »Nakam: Rache an Nationalsozialisten«. Dieser Ausstellungsteil vereint die Zeugnisse einer Vielzahl von Jüdinnen und Juden, die sich in literarischen Zeugnissen, Briefen, Testamenten oder mit aktiven Taten gegen die Nationalsozialisten zur Wehr setzten. Bei den Recherchen begegnete den Kuratorinnen und Kuratoren der Ausstellung immer wieder explizit das Wort Rache, das in den Dokumenten als treibende Motivation angesichts des unfassbaren Ausmaßes der Vernichtung durch die Nationalsozialisten zu Tage tritt.[1] Eben dies gilt auch für David Frankfurter, der kurz nach der Schoa Zeugnis über sein gelungenes Attentat ablegte. Frankfurters Memoiren erschienen 1948 erstmals in hebräischer Sprache. Als Vorlage diente ein deutsches Manuskript, das in diversen Archiven seither darauf wartete, verlegt zu werden. Gemeinsam mit Sabina Bossert hat das Jüdische Museum Frankfurt dieses Vorhaben nun zum Abschluss seiner Ausstellung »Rache: Geschichte und Fantasie« in die Tat umgesetzt: Mit dem vorliegenden Buch wird Frankfurters Zeugnis erstmals ungekürzt in deutscher Sprache veröffentlicht. Mit David Frankfurter kommt in diesem Buch eine Persönlichkeit zu

Wort, der gegen den Nationalsozialismus die Waffe richtete, als dieser von den Regierungen vieler Länder weder als Kriegsgefahr noch als genozidale Gewaltherrschaft betrachtet wurde.

> »11. Februar, Dienstag«, notiert Victor Klemperer in seinem Tagebuch, »Nach frühlingshaft milden Wetter plötzlich, seit zwei Tagen, strenge Kälte, morgens 10 Grad. Die Lage immer dunkler. In Davos hat ein jüdischer Student den deutschen Parteiagenten der NSDAP erschossen. Im Augenblick, da hier das Olympiaspiel stattfindet, wird alles totgeschwiegen.«[2]

Wir befinden uns also im Februar 1936, als die Olympischen Winterspiele in Garmisch-Partenkirchen im Deutschen Reich stattfinden. Ein jüdischer Student – David Frankfurter – erschießt den NSDAP-Landesgruppenleiter der Schweiz – Wilhelm Gustloff – in Davos. Oder, wie Frankfurter seine Tat im deutschen Manuskript seiner Memoiren nüchtern betitelte: »Ich tötete einen Nazi«. Damit war er der erste Jude, der sich mit der Waffe dem "Todfeind" entgegenstellte. Aus dem eher deskriptiven Titel der deutschen Manuskriptvorlage geht nicht hervor, warum Frankfurter sich in der Zusammenarbeit mit Schalom Ben-Chorin an der hebräischen Erstveröffentlichung seiner Memoiren für den Titel »Nakam«, dem biblischen Wort für Rache, entschied. Aufgrund eben dieses Titels firmiert er in der Ausstellung »Rache: Geschichte und Fantasie« als der erste jüdische Rächer an den Nationalsozialisten. Seine Tat wurde seinerzeit auch von Jüdinnen und Juden weithin beachtet; ihr folgten weitere. In den letzten Jahren ist das Thema der Rache an Nationalsozialisten zunehmend publizistisch, dokumentarisch und popkulturell verhandelt worden. Zuletzt insbesondere von Dina Porat[3], Achim Doerfer[4] und den Brüdern Paz[5].

Im deutschsprachigen Raum haben Jim G. Tobias und Peter Zinke mit ihren Forschungen dieses Thema ebenfalls bekannter gemacht.[6]

Die wohl breiteste Bekanntheit genießt eine Gruppe junger jüdischer Rächerinnen und Rächer um den Partisanen, Dichter und Widerstandskämpfer Abba Kovner, der kurz nach der Schoa rund 50 Überlebende um sich schloss, um Rache an sechs Millionen Deutschen zu verüben. Die Gruppe firmierte unter dem Akronym DIN, hebräisch für »Gericht«, wobei die einzelnen Buchstaben für »Dam Israel Notar« stehen: »Das Blut Israels erinnert sich.« Bekannt wurde die Gruppe schließlich unter dem Namen »Nakam«. Für Schalom Ben-Chorin, von dem ein Nachwort in der deutschen Fassung der Memoiren zu finden ist, reiht sich David Frankfurter nicht nur in die Genealogie von jüdischen Rächern und Widerstandskämpfern rund um Abba Kovner ein. Er sieht ihn in einer Linie mit der Jüdischen Brigade[7] in der Britischen Armee und den Widerstandskämpfern der Ghettos:

> »Grünspan in Paris, die Helden des Warschauer Ghettos, die jüdischen Partisanen in allen Ländern der Naziokkupation, die jüdischen Soldaten in den Armeen der Alliierten und unsere Kämpfer von der Jüdischen Brigade und den anderen jüdischen Truppen aus Erez Israel.«[8]

Im Unterschied zu den Genannten beging Frankfurter seine Tat noch vor der »Entfesselung der Endlösung«[9]. Denn er tötete Wilhelm Gustloff am 4. Februar 1936 – kurz bevor, wie Klemperer schreibt, die Olympischen Winterspiele in Garmisch-Patenkirchen begonnen. Als Frankfurter sich entschied, den NSDAP-Landesgruppenleiter zu erschießen, ahnte er noch nicht, dass die systematische Entrechtung von Jüdinnen und Juden im Deutschen Reich im Massenmord münden würde. Entsprechend schlussfolgert Ben-Chorin:

> »Aber David Frankfurter war der Erste. Er hat gehandelt und gelitten und damit ist er – ohne es zu wissen und es zu wollen – ein Vorbild für uns geworden.«[10]

Von der Schoa erfuhr David Frankfurter während seiner Haftzeit. Ein Teil seiner Familie wurde von den Nationalsozialisten ermordet. Unter diesem Eindruck hielt er 1946 unmittelbar nach seiner Entlassung gemeinsam mit Ben-Chorin seine Lebensgeschichte fest. Seine Aufzeichnungen bringen zum Ausdruck, dass ihm zu diesem Zeitpunkt das Ausmaß des Massenmords bekannt war: Frankfurter widmete seine Memoiren den sechs Millionen ermordeten europäischen Jüdinnen und Juden. Das Verfassen dieses Zeugnisses stellte einen emotionalen Kraftakt dar, den Frankfurter mit der hebräischen Namensgebung der Erstveröffentlichung besiegelte. Mit dem Titel »Nakam« unterstrich er nicht nur den Akt, den er vollzogen hatte, sondern auch dessen Bedeutung. Denn, so schreibt Laura Jokusch in dem Begleitband zur Ausstellung, »für viele Jüdinnen und Juden war Rache ein dehnbarer, schwer fassbarer Begriff, und etwas zutiefst Persönliches«.[11] Mit der Wahl des Titels unternahm Frankfurter in der Reflexion über seinen Akt eine zweite Handlung, einen Akt der Selbstermächtigung über dessen Deutung. Er griff damit aktiv in die Geschichtsschreibung über den Kampf von Jüdinnen und Juden gegen den Nationalsozialismus ein. Sein Selbstbild als erster Kämpfer wurde jedoch lange Zeit nicht öffentlich wahrgenommen. Das mag an der nationalsozialistisch-propagandistischen Begleitung des Prozesses gelegen haben. Seitens der Nationalsozialisten wurde Wolfgang Diewerge mit der publizistischen Begleitung des Falls beauftragt, woraus gleich zwei antisemitische Pamphlete entstanden.

Juristisch begleitete Friedrich Grimm Frankfurters Prozess. Beide Figuren sollten zwei Jahre später wieder im Fall von Herschel Grynszpan in Erscheinung treten.

Micha Brumlik hat für die vorliegende Ausgabe ein Nachwort zur literarischen Rezeptionsgeschichte der Tat verfasst. Es weist nach, wie die Tradierung nationalsozialistischer Quellen bis heute die Wahrnehmung von Personen wie Frankfurter oder Grynszpan in Deutschland prägen. Während nach Wilhelm Gustloff ein Kreuzfahrtschiff benannt wurde, das aufgrund seines Untergangs während des Zweiten Weltkriegs bis heute in Erinnerung geblieben ist, findet sich in Deutschland – im Unterschied zu Israel – weder eine Straße noch ein Park, die nach Frankfurter benannt sind. Günther Grass' Novelle »Im Krebsgang« tat ihr Übriges, um in erster Linie die Person Wilhelm Gustloff im kulturellen Gedächtnis zu bewahren.

Mit der Herausgabe dieses kurz nach der Schoa entstandenen Zeugnisses möchten wir David Frankfurter nun den Platz in der deutschen Geschichtsschreibung verschaffen, der ihm gebührt. Der 1909 in Österreich-Ungarn geborene Frankfurter stellte sich der nationalsozialistischen Gewaltherrschaft schon früh entgegen. Zu einem Zeitpunkt, an dem die Welt passiv nach dem Deutschen Reich und den stattfindenden Olympischen Spielen schaute. Er beharrt in seinen Ausführungen darauf, dass seine Tat bereits 1936 notwendig war:

> »Ich stimmte ihm zu, aber tief innen wusste ich, dass ich nicht mehr zurückfinden konnte in diese Bahn der Alltäglichkeit. Es bohrte in mir. Die Tat, die vergeltende, die aufrüttelnde, die unabwendbare Tat – sie musste vollzogen werden. Ein Jude musste den Mut aufbringen, die Waffe gegen Hitler als das Haupt der tausendköpfigen Hydra zu richten. Ein Jude – war nicht ich es?«[12]

In den 1980er Jahren, kurz nach dem Tod Frankfurters, wurden seine Memoiren in Israel in einer neuen hebräischen Ausgabe veröffentlicht – dieses Mal unter dem Titel »Der erste Kämpfer gegen die Nazis.« Zwar verschwindet der Begriff der Rache aus dem Titel, und seine Tat wird damit als eine widerständige eingeordnet, dennoch wurde das deutsche Manuskript nicht verlegt. Ob Sie, liebe Lesende, David Frankfurter als einen Rächer oder als Widerstandskämpfer verstehen, möchten wir Ihnen selbst überlassen. Die Herausgabe der Memoiren von David Frankfurter und Schalom Ben-Chorin unter dem Titel »Nakam« war eine selbstbestimmte Entscheidung. Früh verstanden sie sich als wehrhafte jüdische Personen im Kampf gegen den Nationalsozialismus. Ein Selbstbild, das in den folgenden Jahrzehnten keinen Platz im kulturellen Gedächtnis der beiden deutschen Staaten und deren Geschichtsschreibung fand.

Die vorliegende Publikation ist nicht als Einzelwerk zu verstehen, sondern als Ergänzung zu der umfangreichen Dissertation von Sabina Bossert, die 2019 unter dem Titel »David Frankfurter (1909–1982). Das Selbstbild des Gustloff-Attentäters«[13] erschien. Das Buch widmet sich erstmalig umfangreich der Person Frankfurters, seiner Tat, dem Prozess und seinen Memoiren. Es hat damit die wissenschaftlichen Voraussetzungen für diese Publikation geschaffen. Die hier vorliegenden Memoiren sind eine kommentierte Lesefassung des deutschen Manuskripts von David Frankfurter, die Sabina Bossert und ich gemeinsam vorgenommen haben. Wir haben nicht in den Inhalt eingegriffen, sondern lediglich weiche Korrekturen vorgenommen, die bspw. Interpunktionen oder Rechtschreibfehler betreffen. Unterstreichungen, mit denen Frankfurter bspw. Namen oder Orte hervorhob, wurden als solche belassen, wie die Schreibweise hebräischer Begriffe, auch wenn deren Transliteration von einer korrekten Schreibweise abweichen. Um diese Begriffe zu erklären, wurde ein Glossar angelegt. Alle biblischen Zitate in der Kommentierung wurden aus Leopold Zunz' »Die vier und zwanzig Bücher der Heiligen Schrift« (Frankfurt am Main 1838) entnommen. In die Geschichte und Kontextualisierung der Memoiren wie auch die Biographie Frankfurters leitet Sabina Bossert in diesem Buch ein. Auf die kommentierte Lesefassung von »Ich tötete einen Nazi« folgt ein Nachwort von Micha Brumlik, das die literarische Rezeptionsgeschichte von Frankfurters Tat behandelt.

Wie bei jedem Projekt ist auch die Herausgabe dieses Buches nur gemeinschaftlich möglich gewesen. An erster Stelle möchte ich den Freunden und Förderern des Jüdischen Museums Frankfurt, insbesondere dem Vorstandsvorsitzenden Werner d'Inka danken, der nicht nur mit einer finanziellen Förderung die Herausgabe des Buches möglich gemacht, sondern dieses Projekt aktiv mitinitiiert hat. Die Idee, die Memoiren Frankfurters der Öffentlichkeit zugänglich zu machen, ist im Rahmen der Ausstellung »Rache: Geschichte und Fantasie« im Jüdischen Museum Frankfurt entstanden. Daher gilt mein Dank dem kuratorischen Team rund um Max Czollek, Erik Riedel und Mirjam Wenzel. Letztlich hat uns das gemeinsame Nachdenken und Diskutieren über die Geschichten, die wir in unserer Ausstellung erzählen wollten, zu David Frankfurter geführt. Aus diesem Team gilt ein besonderer Dank Mirjam Wenzel, die sich mir im Rahmen ihres begleitenden Seminars zur Ausstellung an der Goethe-Universität eher *en passant* zuwandte und anmerkte, dass man sich doch überlegen könne, Frankfurters Bericht zu publizieren, und die sich für eine Herausgabe besonders engagierte. Sabina Bossert danke ich für die Bereitschaft, das Projekt in kurzer Zeit anzugehen und

David Frankfurter,
Privatarchiv von
Moshe Frankfurter,
Jerusalem

Schalom Ben-Chorin
in Kiryat Anavim,
Februar 1949,
Stadtarchiv München,
DE-1992-JUD-F-011-01

umzusetzen, und natürlich für ihre herausragende Arbeit rund um David Frankfurter. Moshe Frankfurter, Miriam Gepner und Lothar Wekel, ihrem Engagement wie auch ihrer Bereitschaft, das Manuskript zu veröffentlichen, gilt ebenso Dank. Ein letzter Dank geht an meine Kolleginnen und Kollegen aus dem Jüdischen Museum Frankfurt: Sara Soussan, Heike Drummer und Michael Lenarz. Während Sara Soussan mich nie abwies, wenn ich zu ihr herüberschaute und sie fragte, ob denn meine Erläuterungen im Glossar so in Ordnung seien, waren Heike Drummer und Michael Lenarz immer ansprechbar, wenn es um die Frankfurter Zeitgeschichte ging, die in den Memoiren wichtigen Kontext schafft.

Janis Lutz, Frankfurt am Main im Juli 2022

Entstehungsgeschichte[1]

Die Zusammenarbeit zwischen Schalom Ben-Chorin und David Frankfurter

Schon kurz nach seiner Auswanderung nach Palästina im September 1945 setzten sich palästinensische, amerikanische und europäische Verlage mit David Frankfurter in Verbindung, da seine Lebensgeschichte ihr Interesse geweckt hatte. Frankfurter entschied sich für den sozialistisch-zionistisch ausgerichteten Buchverlag *Am Oved*[2]. Unter dem Eindruck der vergangenen Erlebnisse und des Verlustes vieler seiner Familienangehörigen in der Schoa fühlte Frankfurter sich nicht in der Lage, seine Lebensgeschichte ohne Hilfe niederzuschreiben. Auf Empfehlung des Verlags wandte er sich an den deutschsprachigen Schriftsteller Max Brod, der wie Frankfurter in Tel Aviv lebte. Brod war zu diesem Zeitpunkt zu beschäftigt, um diese Aufgabe zu übernehmen, und verwies Frankfurter weiter an Schalom Ben-Chorin, den ebenfalls deutschsprachigen Journalisten und Religionswissenschaftler, der zustimmte, Frankfurter beim Verfassen seiner Memoiren zu helfen.

Aus dem Nachlass von Schalom Ben-Chorin lassen sich die Details der Zusammenarbeit zwischen Frankfurter und ihm rekonstruieren. Die unregelmäßigen Treffen begannen im März 1946. Zum Abfassen der Memoiren wurde ein Vertrag zwischen den beiden Parteien aufgesetzt, der Bestimmungen zu Ben-Chorins Honorar umfasste und ihn beauftragte, »die Lebensgeschichte David Frankfurter […] nach dessen Angaben in Form einer Autobiographie zu verfassen«.[3] Frankfurter verpflichtete sich im Gegenzug, diese Arbeit keinem anderen zu übertragen. Die Erträge aus dem Verkauf des Buches sollten zu 25 Prozent an Ben-Chorin und zu 75 Prozent an Frankfurter gehen – ebenso wurden die zu erwartenden Kosten aufgeteilt, wobei die 25 Prozent, die Ben-Chorin zu übernehmen hatte, von dessen Honorar abgezogen wurden. In einem Nachtrag zu diesem Vertrag wurde Schalom Ben-Chorin durch eine Einmalzahlung abgegolten. Sämtliche Rechte verblieben somit bei David Frankfurter.

Schalom Ben-Chorin schildert das erste Zusammentreffen mit Frankfurter in der Publikation *Begegnungen, Porträts bekannter und verkannter Zeitgenossen*: »Da erschien nun eines Tages im Frühling 1946 in meiner Wohnung in Jerusalem-Romema, ein überaus liebenswürdiger, etwas gehemmter Mann, dem man die mutige Gewalttat kaum zuzutrauen vermochte.«[4] Zudem äußerte er sich dazu, wie die geradezu symbiotische Zusammenarbeit an den Memoiren – die Gespräche fanden jeweils in der gemeinsamen Muttersprache Deutsch statt – abgelaufen ist:

> »Unsere Methode war folgende Prozedur: morgens gegen neun Uhr erschien Frankfurter bei mir, las, was ich am Nachmittag geschrieben hatte, und erzählte mir dann etwa zwei Stunden weiter aus seinem Leben. Bei der Durchsicht meines Manuskriptes verfiel Frankfurter oft ins Staunen, denn ich hatte Dinge geschrieben, die er nicht gesagt, aber gedacht hatte. Gleichsam telepathisch übertrugen sich auf mich seine Gedanken und Gefühle, die er nicht zu artikulieren vermochte.«[5]

Ben-Chorin beschrieb Frankfurter als »immer wieder von den Gefühlen überwältigt, die ihn zehn Jahre vorher zu seiner Tat getrieben hatten«[6], deswegen hätte er oft stockend erzählt oder den Faden verloren. Trotzdem fiel es Ben-Chorin nicht schwer, Frankfurters Lebensgeschichte niederzuschreiben: Es gab kaum Stellen, die Frankfurter im

I. Jugend und Krankheit

Die erste Frühlingssonne liegt über den Hügeln von Jeruschalajim und die kahlen Hänge beginnen sich zu begrünen mit jenem zarten,lichten Flor,der nur wenige Wochen auf dem kargen Erdreich haftet--ehe die sengende Sonne des Orients ihn gelb und trocken macht.

Die Mandelbäume stehen in voller Blüte,das Land atmet auf nach den Regenfällen des Februar.Ich sitze am Rande der Heiligen Stadt auf einer Bank und schliesse die Augen---um besser sehen zu können.In mich hinein und zurück in die Tage meiner Kindheit.Es ist mir als fühlte ich mich von einer grossen unsichtbaren Hand ergriffen,die mich merkwürdige und gewundene Pfade führte--hierher in das Land unser Väter ,das Land der Söhne und Enkel.Ich habe es geliebt,dieses Land und mit der Seele gesucht,so lange ich mich zurück erinnern kann.Es war ~~wohl~~ mein Vater...Mosche....Frankfurter,dessen glühende Zionsliebe mir,seinem Sohn,ins Blut gelegt wurde.--

Ueberwältigt vom Leid meines Volkes hatte ich als Siebenundzwanzigjähriger mit allen anderen Zielen und Sehnsüchten meines Lebens auch diese eine und grösste,heimzukehren nach Eerz-Jisrael, ~~begraben~~ aufgegeben...und doch wurde mir das Leben,das ich von mir geworfen wiedergeben und neugeboren durfte ich heimkehren in das Land meiner Liebe.--

Als ich am 9. Juli....1909 ~~geboren wurde~~ zur Welt kam, war mein Vater Rabbiner der kleinen jüdischen Gemeinde in Daruvar in Jugoslawien,das damals noch zur alten österreichisch-ungarischen ~~K.und K.~~ Donaumonarchie gehörte.Daruvar ist ein ~~kleiner~~,zwischen niedrigen Hügeln gelegener Kurort,in dem vor allem Frauen in den ~~Schwefel~~ Eisenquellen der Umgeung Heilung suchen. Ich war das dritte und jüngste Kind meiner Eltern,~~das Nesthäkchen gewissermassen~~ nach meinem älteren Bruder Alfons und meiner Schwester Ruth.

Mein Vater war der Spross einer alten Rabbinerfamilie aus ~~dem ungarisch sprechenden Teil~~ der Slowakei,zu seinen Vorfahren gehörte der berühmte Marhascheschach, ~~und der Begründer der deutschen Neu-Orthodoxie Samson Raphael Hirsch.Ganz im Sinne dieses grossen Vorfahren hatte~~ Mein Vater in seinem Leben das Ideal von"Thora im Derech Erez" ~~verwirklicht~~,die Synthese von jüdischer und europäischer Bildung.Schon als kleiner Knabe hatte er den Cheder besucht und war dann schliesslich Bachur der ~~berühmten~~ bekannten Jeschiwa in Pressburg geworden,die er mit dem "Hatarath Horaa"-Diplom verliess,um in Berlin am orthodoxen Hildesheimerschen Rabbinerseminar seine jüdischen Studien auch auf historischem und religionsphilosophischen Gebiet zu vertiefen.Endlich promovierte er an der Universiät Bern zum Doktor der Philosophie--~~die ihm fehlende Gymnasialbildung hatte er in Privatstudien und Abendkursen nachgeholt~~--mit einer Dissertation über die Mischne Thora des Maimonides.

Seite des von David Frankfurter korrigierten Manuskripts, Jerusalem 1946, Deutsches Literaturarchiv Marbach, Nachlass Schalom Ben-Chorin

Nachhinein gestrichen habe. Ben-Chorin führte dies auf den gemeinsamen Hintergrund zurück, den »ähnlichen Kulturkreis«, dem beide entstammten, »sowohl in jüdischer wie in allgemeiner Hinsicht«.[7] Über die Gespräche hinaus standen ihnen weitere Unterlagen zur Verfügung: Bücher und Zeitungsartikel, die Anklage und das gegen Frankfurter gesprochene Urteil, nicht aber die weiteren Gerichtsunterlagen, die Ben-Chorin und Frankfurter vergeblich aus der Schweiz angefordert hatten. Darauf führte Ben-Chorin eine mögliche »Ungenauigkeit und Subjektivität« bei der Darstellung zurück, hielt aber zugleich fest, dass er die Geschichte »getreu [Frankfurters] Bericht aufgezeichnet« habe, und er unterstrich: »Die in diesem Buch vertretenen Ansichten sind daher die Frankfurters; nur Formulierung und Stilisierung waren mein Werk.«[8]

Die Zusammenarbeit verlief in Phasen, die sich bis Ende Juli des Jahres 1946 hinzogen, zu denen Frankfurter sich jeweils bei Ben-Chorin in Jerusalem einfand. Frankfurter erhielt von Ben-Chorin schließlich ein getipptes Manuskript zur Korrektur, das noch einige Lücken enthielt, im Großen und Ganzen jedoch abgeschlossen war.[9] Das Resultat aus diesen Sitzungen waren die Memoiren Frankfurters, im Originalmanuskript mit der simplen Tatsache »Ich toetete einen Nazi …« betitelt.

In verschiedenen Archiven in der Schweiz, in Deutschland und in Israel sind Versionen dieses Originalmanuskripts zu finden. Die ursprünglichste Version befindet sich im Deutschen Literaturarchiv Marbach im Nachlass von Schalom Ben-Chorin. Es handelt sich dabei um eine Vorversion, ein getipptes Manuskript, das Frankfurter mit handschriftlichen Korrekturen, Anmerkungen und Streichungen ergänzt hatte. In Marbach befindet sich zudem das Handexemplar von Schalom Ben-Chorin der zur Übersetzung und zum Druck gedachten Version. Eine

DAVID FRANKFURTER

ICH TOETETE EINEN NAZI...

~~erzählt und~~ bearbeitet v. Schalom Ben=Chorin

"Du sollst das Böse ausrotten aus deiner Mitte..."
Deuteronomium 13,6

"Gedenke, was dir Amalek angetan hat..."
Deuteronomium 25,17

"Wer niemals um seiner Rasse willen gehasst wurde, kann das nicht begreifen..."
Franz Werfel, Die vierzig Tage des Mussa Dagh.

Inhalt:

JERUSALEM ~~XXXX~~ 1946
Begonnen am 3 März — 6. März
1. April — 13. April
15. April — 26. Juni 1946
28. Juni — 28. Juli '46 Korrektur
Frankfurter

Erste Seite des von David Frankfurter korrigierten Manuskripts, versehen mit Exlibris Frankfurters, Jerusalem 1946, Deutsches Literaturarchiv Marbach, Nachlass Schalom Ben-Chorin

Version unbekannter Herkunft liegt im Jabotinsky-Archiv in Tel Aviv; sie entspricht dem erwähnten Handexemplar. Zwei Abschriften des Handexemplars von Schalom Ben-Chorin, die durch Professor Thomas Willi veranlasst wurden, sind im Archiv für Zeitgeschichte der ETH Zürich und im Deutschen Literaturarchiv Marbach zu finden.[10] Für die vorliegende Publikation wurde mit dem Handexemplar von Ben-Chorin gearbeitet. Verschiedene Versionen enthalten ein Nachwort von Ben-Chorin (so auch hier), das in der Publikation der hebräischen Memoiren als Vorwort vorangestellt wurde.

Frankfurter und Ben-Chorin haben nicht nur den Memoiren selbst, sondern auch den einzelnen Kapiteln jeweils sinngebende Zitate vorangestellt, die eine deutende Perspektive beabsichtigen. Auf der Titelseite des Manuskripts sind dies zwei biblische Zitate und ein literarisches: »Du sollst das Böse ausrotten aus deiner Mitte …« aus Deuteronomium 13:6 und »Gedenke, was dir Amalek[11] angetan hat …« aus Deuteronomium 25:17 sowie »Wer niemals um seiner Rasse willen gehasst wurde, kann das nicht begreifen …« aus *Die vierzig Tage des Musa Dagh* des österreichischen Schriftstellers Franz Werfel aus dem Jahr 1933, das sich mit dem Genozid an den Armeniern beschäftigt.[12] Die Zitate, die sowohl verständniserweckend, selbstbestimmt als auch rechtfertigend in Bezug auf das Attentat auf Wilhelm Gustloff wirken, widerspiegeln Frankfurters Selbstbild und -verständnis. Dabei wird deutlich, dass sich Frankfurters Buch in erster Linie an eine jüdische Leserschaft richtete, die diese Hinweise sicherlich einordnen und verstehen konnte. Diesen Zitaten folgt eine Widmung: »Dem Andenken meines Vaters Rabbi Dr. Mosche Frankfurter, seligen Andenkens, der mit den sechs Millionen Opfern meines Volkes fiel.«[13] Diese Widmung verdeutlicht, unter welchen Gegebenheiten Frankfurter seine

Memoiren verfasste: Bis auf seine Geschwister war beinahe seine gesamte Familie ermordet worden.

Die Memoiren sind in einem literarischen Stil verfasst, der auf den Germanisten und Religionswissenschaftler Schalom Ben-Chorin zurückzuführen ist. Sie enthalten sowohl religiöse Verweise als auch Zitate aus der Literatur, teilweise programmatisch zu verstehende Werke, in denen es um Tyrannenmord, Gerechtigkeit, Recht und Unrecht geht, wie Schillers *Wilhelm Tell* oder Kleists *Michael Kohlhaas*.

Die Memoiren erschienen im Februar 1948 im Verlag *Am Oved* unter dem Titel »Nakam«, hebräisch für Vergeltung oder Rache. In der *Palestine Post* vom 16. April 1948 wurde das Buch unter dem Titel *David and Goliath* besprochen. Der Verfasser Dov Vardi schrieb in seiner Rezension, dass die Perspektive Frankfurters »extremely sincere« und Frankfurter mehr ein »Dostoievskian hero, suffering and tormented« sei, als ein »unhesitating arm of vengeance«. Er hob besonders Frankfurters moralische Zweifel hervor, die ihn bezüglich des begangenen Mordes gequält hätten, und dass er durch den Mord anstelle des Gebots »Du sollst nicht morden« ein neues, höheres Gebot geschaffen habe: »Thou Shalt Live«.[14]

Bei der Lektüre der Memoiren ist zu beachten, dass es sich nicht um ein Tagebuch handelt, das Frankfurter parallel zu seinem Leben verfasst hatte, sondern um eine rückblickende Einordnung und Sinngebung nach Kriegsende mit dem Wissen um das Geschehen nach dem Attentat auf Gustloff im Februar 1936. Frankfurter hatte durch den Lauf der Geschichte Recht erhalten und erzählte seine Geschichte aus dieser Perspektive. Dies zeigt sich beispielsweise daran, wenn er immer wieder versucht, sein Leben mit Ereignissen der Zeitgeschichte in Verbindung zu bringen, so beispielsweise seine Verlegung vom Gefängnis in Chur nach Orbe und zurück, die er auf den Tag der Kapitulation Belgiens bzw. den Überfall der deutschen Wehrmacht auf die Sowjetunion legt. Entsprechend sind Frankfurters Memoiren ein subjektives Stück Geschichte, sein eigener Blick auf sein Leben.

Die veröffentlichten Memoiren

Die Struktur der unpublizierten deutschsprachigen Memoiren wurde für die hebräischen Publikationen nur teilweise übernommen, weshalb hier kurz darauf eingegangen werden soll. Frankfurters Lebenserinnerungen wurden bisher nur auf Hebräisch in ihrer Ganzheit veröffentlicht; in anderen Sprachen lediglich in Ausschnitten. Frühe Bemühungen unmittelbar nach Frankfurters Auswanderung, die Memoiren auf Deutsch im Zürcher *Carl Posen Verlag* oder auf Jiddisch in der amerikanischen Zeitung *Der Tog* zu veröffentlichen, verliefen im Sande.

Bereits erwähnt wurde die erste Veröffentlichung der Memoiren aus dem Jahr 1948, die den Titel *Nakam* trug.[15] Der Untertitel *Paraschat haHitnakschut beSochen-haNazim Gustloff* lässt sich mit »Die Affäre um das Attentat auf den Naziagenten Gustloff« übersetzen. Das Buch umfasst 217 Seiten, aufgeteilt in zwölf Kapitel, versehen mit insgesamt drei Bildern (David Frankfurter, sein Vater Rabbiner Moritz Frankfurter und ein Bild von Frankfurter während des Prozesses in Chur) sowie einem Vorwort von Schalom Ben-Chorin. Das Buch erschien in der Reihe *Schacharut*, die sich primär an Jugendliche richtete und eine sozialistisch-zionistische erzieherische Absicht hatte.

Eine Neuveröffentlichung des hebräischen Manuskripts erfolgte nach Frankfurters Tod im Jahr 1984 unter dem Titel *Rischon haLochamim baNazim* (»Der erste Kämpfer gegen die Nazis«) im Verlag *Reschafim*.[16] Diese Ausgabe wurde

Umschlag der zweiten hebräischen Veröffentlichung von Frankfurters Memoiren, 1984, Foto: Sabina Bossert

mit weiteren Texten ergänzt; so mit einem ausführlichen Vorwort des Geschichtsprofessors Joseph Nedava der Universität Tel Aviv und mit dem Vorwort von Schalom Ben-Chorin, das bereits in der Ausgabe von 1948 abgedruckt war. Im Anhang folgen weitere Dokumente: ein Epilog aus Emil Ludwigs *David und Goliath*[17], zwei Briefe von Bekannten aus der Schweiz (des Theologieprofessors Thomas Willi und von Rachel Anliker) an Frankfurters Frau Bruria sowie ein Nachruf von Jonathan Arnon über David Frankfurter: »An meinen Freund, der von uns gegangen ist«. Das Buch umfasst 188 Seiten und mehrere Bilder.

Interessant ist die Betitelung der beiden Bücher. Die erste Ausgabe, die noch viel direkter unter dem Eindruck der Schoa stand, wurde *Nakam*, Vergeltung/Rache, genannt. Dies unterstreicht die Einordnung des Attentats auf Wilhelm Gustloff als Reaktion Frankfurters auf die Anfänge der nationalsozialistischen antijüdischen Politik in Deutschland. Ob es einen Zusammenhang bei der Auswahl des Buchtitels und der Gruppe »Nakam« um Abba Kovner gab, ist unklar. 1945 schloss sich eine Gruppe von rund 50 jungen Überlebenden der Schoa zusammen und fasste den Plan, sich an sechs Millionen Deutschen zu rächen. Die Gruppe firmierte unter dem Akronym »DIN«, hebräisch für »Gericht«, wobei die einzelnen Buchstaben für *Dam Israel Notar* stehen: »Das Blut Israels erinnert sich«. Gemeinhin wurde die Gruppe jedoch unter »Nakam« bekannt.[18] Der Titel der Neuauflage nach Frankfurters Tod hingegen, *Der erste Kämpfer gegen die Nazis*, verortete seine Tat viel deutlicher in der Geschichte des jüdischen Widerstands gegen den Nationalsozialismus, indem sie als Anfangspunkt einer Reihe von Widerstandsaktionen platziert wurde.

Tatwaffe von David Frankfurter, 1930er Jahre, Pistole Kaliber 6.35, Kantonspolizei Graubünden

In weiteren Sprachen wurden Frankfurters Lebenserinnerungen bisher nur in Ausschnitten veröffentlicht. Die US-amerikanische Monatszeitschrift *Commentary* veröffentlichte 1950 eine auszugsweise Übersetzung ins Englische unter dem Titel *I kill a Nazi Gauleiter. Memoir of a Jewish Assasin.*[19] *Commentary* ist eine 1945 vom American Jewish Committee gegründete Zeitschrift, die sich mit Meinungen und zeitgeschichtlichen Themen befasste. Für *Commentary* wurde der deutsche Originaltext in Ausschnitten – der gesamte Artikel ist knapp acht Seiten lang – von Ralph Manheim übersetzt. Der Text beginnt mit dem Kauf des Revolvers in Bern und endet mit der Festnahme Frankfurters und seiner ersten Nacht in Untersuchungshaft. Den wenigen Publikationen[20], die zumindest am Rande die Sicht Frankfurters miteinbezogen, diente diese

Version als Grundlage. Frankfurter bezeichnete die Übersetzung als »unzulänglich«.[21]

Eine Übersetzung von Ausschnitten aus den Memoiren in der *Semana Israelita*, Buenos Aires, wurde ohne Erlaubnis der Rechteinhaber Frankfurter und Ben-Chorin publiziert. Ben-Chorin bevollmächtige in dieser Sache seine Schwester Jeanne Bachmann, die bereits 1933 nach Argentinien ausgewandert war, damit, die Rechte gegenüber der *Semana Israelita* wahrzunehmen und gegen die Zeitschrift wegen des unautorisierten Abdrucks und der »unzulängliche[n] Rückübersetzung aus der amerikanischen Zeitschrift ‚Commentary'«[22] vorzugehen. Über Bachmann verlangten Frankfurter und Ben-Chorin von dem Magazin eine Entschädigung, boten aber gleichzeitig an, auf die Entschädigung zu verzichten, wenn der Verlag bereit wäre, das Buch in seiner Gesamtheit zu drucken. Aus den Quellen ist nicht ersichtlich, wie sich die Angelegenheit weiterentwickelt hat.

Auf Deutsch bestehen zwei Publikationen, in denen Auszüge aus dem deutschsprachigen Originalmanuskript veröffentlicht wurden. In der Zeitung *Jediot Chadaschot*[23], die sich an Einwandererinnen und Einwanderer aus dem deutschen Sprachraum richtete, wurde am 25. September 1946, also noch vor der Publikation von *Nakam*, unter dem Titel *Landung am Rosch Haschanah* jener kurze Teil der Memoiren vorabgedruckt, der sich mit der Ankunft Frankfurters in Palästina beschäftigte.[24] Neueren Datums, ausführlicher und kommentiert ist der Artikel *Widerstand: David Frankfurter. Die deutsche Urfassung seines Selbstzeugnisses zum Attentat auf Wilhelm Gustloff* von Thomas Willi.[25] Er widmet den gesamten zweiten Teil seines Textes den Memoiren und zitiert aus verschiedenen Kapiteln. Willi geht ausführlich auf die bisherige Forschung zu Frankfurter und insbesondere deren Versäumnisse ein.

Biographie

Aus den Memoiren David Frankfurters lässt sich seine Biographie bis zur Auswanderung ins damalige Palästina unter britischem Mandat nachzeichnen. Frankfurter kam am 9. Juli 1909 in Daruvar im damaligen Österreich-Ungarn (heute Kroatien) zur Welt. Seine Eltern, Rabbiner Moritz Frankfurter und Rebekka Frankfurter, geborene Pagel, hatten bereits zwei ältere Kinder: Alfons (geboren 1906) und Ruth (geboren 1908). Die Frankfurters waren deutschsprachig und zogen oft innerhalb des österreichisch-ungarischen Kaiserreichs um – abhängig von den Anstellungen des Vaters. Den größten Teil seiner Kindheit verbrachte David Frankfurter in Vinkovci (heute Kroatien), wohin die Familie 1914 zog. Neben seiner Muttersprache Deutsch sprach er bald fließend Kroatisch und besuchte die Grundschule.

Die von ihm beschriebene Idylle seiner Kindheit wurde jäh gebrochen durch verschiedene Krankheiten, die Krankenhausaufenthalte in Budapest und Wien und eine längerfristig angeschlagene Gesundheit mit sich brachten. Dennoch schloss Frankfurter das Gymnasium ab und begann 1929 sein Studium der Zahnmedizin in Leipzig. Später wechselte er zu seinem Wunschfach Humanmedizin nach Frankfurt am Main. Nach dem unerwarteten Tod seiner Mutter wollte Frankfurter nicht nach Deutschland zurückkehren, wo er Zeuge des Aufstiegs der Nationalsozialisten geworden war. Stattdessen setzte er seine Studien in Bern fort, gequält von körperlichen Symptomen seiner alten Krankheiten, von einer reaktiven Depression und von den Vorgängen in Deutschland. Von diesen erfuhr er nicht nur aus den Zeitungen, sondern

David Frankfurter (links) mit seinen Geschwistern und Eltern, undatiert, Privatarchiv von Miriam Gepner, Salit

erlebte sie selbst bei seinen Besuchen in Deutschland in den 1930er Jahren. Insbesondere ein Ereignis hatte ihn nachhaltig schockiert: Als er seinen Onkel Salomon in Berlin besuchte, erzählte dieser bei einer Verabredung im Kaufhaus Tietz, dass ein Hitlerjunge ihn »angepöbelt und an seinem dunkeln, langen Bart gezerrt«[26] habe. Frankfurter hatte Suizidgedanken und Attentatsphantasien, zuerst gegen Hitler und andere Nazigrößen gerichtet, die er schließlich im Plan, Wilhelm Gustloff, den Leiter der NSDAP-Landesgruppe Schweiz, in Davos zu erschießen und danach Selbstmord zu begehen, zusammenfügte. Er begründete seine Tat mit einem Dreiklang von Motiven:

> »Zu den beiden treibenden Motiven, die geschändete jüdische Ehre wieder zu retten und der Welt ein Fanal zu geben, gesellte sich nun noch ein drittes: Ich wollte die freie Schweiz, die mir Gastrecht gewährte und in der

ich wahrhaft demokratische Menschen kennengelernt hatte, vor dem Schicksal der Nazifizierung und endlichen Einverleibung ins Nazi-Höllen-Reich bewahren.«[27]

Nach dem Attentat auf Gustloff am 4. Februar 1936 stellte sich Frankfurter der Polizei. Im Churer Mordprozess wurde er zu 18 Jahren Zuchthaus verurteilt, die er im Sennhof in Chur sowie zwischenzeitlich im waadtländischen Orbe absaß. Dorthin wurde er verlegt, als während der »Blitzkriege« in Nordeuropa und den Beneluxstaaten in der Schweiz ernsthafte Befürchtungen vor einem deutschen Überfall bestanden. Als durch die Besetzung Frankreichs auch die Westschweiz keine erhöhte Sicherheit mehr bot, kam Frankfurter zurück nach Chur. Während seiner Haftzeit erhielt er verschiedentlich Zuschriften von ihm bekannten und unbekannten Personen, die sich mit ihm solidarisierten, so eine anonyme Postkarte aus London, adressiert an »David Frankfurter, the hero for God and man, the blessed of all Jews, […] the loyal brave unselfish avenger.«[28]

Anonymer Brief an David Frankfurter während seiner Haftzeit, in dem er als *avenger* bezeichnet wird, 7. Februar 1936, Staatsarchiv Graubünden, Chur, III23d2 Frankfurter

Im Mai 1945 wurde Frankfurter gnadenhalber aus dem Gefängnis entlassen. Die Begnadigung entsprach nicht Frankfurters Vorstellungen von Gerechtigkeit. Da er der Überzeugung war, dass ihm mit der Verurteilung im Jahr 1936 Unrecht geschehen war, beabsichtigte er, durch eine Revision des Prozesses einen Freispruch zu erlangen. Er musste jedoch einsehen, dass dieses Unterfangen zeitraubend und aussichtslos war, weshalb er gemeinsam mit den Anwälten Georges Brunschvig und Veit Wyler, unterstützt von Vormund Paul Schmid-Ammann und Rabbiner Eugen Messinger, ein Gesuch beim Kleinen Rat des Kantons Graubünden zuhanden des Großen Rats einreichte. Wenige Wochen nach Kriegsende wurde die Begnadigung mit 78 zu 12 Stimmen ausgesprochen. Begründet wurde diese nicht nur mit rechtlichen Aspekten (eine zwischenzeitliche Revision des Strafrechts hatte dazu geführt, dass eine veränderte Rechtsgrundlage bestand, die in einer milderen Strafe resultiert hätte), sondern auch mit einem gewissen Verständnis für Frankfurter. So führte der Kleine Rat in seiner Botschaft an den Großen Rat aus:

> »Es verdient dies um so [sic] mehr Beachtung angesichts der furchtbaren Verfolgungen, welche den Angehörigen seiner engeren Gemeinschaft durch die Träger jener Organisation bereitet wurden, gegen welche sich David Frankfurter schon vor Jahren in auswegeloser Verzweiflung aufgebäumt hatte. Das Ausmaß seiner wirklichen Leiden hat sich damit für ihn außerordentlich vergrössert, und es scheint uns daher, es könne die von ihm bereits erduldete Sühne als dermaßen schwer empfunden werden, dass ihm der Rest der Strafzeit in Gnaden erlassen werden dürfte.«[29]

Nach seiner Freilassung aus dem Gefängnis emigrierte er gemeinsam mit seinem Bruder Alfons, der den Zweiten

Weltkrieg und deutsche Kriegsgefangenschaft überlebt hatte, nach Palästina. In seinen Memoiren beschrieb er noch seine Ankunft und seine ersten beruflichen Tätigkeiten. Er fand einen Kibbuz, der bereit war, ihn aufzunehmen: Kibbuz Givat Brenner, in der Nähe der zentralisraelischen Stadt Rechovot, der 1928 von jungen Pionierinnen und Pionieren aus Russland und Polen gegründet wurde. Obwohl es Frankfurter nach der Freilassung aus dem Gefängnis physisch und psychisch besser ging, ließen sich sein gesundheitlicher Zustand und die daraus resultierenden Beeinträchtigungen nicht mit der körperlichen Arbeit in der Landwirtschaft vereinbaren.

Eine neue – und zumindest vorübergehende – Erfüllung fand er als Erzieher in einem Heim für Flüchtlingskinder in Jerusalem. Gleichsam als Motto schloss Frankfurter seine Lebenserinnerungen mit einem Zitat aus der talmudischen Tradition, die er zionistisch umdeutete: »Rav Schalom Banajich: Al tikra Banajih – ella Bonajihi! Friede Deinen Söhnen! Lies nicht: Deinen Söhnen – sondern Deinen Erbauern.«[30] Dieses Zitat, das Teil des Morgengebets am Schabbat ist – samt seiner zionistischen Umdeutung –, verwendete Frankfurter als Sinnstiftung für seine neue Aufgabe, nachdem ihm die Mitarbeit am Aufbau des Landes verwehrt geblieben war: Er sah die Kinder im Heim, wahrscheinlich zumeist Waisenkinder und Holocaustüberlebende, als zukünftige Erbauer des Landes Israel; vielleicht auch in Stellvertretung von Frankfurter selbst.

Alle diese Informationen lassen sich in Frankfurters Memoiren nachlesen. Doch was geschah mit ihm nach seiner Ankunft in Palästina? Worüber die Memoiren keine Auskunft geben, sind die vielen Jahre von Frankfurters Leben nach seiner *Alija*: die Zeitspanne also von seinem 37. Lebensjahr bis zu seinem Tod im Jahr 1982.

David Frankfurter und Georges Brunschvig am Bahnhof in Bern vor der Reise Frankfurters nach Palästina, 1945, Archiv für Zeitgeschichte, Zürich

Das erste große Ereignis in Frankfurters Biographie, das nach dem Ende der Verschriftlichung seiner Lebenserinnerungen stattfand, war das Wiedersehen mit seiner Schwester Ruth. Aus seinen Memoiren sowie weiteren Quellen lassen sich die verzweifelten Bemühungen Frankfurters, aus dem Gefängnis Informationen zum Verbleib seiner Familie zu erhalten, rekonstruieren. Nachdem bis Anfang 1942 noch Briefe und Karten von Ruth Löwy eingetroffen waren, brach danach der Kontakt unmittelbar ab. Rabbiner Moritz Frankfurter wurde zusammen mit dem *Chasan*[31] der jüdischen Gemeinde von Vinkovci und dessen sechs oder sieben Kindern nach Jasenovac, dem kroatischen Konzentrationslager der Ustasha deportiert, wo er vermutlich 1942 ermordet wurde.[32] Ruth Löwy war – im Gegensatz zu ihrem Mann und den zwei Kindern Neomi und Reuven, die nach Auschwitz deportiert und dort ermordet wurden – beim Einmarsch der Roten Armee aus einem Gefängnis in Budapest befreit worden. Zurück in Jugoslawien suchte sie nach ihrer Familie, »[l]eider ohne irgend jemanden am Leben angetroffen zu haben (weder Mann noch Kinder).«[33] In der Annahme, ihren Bruder David in der Schweiz zu finden, sei sie dorthin gereist, nur um herauszufinden, dass er das Land verlassen hatte. Sie informierte Verwandte in Tel Aviv über ihr Überleben und verschickte eine Postkarte, angeblich lediglich adressiert mit »David Frankfurter, Palästina«, und die Karte kam tatsächlich an.[34] Die Geschwister David, Alfons und Ruth trafen sich schließlich in Palästina wieder.

David Frankfurter blieb nicht lange in Jerusalem. Die Arbeit im Kinderheim sagte ihm trotz anfänglicher Begeisterung längerfristig nicht zu. Schon bald lernte er Bruria Heller kennen, eine Krankenschwester polnischer Herkunft. Bruria Heller war gemeinsam mit ihrer Familie bereits im Februar 1939 nach Palästina gekommen. Bruria und David heirateten am 22. Juli 1948. Gemeinsam hatten sie zwei Kinder: Miriam und Moshe. Die Familie lebte in Ramat Gan, einem Vorort von Tel Aviv. Im Verlaufe seines weiteren Lebens arbeitete Frankfurter an verschiedenen Orten, mehrheitlich für die Regierung oder für Organisationen, die der Regierung nahestanden, zeitweise für die Sochnut (Jewish Agency) und für das israelische Verteidigungsministerium.

Frankfurters Kinder, die ich wiederholt in Israel getroffen habe, beschrieben ihren Vater als hingebungsvoll. Durch die Arbeit der Mutter, die als Krankenschwester im

Schichtbetrieb auch abends und am Wochenende arbeiten musste, verbrachte er viel Zeit mit ihnen, erfand für sie Geschichten mit ihnen in der Hauptrolle. In diesen Geschichten reisten sie, die drei Musketiere, nach Afrika oder in die Antarktis, erlebten Abenteuer und suchten nach den verlorenen Stämmen des Volkes Israel.

Mit seinen Kindern sprach er kaum über seine Tat, insbesondere seine Zeit im Gefängnis sei ihm unangenehm gewesen. Dieses Unbehagen bezog sich nicht nur auf die Familie, sondern auch auf seine Umwelt. Obwohl er und sein Attentat auf Gustloff durchaus bekannt waren, gab er nur wenige Interviews. Auch sei er nie politisch tätig gewesen, obwohl gerade von rechtsgerichteten Parteien Versuche unternommen wurden, ihn politisch für ihre Zwecke zu gewinnen. Trotzdem habe er ein scharfes Auge auf die Weltpolitik gehabt und sich mit den in seinen Augen Schwächeren solidarisiert.

Mit der Freilassung aus dem Gefängnis im Jahr 1945 wurde die eigentliche Strafe nicht aufgehoben, sodass Frankfurter durch die 1936 ausgesprochene Landesverweisung daran gehindert war, in die Schweiz zu reisen. Da er sich aber der Schweiz weiterhin verbunden fühlte und auch in Kontakt mit Bekannten geblieben war, wollte er eine Europareise mit einem Besuch in der Schweiz verbinden. Mit Hilfe von Paul Schmid-Ammann und Georges Brunschvig wurde am 1. Oktober 1969 durch den Kleinen und den Grossen Rat des Kantons Graubünden die Landesverweisung aufgehoben. Frankfurter war zu diesem Zeitpunkt gerade in Italien und nutzte die Gelegenheit für einen kurzen Abstecher. Sein erster Besuch galt ausgerechnet seinem ehemaligen Gefängnisverwalter Tuena und dessen Frau, die im Kanton Tessin lebten. Danach besuchte er Bekannte in Bern und Zürich und reiste über Genua per Schiff zurück nach Israel.

Bei späteren Besuchen in der Schweiz wurde das öffentliche Interesse an Frankfurter und seiner Tat offenbar: Im Jahr 1974 erschien der Film »Konfrontation« von Rolf Lyssy, der den Mord an Gustloff erneut in den Fokus rückte. Daraufhin wurde Frankfurter von verschiedenen Seiten angefragt, sich in Podiumsgesprächen zu äußern. Organisiert wurden diese von jüdischen Gemeinden, so in Basel, Bern und Zürich. Frankfurter selbst verfasste für die *Bündner Zeitung* einen Artikel, in dem er seine Tat rückblickend einordnete und Kritik am passiven Verhalten der Welt angesichts des Aufstiegs der Nationalsozialisten formulierte. Positiver liest sich sein Blick auf die Schweiz:

> »1975 war ich mit meiner Frau in der Schweiz. Ich besuchte Orte, die mir in der Vergangenheit viel bedeuteten, Bern, Chur, Davos und viele andere Plätze. Ich traf viele alte, liebe und treue Freunde, Freunde, die mir in den schwersten Zeiten und auch bis heute, Treue und Liebe bewahrten.«[35]

David Frankfurter verstarb am 19. Juli 1982 im Ichilov-Krankenhaus in Tel Aviv. Kurze Zeit später wurde in Ramat Gan, nur wenige Gehminuten vom Wohnhaus der Familie Frankfurter an der Rechov Tar'ad entfernt, ein kleiner Park nach ihm benannt; die Feierlichkeiten fanden im Beisein seiner Familie statt. Bereits seit Frankfurters Freilassung aus dem Gefängnis gibt es in Petach Tikwa eine Straße in seinem Namen – eine der wenigen Straßen in Israel, die nach einer noch lebenden Person benannt wurde. In einem Telegramm wurde Frankfurter darüber informiert: »Israels avenger david frankfuter free[,] national jews happy[,] petachtikva [sic] called street his name[,] please remit congratulations[,] inviting immigrate [to] erez jisroel«.[36]

AH/L

Herrn
David Frankfurter
Hotel Edelweiss
St.Moritz

Sehr geehrter Herr Frankfurter,

Früulein Kottkowsky hat uns gebeten Ihnen den Inhalt des Telegrammes das wir aus Tel-Aviv bekommen haben,bekannt zu geben.Es lautet:

Israels avenger david frankfurter free national jews happy petachtikva called street his name please remit congratulations inviting immigrate erez jisroel = menachem knoll and others 78 hahmonaimstr.

Gleichzietig senden wir Ihnen in der Beilage Suchformulare für Ihre Angehörigen.Wollen Sie diese im Doppel deutlich ausfüllen und sodann an uns retournieren.

Mit freundlichen Grüssen
V.S.J.F.

Abschrift eines an David Frankfurter gerichteten Telegramms aus Tel Aviv, das ihn als *avenger* bezeichnet und ihn über die Benennung einer Straße nach ihm in Kenntnis setzt, 29. Juni 1945, Archiv für Zeitgeschichte, Zürich

Gan David Frankfurter in Ramat Gan, Beschriftung: David-Frankfurter-Park, in Erinnerung an den Attentäter eines Nazi-Diplomaten, 1909–1982, Foto: Sabina Bossert

Sein Sohn Moshe erzählte im Interview, dass sein Vater sich einen Spaß daraus gemacht habe, an der nach ihm benannten Straße zu stehen und vorübergehende Menschen zu fragen, wer denn dieser David Frankfurter gewesen sei. Die Vermutungen reichten jeweils von einem berühmten Zionisten bis zu einem Rabbiner.[37]

Sabina Bossert

Straßenschild der Rechov David Frankfurter in Petach Tikwa, Foto: Sabina Bossert

Ich tötete einen Nazi

Memoiren David Frankfurter

»Du sollst das Böse ausrotten aus deiner Mitte…«

Deuteronomium 13,6

»Gedenke, was dir Amalek angetan hat…«

Deuteronomium 25,17

»Wer niemals um seiner Rasse willen gehasst wurde, kann das nicht begreifen…«

Franz Werfel, Die vierzig Tage des Mussa Dagh

»I posti più caldi all'Inferno sono riservati a coloro che nei momenti di grande crisi morale mantengono la loro neutralità.«

»Die heißesten Orte in der Hölle sind reserviert für jene, die in Zeiten moralischer Krisen nicht Partei ergreifen.«

Dante Alighieri

Dem Andenken meines Vaters

RABBI Dr. MOSCHE FRANKFURTER ז"ל

der mit den

Sechs Millionen Opfern meines Volkes

fiel.

Im Andenken an Naomi (11 Jahre) und Reuven (9 Jahre)
Löwy, die Kinder meiner Schwester Ruth Z"L,
umgekommen in Auschwitz.

D.F.

Jugend und Krankheit

Die erste Frühlingssonne liegt über den Hügeln von *Jeruschalajim* und die kahlen Hänge beginnen sich zu begrünen mit jenem zarten, lichten Flor, der nur wenige Wochen auf dem kargen Erdreich haftet, ehe die sengende Sonne des Orients ihn gelb und trocken macht.

Die Mandelbäume stehen in voller Blüte, das Land atmet auf nach den Regenfällen des Februars. Ich sitze am Rande der Heiligen Stadt auf einer Bank und schließe die Augen, um besser sehen zu können: in mich hinein und zurück in die Tage meiner Kindheit. Es ist mir, als fühlte ich mich von einer großen unsichtbaren Hand ergriffen, die mich merkwürdige und gewundene Pfade führte – hierher in das Land unserer Väter, das Land der Söhne und Enkel. Ich habe es geliebt, dieses Land, und mit der Seele gesucht, solange ich mich zurückerinnern kann. Es war mein Vater Mosche Frankfurter, dessen glühende *Zionsliebe* mir, seinem Sohne, ins Blut gelegt wurde.

Überwältigt vom Leid meines Volkes hatte ich als 27-Jähriger mit allen anderen Zielen und Sehnsüchten meines Lebens auch diese eine und größte, heimzukehren nach *Erez Jisrael*, aufgegeben und doch wurde mir das Leben, das ich von mir geworfen, wiedergeschenkt, und neugeboren durfte ich heimkehren in das Land meiner Liebe.

Als ich am 9. Juli 1909 zur Welt kam, war mein Vater Rabbiner der kleinen jüdischen Gemeinde in Daruvar[1] in Jugoslawien, das damals noch zur alten österreichisch-ungarischen Donaumonarchie gehörte. Daruvar ist ein, zwischen niedrigen Hügeln gelegener, Kurort, in dem vor allem Frauen in den Eisenquellen der Umgebung Heilung suchen. Ich war das dritte und jüngste Kind meiner

Eltern, nach meinem älteren Bruder Alfons und meiner Schwester Ruth.

Mein Vater war der Spross einer alten Rabbinerfamilie aus der Slowakei: Zu seinen Vorfahren gehörte der berühmte Marhascheschach[2]. Mein Vater verwirklichte in seinem Leben das Ideal von *Tora im Derech Erez*, die Synthese von jüdischer und europäischer Bildung. Schon als kleiner Knabe hatte er den *Cheder* besucht und war dann schließlich *Bachur* der bekannten *Jeschiwa* in Pressburg[3] geworden, die er mit dem *Hatarath Hora'a*–Diplom verließ, um in Berlin am orthodoxen Hildesheimerschen Rabbinerseminar seine jüdischen Studien auch auf historischem und religionsphilosophischem Gebiet zu vertiefen.

Endlich promovierte er an der Universität Bern zum Doktor der Philosophie mit einer Dissertation über die *Mischne Tora* des Maimonides[4].

Ich sehe sie noch vor mir, die große patriarchalische Gestalt meines Vaters, dessen gütiges kluges Antlitz ein langer dunkler Bart umrahmt. Schon in der dämmernden Morgenfrühe sitzt er über die riesigen Talmudfolianten geneigt, den kräftigen Körper im Rhythmus der Lehre über den Seiten wiegend. Und ich, ein kleiner Junge, stehe verstohlen in die bücherschwere Studierstube blickend, im Rahmen der Tür, den Atem anhaltend, um den geliebten und verehrten Vater nicht zu stören. Er hat in mich die Liebe zum Judentum und zum jüdischen Volk gepflanzt, und zum Land Israel, denn der Rabbiner von Daruvar war ein bewusster Zionist, der viele Jahre an der Spitze der zionistischen Bewegung in seiner Gemeinde stand. Nicht mit Worten hat mein Vater meine Geschwister und mich zu brennenden Juden erzogen, sondern durch das gelebte Beispiel seiner Persönlichkeit, die schlicht und wahr, kompromisslos und gerade den jüdischen Weg ging.

War mein Vater für uns Kinder (aber darüber hinaus auch für seine Gemeinde und nicht minder für die christlichen Bürger des Ortes) eine fraglose Autorität, der wir uns willig fügten, so war meine Mutter, die aus Kempen[5] in der Provinz Posen stammte, das liebend-gütige Element, die zärtlich-weiche Komponente in unserem stillen, glücklichen Heim. Nächtelang wachte sie an meinem Krankenbett und pflegte mich mit der grenzenlosen Hingabe, deren nur eine Mutter fähig ist. Aber ich greife vor. In Daruvar war ich noch ein kleiner stämmiger Bub, pausbäckig und dick, der mit unbändiger Lust sich über die mütterlichen Kochtöpfe hermachte, ohne von der Krankheit gezeichnet zu sein, die meine spätere Jugend überschattete und mich zur Einsamkeit des Kranken verdammte.

Ich spielte fröhlich mit den Kindern der Nachbarn, auch der christlichen, die mich, den kleinen Sohn des Rabbiners, einmal zu der furchtbaren Sünde verleiten wollten, von den knusprigen Schweinegrieben zu naschen, die die Bahnwärtersfrau in unserem Hause briet. Schon streckte ich das Händchen nach der verbotenen Speise aus, ein kleiner Adam, der vom untersagten Baume kosten will, da stürzte mein Bruder Alfons herein und rief: »David, der Papa kommt!«, und eilends zog ich die aufrührerische Hand zurück, und es war mir als sei ich im letzten Augenblick vor Furchtbarem bewahrt geblieben. So groß ist die Macht eines Vaters, an den sein Kind glaubt.

Ich liebte die Tiere und spielte gerne mit ihnen, ja um ein kleines Kätzchen zu retten, kletterte ich mit meinen drei Jahren hoch hinauf auf die Feuerleiter des Hauses, um die miauende Kreatur vom Dachfirst herunter zu holen. Die Welt war voller Geheimnisse für mich, die ich ergründen wollte. Die Regentonne vor dem Hause war wunderbar genug, um so tief hinein zu schauen, dass ich kopfüber ins Fass fiel und an den Beinen herausgezogen werden musste. Die dampfenden Kirschknödel im brodelnden Topf zogen das kleine Leckermaul so magisch an, dass ich mich tüchtig verbrannte, wovon mir noch heute eine Narbe unterm Kinn verblieb. Von solchen kleinen Zwischenfällen abgesehen (welches Kind hätte sie nicht erlebt!) verliefen die ersten Jahre meiner Kindheit in ungetrübtem Glück. Mich umschloss die heimelige Atmosphäre eines friedlichen Elternhauses, das mit unpathetischer Selbstverständlichkeit auf die festen Fundamente von Gottesfurcht und Liebe gegründet war.

Zuhause wurde deutsch gesprochen, aber frühzeitig lernte ich auch die kroatische Sprache meiner Umgebung sprechen und verstehen und dazu kam die heilige, die allergeliebteste Sprache, Hebräisch, in die uns der Vater frühzeitig einführte anhand des ältesten und besten aller Lehrbücher: der Bibel. Das Leben in der Rabbinerfamilie hatte zwei Pole: unser bescheidenes, ruhiges Heim und die Synagoge, in der ich meinen Vater voll scheuer Ehrfurcht bewunderte, wenn er vor der Gemeinde predigte, oder in der heiligsten Stunde des Jahres, zu *Neila* am Versöhnungstage am *Omed* vorbetete. Es war mein höchstes Glück am Freitagabend, von der Mutter sorgfältig gewaschen und gekleidet, dem Vater den *Tallit-Beutel* und die Bücher in die Synagoge tragen zu dürfen. Kurz vor Ausbruch des Ersten Weltkrieges wurde mein Vater in die etwas größere Gemeinde Vinkovci[6] berufen, wo er lehrend und leitend seines Amtes waltete, bis auch ihn die furchtbare braune Sintflut der Nazipest verschlang. An einem Wintertag des Jahres 1941 überführten sie ihn, den Rabbiner von Vinkovci, meinen Vater, als einen der Ersten der Gemeinde in das KZ Lager Jasenovar[7], um ihn zu erschießen. Er war einer von sechs Millionen.

Damals ahnte aber noch niemand etwas von dem Ausbruch dieser unvergleichlichen Bestialität. Juden und

Christen lebten friedlich und einträchtig in der kleinen Stadt mitten in der weizenreichen, nur von Wäldern belebten, jugoslawischen Tiefebene dahin. Der blutige Hass, der meine Altersgenossen in Polen verfolgte und (in versteckterer Form) auch in dem »fortgeschrittenen« Deutschland, blieb meiner Kindheit fern. Die Christen hassten uns nicht und wir nicht sie, höchstens, dass ich sie in kindlichem Stolz zuweilen bedauerte, weil sie all die Herrlichkeiten des jüdischen Jahres nicht kannten, nicht den unvergleichlichen Glanz der *Seder-Nacht*, nicht die traulichen Schatten der Laubhütte, nicht die stille Weihe des Freitagabends. Dafür bedauerten wohl meine christlichen Kameraden mich, dass ich weder Weihnachtsbaum, noch Ostereier hatte – und so, ein jeder sich im Besitze eines köstlichen Schatzes wähnend, kamen wir aufs Beste miteinander aus.

Kam der römisch-katholische Bischof in die Stadt, um seine Diözese zu inspizieren, so war mein Vater natürlich unter den Ehrengästen beim Empfang für Seine Eminenz und repräsentierte frei und würdig die ansässige Judenheit, und der protestantische Pastor der kleinen schwäbischen Gemeinde rief allmorgendlich, wenn ihn der Weg zum Postamt am Rabbinerhaus vorbeiführte munter herauf: »Kommen Sie mit, Kollega!«, und Pastor und Rabbiner machten einträchtig ihren Morgenspaziergang, sich über die Dinge der Zeit und Ewigkeit unterhaltend.

Ich kann es mir heute nur schwer erklären, wie in diese behütete und friedliche Kindheit sich doch frühzeitig eine merkwürdige Ahnung in meine Seele stahl: das Gefühl naher Todesgefahr, das mich oft schreckte. Es war, als werfe die böse Krankheit, die mich bald heimsuchen sollte, ihre Schatten voraus. Den Ausbruch des Weltkrieges habe ich noch nicht mit wachem Bewusstsein für das Furchtbare des Geschehens erlebt. Im Gegenteil: Ich war stolz und froh, meinen Vater so herrlich erhoben und verwandelt in die Uniform eines österreichischen Hauptmanns, die goldenen Streifen des Feldgeistlichen am Arm, bewundern zu dürfen, denn mein Vater war als Armee-Rabbiner bald an die Ostfront gegangen und später an die rumänische.

Mein Onkel, der Bruder meines Vaters, ebenfalls Rabbiner, war der Leiter der k. und k. Seelsorge[8] für jüdische Soldaten in der Armee des alten Kaisers Franz Joseph. 1915 kam ich zur Schule. Es war eine allgemeine, kroatische Volksschule, denn unsere Gemeinde war zu klein, um eine eigene jüdische Schule zu unterhalten. Aber es war mir nur ein Jahr lang vergönnt, gemeinsam mit den anderen Jungen meines Jahrgangs zu lernen. Im Herbst 1916 erkrankte ich und diese Krankheit – eine Furunkulose – die bald in Blutvergiftung und endlich in eitrige Knochenentzündung überging, sollte meiner Jugend die entscheidende Wendung geben. Mein rechtes Bein schwoll furchtbar und schmerzhaft an, mit über 40 Fieber lag ich im Delirium zuhause und der Arzt hatte mich bereits so gut wie aufgegeben. Mein Vater war nicht mehr bei uns, sondern weit draußen an der Front. So musste meine gute Mutter allein diese Tage furchtbarer Aufregung durchstehen. Später erzählte sie mir, dass ich aus meinen Fieberträumen auffahrend auf ihre Bitte, ein Butterbrot und Milch zu mir zu nehmen, geantwortet habe: »Schick es den armen jüdischen Frauen nach Galizien.«

Aus dem Fieber sprach ich so als Kind, mir selbst noch unbewusst dem Gefühl der Verbundenheit Ausdruck gebend, mit den verfolgten Brüdern, von denen so oft in unserem Hause die Rede war. Ja, ich hatte auch manchmal die armselig abgerissenen Gestalten der wandernden Juden gesehen, die aus Polen und Galizien in unser freies Land kamen und deren erster Weg sie in das Haus des Rabbiners führte.

Die Verhältnisse in unserem kleinen Ort gestatteten nicht länger dort mein Verweilen. Meine Mutter brachte mich in das jüdische Kinderspital nach Budapest, wo ich zweimal am Bein operiert werden musste. Damals wohl schon begann ich die Ärzte zu bewundern, denen es gegeben ist, mit der scharfen Sonde das Kranke und Faule aus dem gestörten Organismus zu entfernen, und mein späterer Wunsch, Medizin zu studieren, hat wohl seine Wurzeln in diesem harten Jugenderlebnis. Mein Vater kam von der Front, um mich zu besuchen, und ich wurde sozusagen – ohne mein Wissen und Handeln – zum Retter seines Lebens. Denn während er am Bett seines kranken Kindes saß, traf eine feindliche Bombe das Lazarett, in welchem er gemeinsam mit einem katholischen Priester und einem evangelischen Pfarrer als Seelsorger tätig war. Diese beiden Freunde meines Vaters kamen dort um, während er gerettet wurde.

Als ich nach Vinkovci zurückkehrte, war ich ein krankes Kind, das nicht mehr daran denken konnte, gemeinsam mit anderen Kindern zur Schule zu gehen und zu spielen. Mühselig musste ich, unterstützt von meiner Mutter und den Geschwistern, bisweilen auch ein wenig von einem jungen jüdischen Lehrer unterwiesen, nachholen und mitlernen, was sich meine Altersgenossen im täglichen Gang zur Schule aneigneten.

Aber ich hatte viel Zeit, um zu lesen und zu träumen und mich in ferne Zeiten und Welten hineinzuspintisieren. Die Lieblingslektüre dieser Leidensjahre war für mich die Bibel. Ich las sie hebräisch und deutsch und immer wieder kehrte ich zurück zu meinen Lieblingsgestalten, die entscheidend werden sollten für mein späteres Leben. Die Gestalt unseres großen Lehrers *Mosche* zog mich an, der das Unrecht nicht zu erdulden vermochte, das seinen Brüdern in *Mizrajim* widerfuhr und den brutalen Ägypter in heiligem Zorn erschlug. Ich bewunderte den starken Simson, welcher Israels Ehre an den Philistern rächte, freiheitstrunken und noch im Tode die Feinde vernichtend. Ich jubelte mit der heldenmütigen Jael, die dem feindlichen Feldherrn Sisera den Zeltpflock durch die Schläfe schlug, und ich trauerte mit dem unbesonnenen Richter Jeftah um seine hingeopferte Tochter. Vor allem aber zog mich David an, der junge David. *Seinen* Namen trug ich ja und mit ihm stand ich vor den Heerscharen Israels und der Philister, schwang behänd die leichte Hirtenschleuder und streckte den maulaufreißerischen Riesen Goliath mit einem wohlgezielten Wurfgeschoss nieder. Goliath, den frechen Popanz, der Gott und Israel verhöhnt. Immer von neuem überlief mich ein Schauer, wenn ich auf meinem Krankenbette diese Geschichte las. Es war *meine* Geschichte.

Natürlich gab es bei uns im Städtchen noch einige Juden, die David hießen. Ich konnte das gar nicht fassen, dass so triviale Alltagsmenschen nach dem leuchtenden Ideal meiner Knabenträume benannt sein sollten. Ich aber wollte ein David werden, würdig dieses großen Königsnamens. Als ich damals, wohl aus den Unterhaltungen der Erwachsenen, von dem Ritualmordprozess in Kiew[9] hörte, in dem der Jude Mendel Beilis der Tötung eines Christenknaben angeklagt worden war, ohne den Schimmer einer Berechtigung (die Sache selbst spielte um das Jahr 1913), flammte in mir, dem kranken kleinen Judenjungen, die helle Empörung auf und ich wollte als ein rechter David, solchen Schimpf nicht auf meinem Volke dulden.

Aber das alles spielte sich in der Phantasie ab, der durch die Krankheit in Egozentrik gesteigerten Phantasie, in der ich Held und König, Richter und Befreier war. Ich sah die Welt und die Weltgeschichte von meiner

Krankenstube aus, an deren Fenster die jugendfrischen Bataillone aus Ungarn, sentimentale patriotische Lieder singend, an die Isonzofront[10] zogen in Tod und Verderben. Auch den furchtbaren Rückzug erlebte ich so. Ich sah von meinem Fenster aus, wie dieselben Truppen, Verwundete und Verstümmelte mit sich führend, heimzogen, ein geschlagenes Heer und mit überwacher Deutlichkeit erkannte ich die Sinnlosigkeit und das himmelschreiende Unrecht des Krieges. Wenn ich mich später zum Pazifismus bekannte, so war meine erste Erkenntnis in dieser Richtung damals aufgegangen, als ich die gebrochenen Gestalten heimkehren sah, die einst so siegessicher und singend ausgerückt waren.

Der Zusammenbruch von 1918 trieb auch weißrussische Flüchtlinge nach Vinkovci, Leute, die alles auf der Flucht verloren hatten und sich dadurch schadlos zu halten gedachten, dass sie eine wüste Pogromhetze gegen die Juden entfachten. Mein Vater, der inzwischen auch zurückgekehrt war, begab sich sofort zum serbischen Bürgermeister – die Serben hatten ja inzwischen das Erbe des zusammengebrochenen Habsburgerreiches angetreten – und intervenierte energisch für seine bedrohte Gemeinde. Zum Ruhm der Serben sei vermerkt, dass der Militärkommandant die Vertreter der Weißrussen zu sich berief und ihnen aufs deutlichste zu verstehen gab, dass sie sofort alle an die Wand gestellt würden, wenn sie nicht ihre Mordhetze einstellten. Diese klaren Worte verfehlten ihre Wirkung nicht und so wurde das Verhängnis, das tagelang über uns geschwebt hatte, abgewendet. Ich aber, der heimliche David, prägte mir die Gefahr dieser Stunden tief ins Herz ein. Immer noch ans Krankenbett gefesselt, hatte ich die zweite, dritte und vierte Klasse der Volksschule alleine zu bewältigen. Typhus und Scharlach kamen noch zu der latenten Krankheit hinzu und mein angegriffener Organismus versagte endlich in der Weise, dass ich auf dem rechten Ohr taub wurde. 1919 mussten mich meine Eltern zu einer dritten Operation nach Wien bringen. Ich sollte in das jüdische Rothschildhospital[11] eingeliefert werden, aber da dort kein Platz frei war, kam ich in ein, von katholischen Ordensschwestern geleitetes, christliches Krankenhaus. Zum ersten Male im Leben sollte ich dort nicht rituell essen. Das war für mich etwas Ungeheuerliches und zwei Tage lebte ich ausschließlich von Kaffee und Brot – bis mein Vater mich kraft seiner rabbinischen Autorität dazu bewog, um meiner Gesundheit willen, das Essen der Krankenhausküche zu mir zu nehmen. Eine kleine Episode aus dieser Wiener Zeit bleibt mir unvergesslich.

Ein italienischer Junge lag im Bett neben mir. Ich hatte auf den Nachttisch das kleine Gebetbuch gelegt, das mir mein Vater geschenkt hatte. In kindlichem Spieltrieb griff der fremde Junge nach dem *Siddur Tefillah*, betrachtete zunächst eine Weile interessiert die fremdartigen Schriftzeichen darin und zerriss schließlich mein sorgsam gehütetes Heiligtum. Ich war untröstlich. Es schien mir ein unsäglicher Frevel, der hier begangen worden war. Unsere Pflegerin, eine milde, alte Klosterfrau in ihrer großen weißen Schwesternhaube beugte sich über mich und fragte nach der Ursache meines Schmerzes. Und als ich ihr weinend mein geschändetes Gebetbuch vorwies, ging sie selbst – sie, die katholische Nonne – in die Stadt zum jüdischen Buchhändler, der über diese Kundin wohl nicht wenig erstaunt sein mochte, und brachte mir einen neuen *Siddur*.

Erst mit zwölf Jahren konnte ich, wieder gesundheitlich einigermaßen hergestellt, in das humanistische Gymnasium in Vinkovci eintreten, eine altehrwürdige Anstalt, in der wir neben den klassischen Sprachen Griechisch und

Latein, Deutsch als moderne Sprache lernten, indes der Unterricht selbst in Kroatisch erteilt wurde. Zwei Jahre hatte ich durch meine Krankheit verloren, meine Mitschüler waren zumeist Zehnjährige. Aber vielleicht durch diesen Zeitverlust hatte ich meine innere Reife erlangt, die mich in der ersten Gymnasialklasse zum besten Schüler machte. Später, wieder durch Krankheit oft zurückgeworfen, war ich nicht mehr als ein Durchschnittsschüler, der sich vor allem mit der Mathematik mühselig herumschlug. Die Ereignisse aus den neun Jahren meiner Gymnasialzeit haben sich mir tiefer eingeprägt und scheinen mir heute aus dem Gesichtswinkel meiner späteren Entwicklung gesehen mitteilenswert. Es war noch in einer der unteren Klassen, als einer meiner jüdischen Mitschüler, ein gewisser Stein, während der Stunde schwätzte. Der unterrichtende Professor fuhr ihn an: »Ruhig, Du bist hier nicht in der Judenschule!« Dieser Tadel versetzte mich in bebende Entrüstung. Der Lehrer hatte das Recht, einen störenden Schüler zu Recht zu weisen, aber dass er diese begründete Ermahnung mit einer Beleidigung des Judentums verband, konnte ich nicht ertragen.

Zornrot im Gesicht sprang ich auf und verlangte von dem Professor, dass er sich sofort entschuldige und seinen Ausdruck »Judenschule« zurücknähme. Stattdessen schrieb mich der gereizte Lehrer mit einem Tadel ins Klassenbuch ein.

Ich aber, einmal in Harnisch gebracht, ließ nicht nach, sondern rannte spornstreichs zum Direktor und stellte den verblüfften Mann vor die Alternative: entweder der Professor wird entlassen oder ich verlasse die Schule. Es kam zwar nicht dazu, aber dennoch ging ich als »Sieger« aus diesem ersten Kampf für die jüdische Ehre hervor. Ein Lehrerrat wurde einberufen, der Professor erhielt eine strenge Verwarnung und mein Tadel wurde aus dem

Klassenbuch getilgt. So gerecht und liberal verfuhr man damals in jugoslawischen Schulen. Die Sache muss ungefähr um die Zeit meiner *Bar Mizwa* gewesen sein. Ein Jahr später, in meinem vierzehnten Lebensjahr, fuhr ich mit meiner Mutter in ihren Heimatort Kempen im Posenschen. Es war mein brennender Wunsch, angeregt durch die *chassidischen* Geschichten von Perez[12] und die Ghettolieder von Morris Rosenfeld, die Wirklichkeit des ostjüdischen »Städtel«[13] aus eigener Erfahrung kennenzulernen. Der Bruder meiner Mutter erfüllte mir diese Bitte und fuhr mit mir etwa 50 Kilometer weiter östlich in den Ort Wieroschow[14], in welchem gerade ein Jahrmarkt abgehalten wurde, zu dem jüdische Händler aus der Umgebung kamen. Die schlichten Juden in ihren wehenden Kaftanen und *Pejoth*, mit langen Bärten und derben Schaftstiefeln, die ein unverfälschtes Jiddisch redeten, machten mir tiefsten Eindruck. Hier war noch lebendiges Judentum, jüdisches Volkstum, wie ich es in dem halbassimilierten Judentum meiner Heimat nicht kannte. Wir besuchten den *Raw* des Ortes, einen weltabgewandten *Matmid*, der Tag und Nacht über der *Gemara* saß und mich in seiner sanften gütigen Weise freundlich empfing. Aber über dem Ort lag die düstere Wolke eines herannahenden Pogroms und so waren die Straßen voll polnischer Gendarmerie, welche die jüdischen Händler vor dem polnischen Mob schützen sollte. Als wir den Ort verließen, mussten wir eine Gruppe spielender polnischer Jungens passieren, die einem alten, gebrechlichen Juden unter höhnenden Rufen einen wohl gezielten Fußball in den Rücken jagten, so dass der Greis fast zusammenbrach. Meinen Onkel und mich ergriff ein unbeschreiblicher Zorn. Wir bückten uns und hoben Steine vom Wege auf, die wir auf die frechen Kerle warfen, welche feige die Flucht ergriffen. Ich hatte die Wirklichkeit des Ghettos gesehen – seine Romantik und

Schönheit, aber auch seine unabdingbare Kehrseite, die jüdische Schwäche und Erniedrigung. Aber zurück zur Schule. In der siebenten Gymnasialklasse hatte jeder der Schüler ein Vortragsthema aus der klassischen deutschen Literatur zu bearbeiten. Ich wählte die herrliche Novelle von Heinrich von Kleist »Michael Kohlhaas«. Was hatte mich gerade zu dieser Wahl bestimmt? Es war das Problem des absoluten Rechts, das mich anzog. Michael Kohlhaas ist ja das Symbol des Mannes, dem Unrecht geschehen ist – seine schönsten Pferde werden dem Rosstäuscher geraubt – und der darüber zum Gewalttäter wird. Denn wo das Recht auch nur einmal verletzt wird, da ist der moralische Bestand der Welt, die sittliche Ordnung bedroht. Ich diskutierte lange und eingehend mit meinem Lehrer über dieses Problem, mich zum feurigen Anwalt Michael Kohlhaasens machend. Dasselbe Motiv war es, das mich den gerade damals erschienenen berühmten Roman von Jakob Wassermann »Der Fall Maurizius« mit fiebernden Wangen lesen ließ.

Ein jüdischer Dichter hatte sich hier zum Wortführer der Gerechtigkeit aufgeworfen, in sublimster Weise so das Grundanliegen Israels *Zedek, zedek tirdof* (»der Gerechtigkeit, der Gerechtigkeit sollst du nachjagen«) zu seinem Thema machend. Ich identifizierte mich mit Michael Kohlhaas ebenso, wie ich als Kind auf meinem Schmerzenslager selbst der junge David war. Aber auch ein Ereignis der Gegenwart rührte mich – gerade aus diesem Rechtsfanatismus heraus – im Tiefsten an. Ich erinnere mich noch, als ob es heute wäre, wie ich als Fünfzehnjähriger in den Spalten der Wiener *Neuen Freien Presse* (dem ehemaligen Blatt Theodor Herzls) las, dass ein russischer Jude in Paris, Scholom Schwarzbard[15], den ukrainischen Pogrom-Mörder Petljura erschossen hatte und vom französischen Schwurgericht für diese rächende Tat der

Gerechtigkeit freigesprochen worden war. Damals konnte ich noch nicht ahnen, dass zwölf Jahre später derselbe Scholom Schwarzbard von mir sagen würde: »Noch ein *Talmid* (Schüler), aber ich spürte im tiefsten Herzen, dass wir Männer wie diesen brauchen, die ihr eigenes Leben mutig in die Schanze werfen, um die den Juden angetane Schmach und unser eigenes Martyrium zu rächen.«

Bei alledem darf man nicht denken, dass ich etwa rauflustig oder tollkühn gewesen wäre. Das Gegenteil trifft zu. Ich gedenke eines stillen Sommernachmittages, in welchem ich mit einem Schulfreund im Garten unseres Hauses saß, um Schularbeiten zu machen. Dieser Kamerad hatte eine Flobertpistole, mit welcher man Vögel jagen konnte. Ich beneidete natürlich den Jungen um seinen Besitz und bat ihn, auch mich einmal schießen zu lassen, was er gern erlaubte. Über mir im Geäst eines Birnbaumes saß ein Sperling, auf den ich die Schrotpistole anlegte. Ganz still und ahnungslos saß das kleine gefiederte Geschöpf in seiner luftigen Höhe. Ich zielte, drückte ab und der Spatz fiel blutend und tot vor meine Füße. Da aber war es mir, als hätte ich mich am tiefsten Sinn der Schöpfung vergangen. Entsetzt warf ich die Waffe aus der Hand und rannte weinend davon. Zum ersten Male hatte ich erlebt, was es heißt: »Du sollst nicht töten«, und wenn es auch nur ein kleiner Sperling war. Verbunden mit meinem früh geweckten Gefühl für Gerechtigkeit und jüdischer Ehre war mein großer Freiheitsdrang, der später einer so harten, mehr als neunjährigen Belastungsprobe ausgesetzt sein sollte. Und so ist es nur allzu verständlich, dass der jüdische Sänger der Freiheit, Heinrich Heine, der Lieblingsdichter meiner Jugend wurde. In seinen Freiheitsliedern, aber auch in seiner jüdischen Poesie fand ich mich selbst wieder, und wenn der »Rabbi von Bacharach« die *Sederfeier* zelebrierte, so war es für mich mein geliebter Vater, der im Kittel und weißem Käppchen auf seinem königlichen Lehnstuhl thronte, vor sich unsere alte *Sederschüssel*, in der sechs Generationen der Familie Frankfurter ihre Namen eingraviert hatten.

Im Jahre 1930 bestand ich die Abiturientenprüfung und vor mir lag die Wahl eines Berufes. Frühes Leid hatte mich zum Studium der Medizin hingezogen, aber mein Vater und älterer Bruder, der inzwischen selbst schon Student der Medizin geworden war, rieten mir meiner gestörten Gesundheit wegen ab und legten mir nahe, stattdessen Zahnheilkunde zu studieren, was meinen Wünschen zwar nicht ganz entsprach, aber keine so widerstandsfähige Physis erforderte. Halben Herzens willigte ich ein. Ich nahm Abschied von den Meinen, um nach Deutschland zu reisen, wo ich mich zunächst in Leipzig immatrikulieren wollte.

Studentenjahre in Deutschland

Im Herbst 1930 bezog ich die Universität Leipzig. Meine Wahl war gerade auf diese alte und berühmte Universität gefallen, da mein Bruder soeben im Begriffe stand, dort seine Studien abzuschließen und als einer der jüngsten Doktoren der Medizin – er war kaum 22-jährig – in Leipzig zu promovieren. Aber das war mehr Zufall. Tiefe Absicht hingegen lag in der größeren Wahl, in der des Landes. Deutschland war damals für uns noch der Inbegriff weltweiter und freier geistiger Forschung und eines akademischen Lehrbetriebes von wahrhaft europäischem Niveau. Wie bitter sollte ich enttäuscht werden. Jeder einfache Proletarier in meiner Heimat dachte selbstständiger und freier, als die deutsche akademische Jugend, die wie alle Deutschen in einem blinden Kadavergehorsam gegenüber ihrer Parteidoktrin oder irgendeiner kritiklos verehrten Autorität befangen war. Diese Autorität mochte der Pfarrer, oder Offizier sein, ein Professor, oder ein Repräsentant des Staates, oder der Opposition – gleichviel: Das verhängnisvolle »Führerprinzip«, das die Verantwortung des Einzelnen ausschließt, lag den Deutschen schon damals in der Vor-Nazi-Zeit im Blute.

Mein Vater begrüßte es, dass ich in Deutschland studieren wollte, da es dort – im Gegensatz zu Jugoslawien – traditionell-jüdische Studentenverbindungen gab, in welchen ich jenes Milieu finden konnte, das unserer heimischen Atmosphäre entsprach. Endlich gab es noch einen rein praktischen Grund: Meine Heimatuniversitäten hatten nicht spezielle zahnheilkundliche Fakultäten, wie sie an deutschen Fakultäten üblich sind. Allein schon nach dem zweiten Semester sattelte ich doch, dem Triebe des Herzens folgend, zur allgemeinen Medizin um. Daneben hörte ich psychoanalytische und individualpsychologische Vorlesungen, die mein Weltbild erweiterten und vertieften. Den nachhaltigsten Eindruck machte mir aber die Persönlichkeit des Philosophen Hans Driesch, dessen vitalistisches System mir eine Ahnung vom »bewusst geordneten« Denken im Allgemeinen vermittelte und nichts ist ja wichtiger für einen jungen Menschen, der nach Klarheit strebt, als eben diese Systematik des Denkens.

Dem Wunsche meines Vaters entsprechend schloss ich mich der »Vereinigung jüdischer Akademiker«[16] an, aber ich fand hier nicht jene religiöse und nationale Aufgeschlossenheit und Bewegtheit, die ich suchte. Lebendiger Glaube und religiöses Erlebnis waren diesen braven Jungens ganz fern, die im gewohnten Trott ihrer Familientradition dahingingen, pflichtgemäß auch ein wenig *Talmud* trieben, im Übrigen aber »gute Deutsche« waren, die als Ärzte und Rechtsanwälte einer gesicherten bürgerlichen Position entgegenzugehen hofften. Mehr zogen mich die jungen Zionisten des KJV[17] an, aber hier war es wieder der Mangel an religiösem Ernst, der mich nicht ganz heimisch werden ließ. Ich blieb ein Outsider und konnte mich weder hier noch dort restlos einordnen. Die Stadt Leipzig war damals »rot«, d.h. die Sozialdemokraten hatten die Mehrheit im Stadtrat und der kommunistische Einfluss war überaus stark. Anders lagen die Dinge an der Hochschule, deren »akademischer Bürger« ich ja nun war. Es ist ein besonders trauriges Zeugnis der deutschen »Intelligenz«, dass gerade sie die Avantgarde der Nazibarbarei, des tiefsten Verrates am Geiste wurde, der jemals in der neueren Geschichte begangen ward.

Unvergesslich ist mir eine Studentin, die im Seziersaal mit mir ein politisches Gespräch begann und versuchte, mich für die Nazipartei zu »keilen«. Der »untrügliche Rasseinstinkt« des »Nordischen Menschen« hatte sich hier wie so oft unsterblich blamiert. Die junge Dame wollte mir nicht glauben, dass ich selbst Jude sei und als ich sarkastisch hinzufügte, die Juden hätten ja all bekanntlich Hörner und Pferdefuß wie der Gottseibeiuns, hatte ich die Lacher – sogar unter den Nazistudenten – auf meiner Seite. Die blöde Gans merkte kaum, dass ich sie nach allen Regeln der Kunst lächerlich machte, und verehrte mir kommenden Tages feierlich ein Hakenkreuz, mit der Bitte es zu tragen. Ich habe diese »sinnige Gabe« bis zum heutigen Tage bewahrt als Symbol der abgrundtiefen Dummheit, welche neben unmenschlichster Bosheit und Grausamkeit ein Hauptmerkmal der Nazis war und blieb.

In diesen dreißiger Jahren war die politische Atmosphäre in Leipzig – wie in ganz Deutschland – schon überaus gespannt. Hier sah ich zum ersten Male politische Massendemonstrationen, und an der Universität und unter den Leuten meines Bekanntenkreises, waren politische Fragen stets an der Tagesordnung. Ja, eine Frage beherrschte alle und jeden: Werden die Nazis an die Macht kommen und wann. Die Juden freilich wollten dieser drohenden Gefahr nicht ins Auge sehen. Im Sommersemester 1931 ging ich nach Frankfurt, in der Hoffnung, hier im Zentrum des religiösen Judentums Deutschland[18], wirkliche Kameradschaft mit Gleichgesinnten zu finden – aber ich sollte noch einmal enttäuscht werden. Vielleicht hatte ich mich innerlich schon zu weit vom starren Traditionalismus dieser Kreise entfernt, auf jeden Fall fand ich nicht jenes kraftvoll ungebrochene Judentum, nach dem ich mich sehnte und das ich ahnungsweise in der Begegnung mit Ostjuden[19] erlebt hatte. Was ich fand, war ein »Bindestrich-Judentum«[20], das sich in einer künstlichen

Synthese heterogener Elemente wie Deutschtum und Judentum, Orthodoxie und Aufklärung gefiel – ohne jemals zu wirklicher, gelebter Einheit vorzustoßen. Der Antizionismus der Frankfurter Hochorthodoxie und ihr überhebliches Herabblicken auf das Ostjudentum stießen mich geradezu ab und entfremdeten mich schließlich innerlich ganz jenen Zirkeln, in denen ich die Ideale meiner Kindheit wiederzufinden gehofft hatte.

Ich erinnere mich einer grotesken Episode, die mir im Zerrspiegel blasphemischer Trivialität die Unmöglichkeit einer entleerten, ängstlich gehüteten Form zeigte, die keinen vollen lebendigen Inhalt mehr hatte. Zusammen mit einem Bundesbruder und einem jungen Kaufmann war ich zum Freitagabend bei einer orthodox-jüdischen Familie eingeladen. Als wir das gastliche Haus verließen, lud mich der junge Kommis zu einem kleinen Bummel auf der Kaiserstraße ein, dem Dirnenviertel der Stadt. Ich war entsetzt. Der Freitagabend, der für mich nicht nur traulich, sondern heilig war, sollte in so obszöner Weise entweiht werden. Der »fromme« junge Mann verstand meine Einwände kaum und beteuerte im Brustton der Überzeugung: »Aber ich zahle dort doch nicht am *Schabbat* – man kennt mich und ich habe Kredit. Erst am *Moza'e Schabbat* begleiche ich meine Rechnung für gehabtes Vergnügen.« Tableau! Nicht minder als diese »deutschen Staatsbürger orthodox jüdischen Glaubens« enttäuschten mich aber die Deutschen selbst. Da war etwa mein Hauswirt, ein frommer Katholik und erklärter Gegner der Nazis. Er hatte den Ersten Weltkrieg als Frontsoldat mitgemacht. Als Achtzehnjähriger war er freiwillig eingerückt, wurde verwundet und geriet in Kriegsgefangenschaft. Und dennoch und trotzdem erklärte er mir, jederzeit wieder bereit zu sein, in den Krieg zu ziehen, wenn es das Vaterland forderte – sei es gegen die Franzosen, oder gegen die Engländer, oder wen immer. Der Krieg schien diesem Deutschen, den ich hier als typischen Fall anführe, die selbstverständlichste Sache von der Welt, der man sich weder entziehen darf, noch kann. Eine tiefe Resignation überkam mich als ich diesen gefährlichen Fatalismus der Deutschen erkannte.

Durch solche Gespräche angeregt, verfiel ich wieder ganz meiner politischen Leidenschaft, die mich schon im Knabenalter in die Zeitungslesehalle meines Heimatortes trieb, was mir den unbilligen Spott meiner Lehrer eintrug. Jetzt aber war es vor allem das rätselhafte Phänomen des Nationalsozialismus, das mich mit magischer Gewalt anzog. Ich wollte, ich musste ergründen, was die Millionen an dieser Aneinanderreihung sinnloser Phrasen und blutrünstiger Hetze so faszinierte. Ich besuchte Versammlungen der Nazis und diskutierte mit ihnen. Einmal, als der »Gauleiter« Kube[21] sprach, war ich unter Tausenden von Braunhemden der einzige Zivilist und bestimmt der einzige Jude im Riesensaal des »Hippodrom«[22]. Ich hörte die Morddrohungen gegen die Juden, die sinnlose Aufputschung der Masseninstinkte und erschauerte vor dem Tier aus dem Abgrund, das hier heraufkam, das jüdische Volk, Europa, die Welt bedrohend.

Die Erregungen dieser Monate mochten mit dazu beigetragen haben, dass meine Gesundheit wiederum stark erschüttert war. Ich erkrankte an einer schmerzhaften Mittelohrentzündung und es bildeten sich lebensgefährliche, eitrige Prozesse unter der Hirnhaut. Im Rothschildhospital[23] und schließlich an der Universitätsklinik musste ich mich ärztlicher Behandlung unterziehen. Die vereiterten Knochen wurden aufgemeißelt; erst nach etwa sechs Wochen konnte ich wieder frei ausgehen. Zurück blieb von dieser gefährlichen Erkrankung eine empfindlich gestörte Konzentrationsfähigkeit, die mich im Studium bös zurückwarf. Vielleicht die schönste und sinnvollste Zeit war für mich in Frankfurt mein viermonatiger Aufenthalt nach meiner Krankheit im Jüdischen Waisenhaus[24], wo ich mich der Erziehung der Knaben widmete, wobei ich zum ersten Male Gelegenheit bekam, meine theoretischen psychologischen Kenntnisse in die Tat umzusetzen. In den Sommerferien kehrte ich nach Hause zurück, wo ich vier Monate verweilte. Eine Ansichtspostkarte, in der ich meiner Wirtin, einer Regierungsrätin, meine Ankunft avisierte, hätte mir leicht verhängnisvoll werden können. Sie hatte folgenden Wortlaut: »Auf der Reise ins Gelobte Land der Nazis sendet Ihnen herzlich Grüße Obergaunerführer David Frankfurter.«

Meine Wirtin zeigte diesen Studentenulk einer Sekretärin am zahnärztlichen Institut, die eine eingefleischte Nationalsozialistin war und in derselben Wohnung wie ich wohnte. Diese liebenswürdige deutsche Maid berichtete von meiner Karte den Nazistudenten im zahnärztlichen Institut, die daraufhin Rache schworen und beschlossen, mir alle Knochen im Leib zu zerschlagen, wenn ich es noch einmal wagen sollte, das Institut zu beleidigen. Aber damals war der Nazismus noch im »utopischen Stadium«. Als ich trotz dieser dunklen Drohungen kurze Zeit nach meiner Rückkehr nach Frankfurt ins Institut kam, um mich selbst behandeln zu lassen, hörte ich zwar Zischeln und Raunen hinter mir, ein kerndeutscher Student verweigerte mir auch die Behandlung, aber als eine halbjüdische Kommilitonin ihre bescheidenen zahnärztlichen Künste an mir versuchte, wagte es dennoch keiner der deutschen Recken, gegen mich zu treten.

Das alles aber waren nur Präambeln, Vorspiele des Grauens. Das Jahr des Unheils 1933 brach über Deutschland herein. Zitternd saßen die Juden am Radio und zählten die Stimmen der Nazis bei den Wahlen. Deutschland wählte Hitler, der damals verlangte: »Gebt mir zehn Jahre Zeit und Deutschland wird nicht wieder zu erkennen sein.«[25] Er hat dieses Wort gehalten, vielleicht das einzige unter zahllosen Wortbrüchen, aber anders, ganz anders als es damals »Führer« und Volk sich träumten. Der Massenwahnsinn schien ausgebrochen, die chauvinistische Hysterie begann ihre Orgien auf offener Straße zu feiern. Paraden und Umzüge, Fahnen und Blechmusik beherrschten das Leben der Nation. Es war ein geradezu chiliastischer Taumel, mit dem das Dritte Reich den Untergang Deutschlands einleitete. Scheu strichen in diesem Hexentanz der Selbstbetäubung die Juden an den Mauern ihrer fremd gewordenen Heimatstadt entlang. Sie hatten nur ein Bestreben: nicht aufzufallen, sich zu ducken, den Sturm irgendwie zu überstehen. »Es wird nicht so heiß gegessen, wie gekocht«, war ihre kurzsichtige Zauberformel, an der sie festhielten, wie an einem Credo. Ich konnte diese passive, ja feige Haltung nicht verstehen, die auf alle Erniedrigungen und Beleidigungen, auf Verhaftung und Verschleppung ins KZ[26] mit Schweigen und Tatenlosigkeit antwortete.

In mir war wieder das Bild des jungen David, der Traum meiner Kinderjahre lebendig geworden. Stand Goliath nicht millionenfach vor dem Häuflein Israels, das jüdische Volk und seinen Gott verhöhnend. Aber wo war der David von heute, der es wagte im Namen Gottes dem lästernden Kraftmeier entgegenzutreten, das tödliche Geschoss in der Hand. Ich konnte, ich wollte es nicht glauben, dass unter den vielen jungen und starken Juden, den jüdischen Sportlern und Studenten, nicht einer, nicht ein Einziger den Mut zu einer Antwort der Tat fand. Am 1. April 1933, dem *Boykott-Schabbat*[27], sah ich die gelben Schandzettel und die frechen Boykottposten vor jüdischen Geschäften, Anwaltskanzleien und

Ordinationen der Ärzte. Ich ging durch die Straßen der schönen Main-Stadt und die Scham brannte mir im Antlitz, als sei ich, ich selbst geschlagen und bespien worden. Immer noch versuchten die jüdischen Assimilanten an ihrem Deutschtum festzuhalten. Sie behaupteten, dass die Nazis es ihnen nicht absprechen konnten. Aber sie fühlten nicht, dass dieses Ausharren in einer geschändeten Zivilisation ein Aufgeben der eigenen Ehre war. Und auch die Zionisten, die sich zwar stolz zum eigenen Volkstum bekannten und an geordnete Auswanderung nach *Eretz-Israel* dachten, fanden nicht die Kraft zu einer aufrüttelnden, fanalartigen Geste, einer unübersehbaren männlichen Antwort auf die zahllosen Demütigungen und Entrechtungen, die jetzt über Deutschlands Judenheit hereinbrachen.

Was hielt mich noch in dieser Atmosphäre des Grauens und des Untergangs, der deutschen Provokation und der jüdischen Schmach? Noch einige Wochen musste ich hier in Frankfurt ausharren, um mich einer Nachprüfung an der Universität in den Nebenfächern Zoologie und Botanik zu unterziehen, obwohl ich wenig Hoffnung hatte, vor den Naziprofessoren, die nun ihre antijüdischen Gefühle offen zur Schau stellen durften, zu bestehen. Ich war zu einer jüdischen Familie Emmerich übergesiedelt, mit der ich oft über die neue Lage diskutierte. Herr Emmerich war im vorigen Weltkriege Kavallerieunteroffizier gewesen und besaß noch aus dieser Zeit einen alten Armee-Trommelrevolver, ein ungefüges Stück, das seit Jahren unbenutzt unter Verschluss lag. Als mir der alte, kranke Mann von dieser Waffe sprach, entgegnete ich ihm: »Wenn <u>ich</u> so einen Revolver hätte, wüsste ich ihn schon zu gebrauchen. Die Nazis bekämen mich nicht lebend und ich würde meine Haut teuer verkaufen. Ehe ich nicht mindestens einen von ihnen über den Haufen geschossen hätte, würden sie nicht Hand an mich legen.« Da gab mir dieser Mann, der selbst zu alt und zu müde, zu krank und zu enttäuscht war, um noch an aktiven Widerstand zu denken, seine Waffe. Sie wurde für mich eine heilige Verpflichtung. Ich hatte miterleben müssen, wie einer meiner Bundesbrüder völlig schuldlos verhaftet wurde. Nazis hatte ihn aus Mutwillen auf der Straße mit dem Fahrrad angerempelt und als er dagegen protestierte, hatten sei ihm zugerufen: »Saujud´, halt´s Maul! Du kommst mit auf die Wache.« Nur durch die Intervention seiner Braut, die sich verpflichtete, dass der junge Jude Deutschland sofort verließ, konnte er wieder freikommen. So war die Situation. Es gab kein Recht mehr für die Juden. Alle Fundamente der Gesittung waren geborsten, so als hätten sie niemals bestanden.

Gegen Gewalt gibt es nur: Gewalt. Das war meine klare, einfache und doch so einzelgängerische Erkenntnis in jenen Tagen. Ich begab mich mit der Waffe Emmerichs in die Wohnung meines Freund Rudi Haas[28] und zeigte ihm den Revolver. Ich nahm ihn auseinander, ölte ihn ein, und dann stiegen wir herab in den Kohlenkeller des Hauses, wo mir ein dickes Eichenbrett als Zielscheibe diente. Abgesehen von der Flobertpistole meines Schulkameraden, mit der ich einmal auf Spatzen Jagd gemachte hatte, war mir noch nie eine Waffe in die Hand gekommen. Jetzt stand ich in dem dunklen, nur durch ein Oberlicht spärlich erhellten Raum und spannte den Hahn des Revolvers. Ein Schuss ging los – mitten hinein in die Kohlen – und übergoss mich mit einer ganzen Schicht von schwarzem Staub. Ich versuchte es nochmals und traf die Eichenbohle, die von der Patrone durchschlagen wurde.

Mehr als zwei Mal wagte ich nicht zu schießen, um nicht durch den Widerhall der Schüsse die Aufmerksamkeit der Nachbarn auf uns zu ziehen. Das waren meine ganzen Schussvorbereitungen. Mein Freund Rudi Haas sagte übrigens später fälschlicherweise aus, ich hätte in jungenhaftem Stolz ihm einen »Schreckschuss-Revolver«[29] vorgeführt. Er wusste aber nur allzu gut, wie bitter ernst es mir um die Waffe und ihr eigentliches Ziel war.

Von diesem Tag an trug ich den Revolver stets bei mir. Nirgends und nie war man ja als Jude im Nazireich sicher, nicht von den braunen Mordbuben aufgegriffen zu werden. Ich war entschlossen, nicht ehrlos und wehrlos ihnen in die Hände zu fallen. Wie viel Juden mochten wohl damals bewaffnet durch die Straßen Deutschlands gegangen sein? An einem Frühlingsabend des Jahres 1933, es muss um die *Pessachzeit* gewesen sein, verließ ich gegen zehn Uhr die Wohnung meines Freundes und Studienkollegen Rudi Haas. An einer der Hauptstraßen geriet ich in eine riesige Menschenmenge, die sich zusammendrängte, um einen der romantischen Fackelzüge zu sehen, wie sie jetzt so häufig und beliebt waren. Goebbels hatte ja im Radio verkündet: »Was immer man auch gegen das Dritte Reich sagen kann – langweilig ist es nicht bei uns.«[30] Nun, man verfuhr nach dem alten römischen Rezept »Panem et circenses«[31], wobei die Spiele reichlicher waren als das Brot. Ich wurde vom Menschenstrom immer weiter vorgetrieben bis an eine Absperrungskette, welche SS-Leute in ihren schwarzen Uniformen bildeten, sich in regelmäßigen Abständen an den Händen haltend. Irgendeine ungeschickte Bewegung, oder der Stoß eines Hintermannes brachte mich so nahe an einen SS-Mann heran, dass ich hart an ihn streifte. In diesem Augenblick wurde mir bewusst, dass ich meinen Revolver in der Außentasche des leichten Trenchcoats trug und dass der SS-Mann die Berührung mit der Waffe gefühlt haben musste. Tatsächliche wendete er sich auch um und sah mich drohend an.

Furchtbare Bilder schossen mir durch den Kopf. Grässliche Prügelszenen hinter Stacheldrähten der KZ-Höllen[32]. Marterungen in den Kellern der SS-Kasernen. Jetzt, jetzt werden sie dich ergreifen – jetzt, jetzt ist deine Stunde gekommen. Da aber tat ich – einer Eingebung des Augenblicks gehorchend – das einzig Richtige: Ich hob den rechten Arm zum »deutschen Gruß« und schmetterte ein forsches »Heil Hitler«. Der SS-Mann hielt mich in diesem Augenblick zweifellos für einen der zahlreichen Gestapoleute in Zivil, und ich konnte unbemerkt in der Menge untertauchen. Noch stand mir der Angstschweiß des überstandenen tödlichen Augenblicks auf der Stirn, als ich einen Nebenmann nach dem Grund dieses Volksauflaufs und des festlichen Umzugs befragte: »Göring ist soeben angekommen«[33], war die Antwort.

Das war für mich das Losungswort. Blitzartig wurde mir klar, worin meine Aufgabe bestand. Soeben war ich einem ganz sinnlosen Tode entronnen. Die Tatsache, eine Waffe bei mir getragen zu haben, hätte ja für einen Juden im Nazireich das sichere Ende bedeutet. Kein jugoslawischer Pass hätte mich mehr aus den Klauen der braunen Bestien gerettet. Aber dieses Ende wäre sinnlos gewesen. Mir fielen die Worte des anderen großen Helden meiner Jugendträume ein, Simsons letzter Schlachtruf: »Sterbe meine Seele mit den Philistern.«[34] Ja, mit den Philistern wollte ich sterben.

Jetzt wurde mir klar, wozu ich die Waffe bei mir trug. Göring, dieser fette Popanz, stand damals als Ministerpräsident von Preußen und Präsident des Nazireichstages[35] auf dem Gipfel seiner Macht. Nach Hitler gehörten er und der maulgewaltige Zwerg Goebbels zu den einflussreichsten Männern des verfluchten Regimes. Für Göring waren die Kugeln in meinem Revolver bestimmt. Ich wollte sie auf ihn abfeuern, um das Gewissen der

Welt zu wecken und die jüdische Ehre wiederherzustellen. Aber eine Kugel musste ich zurückbehalten. Die war bestimmt – für mich selbst. Mein Leben wog leicht in meiner Hand, in der lauen Frühlingsnacht, in der die Fackeln der Nazis blutig rot zu einem gestirnten Nachthimmel aufleuchteten, hinter dem ich einen gerechten Gott wusste, der von uns selbst die Tat der Ausrottung des Bösen verlangt. Ich erkundigte mich, Begeisterung heuchelnd nach dem illustren Gast, aber ich musste erfahren, dass er vor drei Minuten abgefahren war. Die Gelegenheit war verpasst. Für dieses Mal. Aufgewühlt und erschüttert ging ich nach Hause. Ich hatte den Atem des Schicksals auf meinem Antlitz verspürt. Gottes Finger war sichtbar geworden und zum ersten Male hatte ich die unausweichliche Bestimmung meines Lebens mit unverkennbarer Deutlichkeit erfahren.

Ich sprach einige Tage später mit meinem Freund Rudi Haas über dieses Erlebnis, aber ich fand wenig Verständnis bei ihm. Nichts fürchteten die Juden Deutschlands ja damals mehr als eine Tat, die den offenen und allgemeinen Pogrom, den unabwendbaren, der sie später dennoch vernichten sollte, auslösen konnte. Haas sprach über meine Gesinnung mit einer jüdischen Krankenschwester im Rothschildhospital, und so erfuhr auch mein Bruder davon, der an dieser Anstalt damals als Assistent praktizierte. Es versteht sich, dass der ruhige, besonnene Alfons mir meine Pläne auszureden versuchte und mich auf die Aussichtslosigkeit solchen Unterfangens verwies. Er war es auch, der mich dazu veranlasste, die gefährliche Waffe ihrem Besitzer zurückzugeben. Ich aber spürte im innersten Herzen, dass alle Argumente einer abwägenden Vernunft fadenscheinig wurden, vor dem unabweisbaren Gebot der sittlichen Notwendigkeit, Unrecht und Schmach meines Volkes zu rächen. Noch aber war die Zeit, noch war ich selbst nicht reif zu dieser Tat. Ende Juli verließen mein Bruder und ich das Dritte Reich und kehrten nach Vinkovci zurück. Ich hatte den Staub Deutschlands von meinen Füßen geschüttelt, aber es war mir nicht gegeben zu vergessen, was ich dort gesehen und erlebt hatte.

Die Tat reift

»Meine Gedanken waren rein von Mord. Du hast aus meinem Frieden mich herausgeschreckt, in gärend Drachengift hast du die Milch der frommen Denkart mir verwandelt.«

Schiller, »Wilhelm Tell«

Ein Zurück nach Deutschland gab es nicht mehr für mich. Was dort geschah, verpestete die Lebensluft. Täglich brachten die Zeitungen neue Meldungen über das organisierte, himmelschreiende Unrecht in diesem Lande, das sich einst das »der Dichter und Denker« genannt hatte – und jetzt ein Land der Gelichter und Henker geworden war. Wo aber sollte ich meine Studien fortsetzen? Österreich schied aus, da die braune Pest auch auf dieses Land überzugreifen begann. Da ich nun aber einmal mein Studium im deutschen Sprachkreis begonnen hatte, wollte ich es auch in diesem fortsetzen, und so fiel meine Wahl auf die deutschsprechende Schweiz. Unter ihren Universitäten kam zunächst Bern in Betracht. Bern, eine kleinere, ruhigere Stadt als Zürich, wohl geeignet, mir die so bitter nötige Konzentration wiederzugeben, die ich in Frankfurt verloren hatte, durch die Krankheit des Leibes und die Krankheit der Zeit. Unsere Familie war gewissermaßen auch mit der Universität Bern verbunden, hatte doch mein Vater an ihr als Doktor der Philosophie promoviert.

Die gesuchte Fähigkeit zur Konzentration fand ich freilich nicht mehr im stillen Bern, aber einen Kreis von einfachen, liebenswürdigen Menschen, selbstständig denkend und aufgeschlossen. Welch ein Unterschied zwischen dem Nazireich und der freien Schweiz! Der einfache Mann auf der Straße war hier wirklich Demokrat, gewohnt in Fragen des Staates und der Gesellschaft nicht nur selbst mitzudenken, sondern auch geradeheraus mitzureden. In der Eidgenossenschaft war die Demokratie bodenständig, an ihrer Wiege stand der Mythos vom Kämpfer für die Freiheit; der Tyrannenmord war die eigentliche Stiftungsakte dieser europäischen Demokratie. Die Armbrust Tells, die Waffe, mit der er den Zwingherrn niederstreckte, der alles Menschenrecht und alle Menschenwürde mit Füßen getreten – sie war zum Wahrzeichen der Schweiz geworden. Und der Geist Tells lebte wirklich unter dem einfachen Volk im Bernerland, das sich angeekelt und empört abwandte von dem Geschehen im benachbarten Deutschen Reich. Hier in der Schweiz, in deren reiner Firnenluft ich wieder frei aufatmen konnte, suchte ich ganz bewusst Anschluss an das Volk. In kurzer Zeit lernte ich (keinen besseren Lehrmeister gibt es auf der Welt als die Sympathie) den schweizerischen Dialekt dieses Kantons, das »Berndütsch« so perfekt, dass man mich für einen Eingeborenen hielt.

Bei der urschweizerischen Familie von Känel hatte ich ein schlichtes Zimmer zur Miete bezogen, und bald freundete ich mich mit diesen kernigen, wackeren Leuten an, lebte mit ihnen. Die Abende verbrachte ich oft im traulichen Kreis der Familie und ihrer Freunde. Ich spielte mit ihnen das Schweizer Nationalspiel »Jassen« und in Wanderungen und Tramp-Touren durchquerte ich das herrliche Land mit seinen klaren Seen und schroffen Bergen, seinen lieblichen Tälern und blühenden Städten. So begann das Wintersemester 1933/34 verheißungsvoll für mich. Ich hoffte, in dieser Atmosphäre des Wohlwollens und der Freiheit wieder ganz zu gesunden, aber bald stellte sich das alte böse Leiden des Knochenfraßes, jetzt am linken

Oberarm, wieder ein. Schmerz und Niedergeschlagenheit gingen Hand in Hand mit diesem Leiden. Schlimmer aber noch war, was ich Tag für Tag aus Deutschland hörte und las. Es ließ mich nicht mehr los. Es ging mit mir auf dem Wege zur Universität, das braune Gespenst des Nazismus, es verfolgte mich bis in Schlaf und Traum und ließ mich auffahren mitten in der Nacht. Die Bilder gefolterter und erschlagener Juden[36] peinigten mich, die Schmähverse und Mordlieder gellten mir in den Ohren, das quälende Übel des Ohrensausens vertausendfachend. Ich suchte Klarheit in philosophischen und sozialen Schriften. In dieser Zeit ging mir das rechte Verständnis erst auf für die Zusammenhänge der sozialen Ordnung und Unordnung in Europa. Ich erkannte, dass die Judenfrage[37] nicht als etwas Losgelöstes betrachtet werden kann, sondern aufs innigste verflochten und verkettet ist mit dem Problem der sozialen Ungerechtigkeit. Reaktionäre Systeme, wie der Nationalsozialismus müssen antisemitisch werden (das Beispiel des italienischen Faschismus lehrt es, der ja anfangs frei von Judenhass war), um die Massen von ihren wirklichen Ausbeutern und Unterdrückern auf den Sündenbock, die Juden, abzulenken.

Ich flüchtete aus dem Dunstkreis von Hass und Lüge in die reine Ideenwelt Platons, die ich zusammen mit einem Landsmann, Dr. Krneta, einem jugoslawischen Christen, studierte, den ich gleichzeitig in die Welt der hebräischen Ethik einführte durch gemeinsame Lektüre der *Pirkej Awot*, deren Welt auf den drei Grundpfeilern von Weisheit, Liebe und Gerechtigkeit steht. Aber es gab kein Entrinnen. Ich vernachlässigte mehr und mehr das Studium. Meine innere Unrast begann zu steigen. 40 Zigaretten am Tage und Unmengen schwarzen Kaffees waren Symptome meiner gesteigerten Nervosität. Im Lesesaal der Universität und im Caféhaus verschlang ich alles, was mir an Zeitungen unter die Hände kam, von den sozialistischen Schweizer Blättern, bis zum *Völkischen Beobachter*, aus dem mir immer wieder in rot unterstrichenen Riesenlettern die Mordhetze der Nazis gegen mein Volk entgegengellte. In der rituellen Pension, in der ich zu Mittag aß, traf ich mit Juden zusammen, mit denen ich über das Furchtbare sprach, das sich in Deutschland mit der unerbittlichen Dynamik einer Lawine vollzog – aber immer wieder stieß ich auf eine Stumpfheit der Herzen, die mich einsam erschauern ließ.

Oft fand ich unter Schweizern mehr Verständnis, wenn ich, vom Zorn überwältigt, sagte, dass die Urheber dieser satanischen Bosheiten – die Hitler, Göring, Himmler, Goebbels, Streicher und Konsorten – kalt gemacht werden müssten. Noch erkannten die Mächtigen der Welt nicht, oder wollten es nicht erkennen, dass die Seuche des Nationalsozialismus nicht auf Deutschland beschränkt bleiben konnte, sondern eine Weltgefahr ersten Ranges geworden war. Europa war bedroht wie noch nie und wiegte sich noch immer im Schlummer einer faulen Kompromisspolitik der »Nichteinmischung« in die inneren Verhältnisse Deutschlands. Aber es gibt dem Unrecht gegenüber keine Neutralität. Wenn im Hause meines Nachbarn ein Mord begangen wird, darf ich dann, die Hände im Schoße, dasitzen und in die blaue Luft gucken – selbstgerecht und unbeteiligt –, weil das Unrecht im Nachbarhause geschieht?

Meine Verdüsterung war so weit fortgeschritten, dass ich kaum mehr die Kraft aufbrachte, den Meinen zuhause regelmäßig zu schreiben. Und was sollte ich ihnen berichten? Mit dem Studium ging es nicht recht voran, Körper und Geist waren durch Leiden und Mitleiden geschwächt. Ich ließ die Briefe und Karten von zuhause oft wochenlang unbeantwortet, unfähig ein Bild meiner äußeren und inneren Verfassung zu geben.

Die jüdischen Studenten an der Universität Bern waren damals in keiner Weise zusammengefasst. Ich litt unter dieser Isolierung, die ich für gefährlich und strafbar hielt. War es nicht gerade jetzt, in Zeiten der schrecklichsten Judenentrechtung, geboten, dass sich die jüdische akademische Jugend in diesem freien Land zusammenfand? Es gelang mir mit Hilfe des Rabbiners Altprediger Messinger und des Advokaten Dr. Brunschvig[38] das jüdische Studentenheim neu zu organisieren. Im Lesezimmer dieses reorganisierten Zentrums der jüdischen Studenten las ich die jüdische Presse mit steigender Sorge. Die Berliner *Jüdische Rundschau*[39], die damals mutig aufrief, den gelben Fleck der Schande mit Stolz zu tragen[40], die Prager *Selbstwehr*[41], die freier über die Vorgänge im Reich berichten konnte, die beiden jüdischen Wochenblätter der Schweiz[42]. Aber überall fand ich dasselbe: die blutigen Untaten der Nazis und die papierenen Proteste der Juden. Nicht einmal der von Samuel Untermayer[43] in Amerika organisierte antideutsche Boykott wurde von den Juden wirklich durchgeführt. Noch immer verstanden sie die unübersehbaren Zeichen der Zeit nicht, nirgends, nirgends erstand ein Rächer der geschändeten jüdischen Ehre. Zwei Reisen führten mich in dieser Zeit zu kurzem Aufenthalt zurück nach Deutschland und verstärkten das Bild, das ich mir aus der Presse gemacht hatte. In den *Pessach*-Ferien 1934 besuchte ich meinen Freund Rudi Haas in Frankfurt, um die Feiertage im Hause seiner Eltern zu begehen. In einem makabren Scheinfrieden lebten die Juden in ihren noch immer wohlhabenden Bürgerhäusern dahin. Aber nur wenige Meter entfernt, in den Konzentrationslagern und SA-Kasernen[44], tobte der brutalste Mord. Die Juden im Reich hatten es zu einer Meisterschaft im Nichtsehen des Unübersehbaren gebracht.

Ein Besuch bei meiner früheren Wirtin, der Regierungsrätin, zeigte mir, wie das Gift des Nazismus weiter fraß und auch früher gutartige Deutsche befiel. Ich konnte diese noch vor kurzem wohlwollende Frau kaum wiedererkennen. Sie redete von den »Gräuelmärchen«, welche die hinterhältigen Juden über Deutschland verbreiteten, sie prangerte die Juden als Deutschlands Unglück und die Schuldigen des verlorenen Krieges und seiner unübersehbaren Folgen an, kurzum, die Juden waren an allem Schuld und mussten daher aus Deutschland auswandern, je schneller, je besser. Noch war nicht von der physischen Vernichtung die Rede, wie sie später planmäßig in den Grauensorten von Majdanek, Treblinka und Auschwitz betrieben wurde, aber von der Argumentation, wie ich sie jetzt aus dem Munde meiner früheren Wirtin zu hören bekam, bis zum organisierten Massenmord war ja nur noch ein Schritt. Ein Besuch in Berlin, wo ein Bruder meines Vaters, Dr. Salomon Frankfurter[45], als Rabbiner fungierte, verstärkte noch meinen Eindruck. Ich ging durch die Straßen der Hauptstadt und sah die Ekel erregenden Karikaturen von Juden in den *Stürmer*-Kästen, die aufreizenden Schlagzeilen auf den Nazi-Plakaten, die Marschkolonnen der Mörderbataillone der SA und SS. Einmal hatte ich mich mit meinem Onkel an der U-Bahn-Station im Kaufhaus Tietz verabredet. Ich traf ihn in höchster Erregung an. Ein Hitlerjunge hatte den würdigen Mann angepöbelt und an seinem dunklen, langen Bart gezerrt. Und dazu musste er schweigen, schweigen, wie die Juden in Deutschland zu allem schweigen mussten, was ihnen unausgesetzt angetan wurde.

Da hatte mein Vater doch anders und freier regieren können, als ihn auf einer Reise nach Polen ein frecher polnischer Bursche im Coupé aufgefordert hatte, ihm Platz zu machen und auf die schweigende Negation meines

Vaters durch dreiste Provokation antwortete. Mit gezücktem Taschenmesser war der Bursche auf meinen Vater losgegangen und wollte ihm den Bart abschneiden. Da aber sprang mein Vater, dieser ruhige und zurückhaltende Mann, auf und versetzte vor allen Mitreisenden dem Lausejungen zwei schallende Ohrfeigen, die dieser widerstandslos einsteckte und sich unter der fadenscheinigen Entschuldigung, er habe nur »gescherzt«, dünnmachte. Unverschämtheiten gegen Juden gab es auch anderswo. Aber ein aufrechter Mensch, wie mein Vater, konnte sich wenigstens zur Wehr setzen. Hier aber, im Naziland, hätte eine derartige, natürliche Reaktion Konzentrationslager, Folterung, Tod für den Juden zur Folge gehabt. Hier wurde das Unrecht nicht nur geduldet, sondern anbefohlen, gefördert und den Massen systematisch eingepeitscht. Ein Zerrbild des Juden wurde schon den kleinsten Kindern eingeprägt, sodass sie gar nicht mehr anders konnten, als im Juden ein giftiges, auszurottendes Reptil zu sehen.

An einem Juliabend des Jahres 1934, ich weilte gerade bei einer jugoslawisch-jüdischen Familie zu Gast, ereilte mich ein telefonischer Anruf, der mich in äußerste Erregung versetzte. Ein Telegramm war eingetroffen, das mich von der lebensgefährlichen Erkrankung meiner Mutter verständigte. Nach Erledigung der Passformalitäten reiste ich sofort nach Hause. Mein Bruder Alfons empfing mich mit verweinten Augen am Bahnhof. Ich war wenige Stunden zu spät gekommen. Meine Mutter war nicht mehr am Leben. Ich konnte ihr nicht mehr die geliebte Hand drücken, sie um Verzeihung bitten für die Herzensangst, die ich durch mein Schweigen in den letzten Monaten verursacht hatte. Die Selbstvorwürfe, die in meiner Seele latent vorhanden waren, am Totenbett der Mutter steigerten sie sich zu Verzweiflung. Still und unbemerkt war sie durchs Leben gegangen, das Urbild der jüdischen

Frau und Mutter, die ganz auf den Kreis der Ihren sich beschränkend, es verstanden hatte, ihr Haus zu einem unantastbaren Heiligtum zu machen. Es war ihr noch vergönnt gewesen, mit ihren 52 Jahren ihr erstes Enkelkind, die Tochter meiner Schwester Ruth zu sehen. Gott hatte es ihr erspart, mitzuerleben, dass dieses Kind und seine Geschwister im Todeslager von Auschwitz weniger als zehn Jahr später umgebracht wurden, ebenso wie der Schwiegersohn.

Erst jetzt in der Stunde des Abschieds sah ich sie ganz vor mir, die unendlich geliebte Gestalt der Mutter. Sie war oft leidend gewesen, aber immer schwebte ein Lied auf ihren Lippen, immer in gutes Wort für uns Kinder – und insbesondere für mich, das Sorgenkind. Ich blieb einige Monate zuhause bei meinem hart geprüften Vater, und es kam zu ernsten Auseinandersetzungen zwischen uns. Er wollte mich zurückführen auf den einfachen geraden Weg des Studiums und des Berufes. Ich stimmte ihm zu, aber tief innen wusste ich, dass ich nicht mehr zurückfinden konnte in diese Bahn der Alltäglichkeit. Es bohrte in mir. Die Tat, die vergeltende, die aufrüttelnde, die unabwendbare Tat – sie musste vollzogen werden. Ein Jude musste den Mut aufbringen, die Waffe gegen Hitler als das Haupt der tausendköpfigen Hydra zu richten. Ein Jude – war nicht ich es? Ich fühlte, dass mein Leben seinen Sinn verloren hatte, aber durch diese Tat konnte ich sühnen, was ich im Leben verabsäumt hatte, konnte ich alles Kranke und Unnütze ausbrennen aus diesem Leben und mit den Philistern stürzend den Urfeind meines Volkes vernichten. Hatten wir nicht in der Schule, im griechischen Unterricht, von Harmodios und Aristogeiton gelesen, die den Tyrannen Hipparch erschlugen, um den Athenern gleiches Recht zu geben? Darüber hinaus war aber gerade in meiner engeren Heimat ein Gefühl lebendig für die Rache der Unterdrückten. »Der Tod des Smail Aga Cengic«[46] heißt ein serbisches Nationalepos, das vom Kampf der Montenegriner gegen den türkischen Tyrannen berichtet. Es hatte mir bei der gemeinsamen Klassenlektüre tiefsten Eindruck gemacht.

Überall in der Geschichte der Juden und der Griechen, der Schweizer, der Serben und der anderen freien Völker zeigte sich die Unabweisbarkeit der Gewalttat gegen die allzu freche Gewalt. Und doch stand geschrieben, mit Feuerlettern vom Sinai: »Du sollst nicht morden.« Die heilige Ehrfurcht vor dem Leben war uns eingehaucht seit jener Stunde der Begegnung von Gott und Israel, aus der wir Kraft schöpften, das eherne Joch der *Galut* zu tragen durch die Jahrtausende. War es nicht auch diese Ehrfurcht vor dem Leben, dieses Leben-Erhalten-Wollen, das mich so mächtig zur Heilkunde hingezogen hatte, eine Kunst, in der gerade wir Juden seit alters hervorgetreten sind. Und dennoch und trotzdem – es stand auch geschrieben, in der *Tora* und in unserem Herzen: »Ausrotten sollst du das Böse aus deiner Mitte.«[47] Immer wieder und immer wilder wurde ich hin und hergerissen zwischen diesen beiden kategorischen Imperativen Gottes – nicht zu töten und doch das Böse zu vernichten. Zu einem Schüler meines Vaters, einem Jugendgefährten sagte ich beiläufig: »Du wirst sehen, wenn sich kein anderer findet, werde ich noch einmal einen von diesen Hunden kalt machen!« Er lachte nur verächtlich. Wie konnte er ahnen, dass hinter diesem burschikosen Wort der Seelenkampf von Monaten und Jahren stand, der mir fast die Lebensluft nahm? Aber eines wurde mir ebenso klar: Wenn diese Tat geschehen würde, dann gab es keine Flucht mehr. Kein irdisches Tribunal sollte mich richten. Der zweite Schuss musste mir selbst gelten. Ein schöner Holzschnitt des jüdischen Meisters Joseph Budko, einen *Chaluz* und einen greisen

Talmudjuden darstellend, hatte sich mir eingeprägt, und unter diesem Bilde stand das Wort des Propheten Amos, das mir zur Devise wurde: »Lo jivrach isch kamoni« – Ein Mann wie ich flieht nicht.[48]

Immer wieder zog es mich in diesen Monaten ins Kino. Nicht um den billigen, romantischen Liebesgeschichtenkitsch von Hollywood zu sehen – nein, es war nur das Gorgonenantlitz der Zeit, dem ich in der Wochenschau in die Augen sah. Parteitage in Nürnberg, das hysterische Wutgeschrei des böhmischen Gefreiten[49] und seiner Mannen, die klirrende, drohende Aufrüstung Deutschlands. Ich musste es immer wieder sehen, das Furchtbare, das die Anderen nicht sehen wollten. Ich gab damals von meinem kärglichen Studentenwechsel mehr für Kino, Zigaretten und Kaffee aus, als für die eigene Lebenshaltung. Betäubungsmittel einerseits und das zwanghafte immer wieder Sehen-Müssen der Naziwirklichkeit andererseits waren die trüben Pole meiner Existenz. In Linny Steffen fand ich in dieser letzten Zeit meiner Freiheit mehr, weit mehr als eine neue Quartiergeberin. Fräulein Steffen wurde mir eine schwesterliche Freundin, mit der mich ein Verhältnis von Kameradschaft und Vertrauen verband. Bald duzten wir uns und ich hatte noch einmal das Gefühl des Geborgenseins und des Zuhauses in einer Welt, die aus den Fugen geraten war. Linny Steffen hielt mir die Treue durch all die dunklen Jahre, die folgen sollten. Auch mit ihr, der gläubigen Protestantin, sprach ich oft über das Judenproblem. Wie hätte ich schweigen können? Der Mund ging mir über von dem, was das Herz voll war.[50] Ich schenkte ihr ein Buch des Schweizer Schriftstellers C.A. Loosli: »Die schlimmen Juden«[51], in das ich als Widmung geschrieben hatte:

> »So schlimm sind wir, und dass wir nicht so niederträchtig sind, wie man uns hinstellt, scheint unser größtes

> Verbrechen zu sein. Das Böse und die Fehler an uns sehen, vor dem Guten aber Augen und Herz verschließen, sind die Methoden unserer Hasser! Vor ehrlichen und objektiven Beobachtern haben wir jedes Mal unseren Bestand gehabt, und dann auch in Ehren. Endlich besteht doch noch Hoffnung, dass Gott den Teufel auch im menschlichen Herzen besiegen wird. Auch ein Schlimmer« D.F.

Ja, die Hoffnung bestand. Aber mussten wir nicht selbst die Hand erheben zur Niederschmetterung des Teufels in Menschengestalt, der die Herzen vergiftete? Ich hatte mich viel mit dem Problem der Wunder in der Bibel beschäftigt. Gott wirkte Wunder an seinem Volke, aber entband das den Menschen von der ihm durch die gewährte Freiheit aufgetragenen Pflicht zum eigenen Handeln? Gott hatte sein Volk aus *Mizrajim* unter Wundern und Zeichen herausgeführt, aber der Mann Moses musste das irdische Werk verrichten. Gott hatte Israel den Sieg über Amalek[52] gegeben, aber der Mann Josua musste kämpfen vom Morgen bis zum Abend. Gott hatte den Stein Davids in die Stirne Goliaths gerieben, aber der junge David musste die Schleuder wider den Feind jagen. Immer war es der Mensch, der leidende und handelnde, durch den Gott den Teufel niederzwang. Freiheit ist Pflicht, Glaube ist nicht Passivität, sondern Handeln im Vertrauen auf Gott, das waren die Erkenntnisse dieser bangen Wochen und Monate, in denen die unabweisbare Tat in mir reifte.

Aber noch sah ich nicht das Objekt. Gemeint war eigentlich Hitler, diese dämonische Gestalt des rasenden Spießers, der von der Bierbank aufgebrochen war zur Vernichtung der Juden und der Welt. Aber Hitler war unerreichbar. Geschützt von seiner Leibstandarte und dem ganzen Millionentross seines Anhangs, wagte sich dieser Feigling niemals ungeschützt ins Freie. Und ähnlich stand es um die Komplizen seines inneren Kreises, die Heß' und Görings, Streichers, Himmlers, Goebbels'. Es war undenkbar, mit der Waffe in der Tasche nach Deutschland zu reisen, um einen von ihnen zu erledigen. Zwei Mal tauchte eine greifbare Möglichkeit auf. Zwei Mal begaben sich Repräsentanten des Nazismus auf Schweizer Boden, um beim Völkerbund in Genf vorzusprechen. Der Senatspräsident von Danzig, Greiser[53] (Rauschnings Nachfolger) hatte in Fragen der Freien Stadt zu verhandeln, und ein anderes Mal kam der klumpfüßige Zwerg mit dem Riesenmaul, Joseph Goebbels, nach Genf, um den Austritt des Nazireiches aus der Gesellschaft der zivilisierten Völker einzuleiten.[54] Es versteht sich, dass dieser Ritter ohne Furcht und Tadel einen ganzen Heerbann von Muskelhelden mitbrachte, die sein kostbares Leben zu schützen hatten. Immer wieder trat das Bild jenes entscheidenden Augenblickes vor meine Seele, in dem ich auf so einen Goebbels oder Greiser feuerte – und immer wieder bebte ich zurück vor dieser Tat, die in mir keimte –, nachdem einmal die Saat eingesenkt worden war in das verwundete Herz. Ich suchte nach Auswegen. Musste es nicht doch noch einen produktiven Ausweg geben? Dem Propheten Jeremia waren die beiden Aufgaben von Gott gestellt worden – die destruktive und die konstruktive: »Einzureißen und nieder zu brechen und zu vernichten«, aber auch »Livnoth we lintoa«, zu bauen und zu pflanzen.[55] Ich suchte – ein letztes Mal – den Weg des Bauens und Pflanzens, um den furchtbaren, den Weg der Vernichtung, nicht gehen zu müssen. Es war mir nicht bestimmt. Zunächst dachte ich natürlich an *Erez Israel*. Ich wollte versuchen, ein Zertifikat zu erlangen und in das Land der Väter zu gehen. Aber was sollte ich dort? Meine geschwächte Gesundheit ließ es nicht zu, dass ich als *Chaluz* in die Sümpfe ging, oder den steinigen Acker bebaute. Zum Händler und

Beamten fühlte ich nicht die geringste Befähigung in mir. Sollte ich anderen, die nützlicher und kräftiger waren, die spärlichen, gezählten Zertifikate[56] wegnehmen? Ich verwarf also auch diesen Plan.

Da war der Ruf des von den Faschisten überfallenen Abessiniens[57], der mich erreichte. Angeregt durch das schöne Buch des großen Menschenfreundes, Gelehrten und Künstlers Albert Schweitzer »Zwischen Wasser und Urwald«, das von seiner Arbeit unter den Schwarzen in Lambarene erzählt, meldete ich mich auf der Schwedischen Gesandtschaft für eine medizinische Hilfsmission nach Äthiopien, aber man machte von meinem Angebot keinen Gebrauch. In einer dumpf hinbrütenden Untätigkeit flossen nun meine Tage dahin. Immer näher kam das unabweisbare Gebot, den Weg der Vernichtung zu gehen.

Schüsse in Davos

»...ich bin kein ausgeklügelt Buch.
Ich bin ein Mensch mit seinem Widerspruch...«
C.F. Meyer, Huttens letzte Tage.

»Nicht der Mörder, der Ermordete ist schuldig.«
Franz Werfel

Es wird mir schwer, Spätsommer und Herbst des Jahres 1935 so zu schildern, dass das langsame Reifen und Unabweisbarwerden meiner Tat allgemein verständlich erscheint. Es ist eben nicht so, dass etwas Derartiges, das in schroffstem Widerspruch zu meinem Wesen, meiner Erziehung, meinen allgemeinen und religiösen Anschauungen stand, eine Tat also, welche die Ausnahme schlechthin bildete, die brennende Notwendigkeit, welche alle Maximen über den Haufen wirft, sich geradlinig in der Seele eines Menschen zu entwickeln vermöchte. Das Gegenteil trifft zu. Würde man das Reifen meiner Tat in einem Diagramm darstellen, so ergäbe sich eine Zickzack-Linie, unregelmäßig verlaufend und immer wieder von den Höhen des Entschlusses herabsinkend in die Ebenen dumpfen Hinbrütens. Es stand zwar fest in mir, dass die Schmach des jüdischen Volkes nur mit Blut abzuwaschen sei und klarer wurde in mir das Bewusstsein, dass ich es war, der diese furchtbare Tat der Rache zu verüben hat. Es mag pathetisch klingen und doch muss es um der Wahrheit willen ausgesagt werden: Ich fühlte mich als ein kleines und geringes Werkzeug in Gottes Hand.

Immer wieder kehrte ich zurück zur Bibel, die allerorten von jenem Zögern spricht, das die Menschen befällt, welche der Gott Israels sendet. An den großen und erhabenen Beispielen wurde mir der Sinn meines eigenen, kleinen Schicksals erkennbar. Schrickt nicht Mose zurück vor der Sendung und weigert sich zunächst als ein »Mann schwerer Zunge«[58] vor dem Pharao hinzutreten, weicht nicht Jesaja vor dem Anruf Gottes aus, in dem er sich als ein »Mann unreiner Lippe«[59] bezeichnet und Jeremia, der mir am nächsten stand, antwortete kleinmütig »Naar anochi – ich bin ja noch ein Knabe«.[60] Gerade darin, dass die Bibel uns zum Gleichnis des eigenen Lebens wird, immer und immer wieder, auf allen Stadien unseres Weges, ist ihr Ewigkeitscharakter begründet. Die Geschichte von David und Goliath gab das Leitmotiv meines Handelns an, aber im Zögern der Propheten sah ich den Spiegel meiner gegenwärtigen Verfassung.

Halb unbewusst suchte ich trotz des reifenden Entschlusses, einen Repräsentanten des verfluchten Naziregimes umzubringen und dann sofort selbst aus dem Leben zu scheiden, Rückverbindungen zum normalen Leben. So begann ich auf der Universitätsbibliothek meine Doktordissertation über Krebsfälle vorzubereiten. Ich studierte, wenn auch nicht mit der nötigen Systematik und Regelmäßigkeit, die einschlägige Literatur und machte mir Auszüge.

Obwohl ich meinen medizinischen Kenntnissen nach noch kaum so weit war, um die Dissertation zu bewältigen, und obwohl es für einen Menschen in meiner Lage doch absolut gleichgültig sein konnte, ob er als Student oder Doktor der Medizin als politischer Attentäter und Selbstmörder endete, verbiss ich mich in diese scheinbar sinnvolle Arbeit. Ich wollte in der Beschäftigung mit der Heilkunde vergessen, dass die furchtbarste aller Krebserkrankungen, der Nationalsozialismus, der Deutschland bereits zerfressen hatte und sich anschickte den ganzen

Erdteil, ja die Welt zu zerstören, nur mit tödlichen Mitteln ausgerottet werden konnte. Wenn ich heute zurückblicke, wird mir das alles transparent und klar, aber damals war ich in einer Situation des Hin- und Hergerissen-Werdens, die mich kaum erkennen ließ, wie sinnlos meine wissenschaftlichen Versuche angesichts des schon gefassten Beschlusses waren. In der Bibliothek lernte ich einen jungen Mediziner kennen, der ein neues Präparat zur Abtötung gefährlicher Bazillen hergestellt hatte. Ohne Zögern war ich bereit, mir auf eigenen Nährboden gezogene Streptokokken auf die Hand streichen zu lassen, um an diesem giftigen Keim die Kraft des neuen Mittels zu erproben. Für mich selbst war dieses Experiment aber ein Ordal oder eine Mutprobe: Ich wollte und musste mir selbst vor Augen führen, dass ich kaltblütig in tödlicher Gefahr zu bleiben vermöchte.

Von geradezu ausschlaggebender Bedeutung aber wurde für mich die Bekanntschaft eines jüdischen Philosophiestudenten, der in derselben rituellen Pension verkehrte, in der ich mittags zu essen pflegte. Wir saßen an einem Nachmittag in einem der kleinen gemütlichen Berner Cafés, wo man in abgeteilten Holzkojen völlig ungestört und unbelauscht miteinander sprechen kann. Das Gespräch kam, wie sollte es anders gewesen sein, in dieser Zeit meiner seelischen Hochspannung, auf die furchtbare Lage der Juden in Deutschland, und es mag wohl sein, dass ich in einer allgemeinen Form darauf hinwies, wie bitter nötig es geworden sei, mit der Waffe in der Hand gegen die reißende Nazi-Bestie vorzugehen. Mein Gesprächspartner zog daraufhin einen kleinen Revolver aus der Tasche und sagte: »Sehen Sie, diese Waffe habe ich mir erst unlängst für wenige Franken beim Büchsenmacher Schwarz in der Aarbergergasse gekauft.« Ich sah die Waffe einen Augenblick vor mir auf dem Caféhaustisch liegen und die Finger zuckten mir nach diesem unerlässlichen Werkzeug meines Planes. So leicht war es also, in der freien und vertrauensvollen Schweiz sich eine Waffe zu besorgen. Kein Waffenschein wurde verlangt, nicht einmal der Name des Käufers musste registriert werden. Man konnte sich einen Revolver wie eine Schachtel Zigaretten kaufen.

Für Menschen, die aus Deutschland kamen, war das geradezu unvorstellbar. Schon in der Vor-Hitler-Zeit war es dort nur mit einer von der Polizei ausgestellten Bescheinigung möglich, auf legalem Wege eine Waffe zu erwerben. Man musste bei der Behörde zuerst Dringlichkeit und eigene einwandfreie Führung nachweisen, um in den Besitz eines derartigen Dokumentes zu kommen. Hier, in der freien Schweiz, war von all diesen Komplikationen eines Polizeistaates gar nicht die Rede. Um das richtig zu verstehen, muss man bedenken, dass jeder Schweizer in wehrfähigem Alter seine militärischen Waffen bei sich zu Hause hat und jederzeit feldmarschmäßig voll bewaffnet ausrücken kann, wenn er einen Gestellungsbefehl erhält. Das ist alte schweizerische Tradition. Man denke nur etwa an Gottfried Kellers Novelle »Das Fähnlein der sieben Aufrechten«, in welchem der Schneidermeister Hediger sein Gewehr als größtes, unantastbares Heiligtum im Hause hütet. Zum Ruhme der Schweiz sei vermerkt, dass sie (in Kriegszeiten ausgenommen) das Recht des freien Waffenerwerbs auch auf Ausländer übertrug, die Gastrecht in der Schweiz genießen. Dennoch ging ich zögernd und schweren Herzens in die Aarbergergasse, wo im Fenster der Schwarzschen Büchsenhandlung ein ganzer Haufen billiger Revolver und dazugehöriger Munition ausgestellt war. Diese Revolver waren wohl im Zusammenhang mit dem Spanischen Bürgerkrieg in die Schweiz gelangt und trugen keinen Fabrikationsvermerk. Mehrere Male strich

ich an der Türe des Ladens vorüber. Ich wusste: Wenn du die Waffe kaufst, musst du handeln. Der Erwerb des Revolvers war ein weiterer, schwerer Schritt von der Idee zur Tat. Endlich gab ich mir einen inneren Ruck und betrat das Geschäft, in dem mich eine Frau bediente. Um nicht aufzufallen, sprach ich Schweizerdeutsch, das ich ja inzwischen so gut erlernt hatte, dass man mir unter waschechten Eidgenossen oft den Ausländer nicht mehr glaubte. Die Verkäuferin zeigte mir den Mechanismus des Revolvers[61], der sechs Patronen zu fassen vermochte und packte mir noch Leuchtmunition mit dazu. Die Waffe selbst hatte die Kleinigkeit von zehn Schweizer Franken gekostet, nicht viel mehr als man zum Ankauf eines Hemdes benötigt. Man hatte mir die tiefe Erregung nicht angemerkt, die mich in der Büchsenmacherei beherrschte. Aber ich selbst wusste in dem Augenblick, in dem ich das Geschäft verlassen hatte, dass es nun kein Zurück mehr für mich gab. Mein Schicksal war besiegelt. Sein Unterpfand trug ich in der Rocktasche.

Und doch sollten noch Wochen vergehen, bis ich die tödliche Waffe erhob, um sie gegen einen der Repräsentanten des neuen Amalek, Hitler-Deutschland, abzufeuern. Noch war die Zeit nicht reif für jene Schüsse aus dieser Pistole, von denen Europa widerhallen sollte. Die Waffe war gekauft, aber das Leben ging weiter. Welch ein Leben des inneren Widerspruchs und des furchtbaren Umgetriebenwerdens. Zwar waren gütige Menschen um mich, wie vor allem Linny Steffen, aber ich konnte mit niemandem sprechen über das, was mich am tiefsten bewegte. Niemand durfte mit belastet werden. Mein ganz allein musste die Tat sein. Von Natur aus etwas einzelgängerisch und jeder konspirativen Tätigkeit abhold, hatte ich ohnedies keinerlei Zugang zu revolutionären Gruppen. Unter den Juden war, wie mir zahlreiche Gespräche bestätigt hatten, der Sinn für eine aktivistische Haltung gegenüber dem Nazismus kaum geweckt. So schwieg ich viel in mich hinein, ohne einen Augenblick den leitenden Gedanken außer Acht zu lassen. Dennoch besuchte ich, wenn auch unregelmäßig, die Kollegs an der Universität, las allerlei Philosophisches, gerade um inmitten dieses Gärungsprozesses mehr Klarheit zu gewinnen. Vor allem aber vergrub ich mich in die Zeitungslektüre.

Immer neue Meldungen kamen aus Deutschland, die mir zeigten, wie das Nazi-Gift um sich fraß. Die »Nürnberger Gesetze«[62] waren im Spätsommer 1935 erlassen worden, jene blutige Karikatur des Rechtes, welche die Diskriminierung des Judentums zum Gesetz erhob. Der Fall des Journalisten Berthold Jacob[63], den Nazi-Agenten aus der Schweiz zurück nach Deutschland gelockt hatten, zeigte mir, wie der Nazismus nicht an den Grenzpfählen haltmachte, sondern einer Riesenspinne gleich sein Netz über alle Länder Europas warf. Meine Erbitterung stieg mit jedem Tage, aber noch immer nicht hatte ich das Objekt gefunden, auf das ich die Waffe richten konnte. Da tauchte im November dieses Jahres für mich zum ersten Male der Name Wilhelm Gustloff[64] auf. Die schweizerische Presse widerhallte von einer Interpellation, die Bundesrat Canova beim Berner Bundesparlament eingereicht hatte.[65] In dieser Interpellation wurden dem Bundesrat vier Fragen vorgelegt, die sich auf die Tätigkeit des »Gauleiters« der NSDAP in der Schweiz – eben Gustloff – bezogen. Dieser Mann lebte seit dem Ersten Weltkrieg (den er nicht als Soldat mitgemacht hatte) in Davos, in dessen reiner Höhenluft er sich von einem Lungenleiden geheilt hatte. Gustloff, ein Reichsdeutscher aus Schwerin, war niemals Schweizer geworden, wurde aber dennoch von einer ehemals deutschen, später schweizerischen Institution, einer meteorologischen Station, beschäftigt, wo er als kleiner, unbedeutender Beamter täglich seine Wetterkarten bearbeitete. Schon frühzeitig, im Jahre 1923[66], war dieser Gustloff der Nazibewegung beigetreten. Im Herbst 1934 aber machte er daraus einen Vollberuf, legte die kleine Beamtenstelle beim meteorologischen Institut nieder und wurde »Gauleiter« der NSDAP für den »Gau Schweiz«[67].

Was das zu bedeuten hatte, war mir, der ich in Hitlers »Mein Kampf« gelesen hatte, durchaus klar. Wenn man sich die Mühe nahm, in dieser Satans-Bibel zu blättern, so wurde einem nicht nur klar, dass Hitler die vollkommene Vernichtung und Ausrottung des jüdischen Volkes anstrebte, ebenso unverblümt enthüllte er den imperialistischen Expansionswillen seiner »Bewegung«, deren erste Station die Gründung eines Großdeutschen Reiches war. Großdeutschland bedeutete die Zusammenfassung aller deutschsprechenden Stämme, also die Annexion Österreichs, des sudetendeutschen Gebietes, Elsass-Lothringens, Siebenbürgens und der deutschen Schweiz. Damals kannte man noch den Ausdruck »Fünfte Kolonne« nicht, aber der Begriff war dem denkenden Menschen, der die Nazis studiert hatte, ohne weiteres klar. Ein »Gauleiter« in der Schweiz hatte die klare Aufgabe, dieses demokratische Land so lange zu unterminieren, bis es für den Nazisturm innerlich reif war. Und Gustloff erwies sich als gelehriger Schüler seines Meisters. Der Herr Gauleiter, oder »Landesleiter der Gruppe Schweiz« war weit mächtiger, als der offizielle deutsche Gesandte in Bern, der allerlei diplomatische Rücksichten zu wahren hatte. Gustloff scheute vor nichts zurück. Er überzog das freie schöne Land mit einem Netz von Nazi-Organisationen. Wie eine giftige Spinne saß er in dem herrlichen Davos-Platz und spann seine tödlichen Fäden über die freie Schweiz hin. Er gab eine eigene Zeitung *Der Reichsdeutsche*[68] heraus, in dem er Befehle erteilte, er versandte Fragebogen an alle

Reichsdeutschen in der Schweiz und forderte unbedingten Gehorsam von ihnen, kurzum; er gründete (unter Duldung der Bundes- und Kantonalbehörden) einen Staat im Staate.

Davos wurde unter seiner Leitung eine Hochburg des Nazismus. Auf der Kurpromenade flogen Arme zum Hitlergruß empor, Naziembleme verunzierten den schönen Kurort, Versammlungen und Aufmärsche wurden abgehalten, die Deutschen wurden von Gustloff auf den »Führer« vereidigt und er hatte ausreichende Mittel (Denunziation in Deutschland, Pass-Sperre, Boykott), um Deutsche, die sich einem »Ich ordne an« widersetzten, in die Knie zu zwingen. Unter dem wohlwollenden Schutz der Bundesräte Motta[69] und Baumann[70] gründete Gustloff nicht weniger als 45 Nazi-Ortsgruppen, 50 Stützpunkte und 21 Standorte[71] der NSDAP in der Schweiz. Ein ganzes Heer von Spitzeln stand ihm zu Gebote, um jeden Deutschen und Juden überwachen zu lassen.[72] Agenten und unbegrenzte Geldmittel machten es diesem Gustloff möglich, sein ruchloses Treiben immer weiter und intensiver auszubauen. Zu Nazi-Feiertagen ließ er »Gauleiter« und andere hohe Partei-Bonzen aus dem Reiche zu Massenkundgebungen in die Schweiz kommen, militärische Übungen der organisierten Nazijugend[73] wurden in Mingers[74] Grenzbefestigungsgebieten abgehalten.

Es wurde mir bald klar, dass es nur ein Ziel für meine Waffe geben konnte, die eigentlich auf Hitler selbst gerichtet werden sollte, und dieses erreichbare Ziel hieß: Wilhelm Gustloff. Zu den beiden treibenden Motiven, die geschändete jüdische Ehre wieder zu retten und der Welt ein Fanal zu geben, gesellte sich nun noch ein drittes: Ich wollte die freie Schweiz, die mir Gastrecht gewährte und in der ich wahrhaft demokratische Menschen kennen gelernt hatte, vor dem Schicksal der Nazifizierung und endlichen Einverleibung ins Nazi-Höllen-Reich bewahren. Es hat lange gedauert, bis man in der Schweiz selbst den Mut fand, auch dieses Motiv anzuerkennen. Beschattet von der Flucht vor dem übergewaltigen deutschen Nachbarn, sprach man in offiziellen Kreisen natürlich von einem Missbrauch des Gastrechtes, dessen ich mich schuldig gemacht habe. Aber als der Albdruck des Nazireiches viele Jahre später – im Herbst 1944 – von der Schweiz zu weichen begann, da wagten es freie Publizisten wie etwa Hans Schwarz in der *Nation*[75] offen zu bekennen, was zahllose Männer und Frauen in der Schweiz gefühlt hatten, dass ich durch meine Tat mit dazu beigetragen hatte, dass die alte Eidgenossenschaft über den tödlichen Sturm des von den Nazis entfesselten Weltkriegs hinüber gerettet wurde. Gustloff nämlich, das Ziel meiner Waffe und Rache, war der erste und letzte Gauleiter der Schweiz, nach ihm wagte niemand mehr dieses Amt neu zu besetzen oder einzunehmen.[76]

Aufgerafft durch das Fanal, das ich zu geben auf mich genommen hatte, waren die Schweizer Behörden dazu übergegangen, dem Naziunwesen in der Schweiz von sich aus Schranken zu setzen. Aber noch war es nicht so weit. An einem Wintertag fuhr ich hinaus zu den Schießständen von Ostermundigen, wo jedermann frei nach der Scheibe schießen kann und sich so für ernstere Fälle zu üben. Der Schießstand war menschenleer. Ein Bursche, der dort angestellt war, und in eine Mulde steigend den Stock mit der Scheibe hielt, half mir gegen ein kleines Trinkgeld bei meiner einzigen Vorübung. Sechs Mal schoss ich, zwei Mal traf ich ins Schwarze. Keine schlechte Leistung, wenn man bedenkt, dass ich ein völlig ungeübter Schütze war. Ich hielt den Revolver in der erregten Hand. Vor mir standen die konzentrischen Kreise der weißen Scheibe. Aber unter ihnen wurde ein verhasstes Antlitz sichtbar, der kurze schwarze Schnurrbart und die ölige Haarsträhne, die bis tief an das rechte Auge in die Stirn gekämmt war, hinter der die Mordpläne gegen Millionen Menschen ausgebrütet wurden. Ich sah die scheußlichen Karikaturen jüdischer Gestalten vor mir, die Woche für Woche in Streichers *Stürmer* erschienen (in der Schweiz zwar offiziell verboten, aber doch zu sehen), um oft ahnungslosen Menschen ein Zerrbild des jüdischen Antlitzes einzuprägen, ein Widerbild, dämonisch und lächerlich zugleich, das man verachten und hassen musste. »Drück ab, schieß zu!«, sagte mir die innere Stimme, und ich feuerte auf den imaginären Gegner, der riesenhaft hinter der Scheibe stand.

Genau sieben Tage ehe ich wirklich vollendete, was seit Monaten in meinem Inneren feststand, kam mein Frankfurter Studienfreund Rudi Haas nach Bern, um dort sein medizinisches Doktorexamen zu machen, zu dem er als Jude in Deutschland nicht mehr zugelassen wurde. Er hatte sich schon vorher an der Berner Universität immatrikuliert, wenn er auch nicht mehr dort studierte. Vielmehr war er in Frankfurt bei seinen Eltern mit der Abfassung seiner Dissertation beschäftigt gewesen. Jetzt kam er in die Schweiz, um sein Studium abzuschließen. Mit ihm waren noch zwei weitere jüdische Studenten, die in derselben Situation sich ebenfalls auf Schweizer Boden begeben hatten, um das akademische Diplom zu erlangen, das ihnen der Nazistaat vorenthielt. In dem schlichten Pensionszimmer Haasens kamen wir zusammen und sprachen über allerlei persönliche Dinge, wie eben alte Freunde miteinander plaudern. Ich weiß heute nicht mehr genau warum – aber der Mund geht ja immer dess´ über, wess´ das Herz voll ist[77] –, sagte ich wieder einmal, dass nun doch bald einer der Naziführer umgelegt werden müsste und »in jungenhaftem Stolz«, wie Haas später nicht ganz korrekt vor Gericht aussagte, zeigte ich ihm die Waffe, die ich erstanden hatte. Wenn er später dennoch von einer »Schreckschusspistole« sprach, so nur aus Furcht, irgendwie in die Affäre selbst mit hineingezogen zu werden.

Auch Linny Steffen zeigte ich meinen Revolver. Die gute Seele mochte wohl fürchten, dass ich mir selbst damit einmal ein Leid antun könnte, an anderes hat sie sicherlich nie gedacht. Am Freitag, dem 31. Januar 1936 erreichte mich die Voranmeldung eines Ferngespräches aus Subotica[78] in Jugoslawien, wo mein Bruder Alfons als Arzt praktizierte. Ich wusste, was dieses Ferngespräch zu bedeuten hatte. Seit Wochen hatte ich keine Zeile mehr nach Hause geschrieben. Die innere Unrast und äußere Untätigkeit hatten es mir unmöglich gemacht. Lügen wollte und konnte ich nicht, da zog ich das Schweigen vor. Es widerstrebte mir, dem Vater, der sich mein Studiengeld vom Mund absparte, einen Scheinbericht über den Fortgang meiner Studien zu liefern und über das, was mich unablässig bewegte, konnte und durfte ich ihm nicht schreiben, wenn ich ihn nicht zum Mitwisser meiner Tat machen wollte, was natürlich gar nicht in Frage kam. Derartiges muss man ganz allein mit sich selbst ausmachen.

Winzige Anlässe haben oft unabsehbare Folgen. Ich war zwar in den letzten Tagen vor der Tat von dem brennenden Bewusstsein erfüllt, dass nunmehr unabweisbar die Zeit zum Handeln herangekommen sei und doch verschob ich die Entscheidung von Tag zu Tag. Jetzt aber wollte und musste ich fliehen vor dem peinlichen Anruf des besorgten Bruders. Was sollte ich ihm am Telefon sagen? So stand es nun fest für mich, diesen Anlass zum letzten Moment in der Kette zahlreicher Motive und Überlegungen zu machen. Ich fuhr zum Bahnhof und löste eine Karte nach Davos – ein Rückfahrtbillet war nicht nötig. Es stand fest für mich, dass dies meine letzte Reise sein sollte: eine Reise ohne Wiederkehr.

Fräulein Steffen hinterließ ich folgenden Zettel:

»Liebe Linny, ich bleibe abends fort. Näheres später. Herzliche Grüße David.«[79]

Mehr konnte und wollte ich nicht schreiben. Es fiel mir schwer genug, diese wenigen, kargen Worte auf das Papier zu werfen. Wenn mein Bruder, wie avisiert, nun gegen acht Uhr abends anrufen würde, so war ich entschuldigt. Das musste fürs erste genügen. Mit leichtem Gepäck fuhr ich von Bern ab. Nur eine Aktenmappe führte ich mit mir. In der Tasche aber trug ich das einzig wichtige Requisit meiner Reise – den Revolver. Was braucht ein Mensch, der fest entschlossen ist, den Schlussstrich zu ziehen, an Gepäck? Nackt gehen wir hervor aus dem Mutterleibe und ohne Besitz kehren wir zurück in den mütterlichen Schoß der Erde, und was uns begleitet, sind nur unsere Taten. Ich war entschlossen, eine unübersehbare Tat mit hinüber zu nehmen in die Welt der Wahrheit. Nicht einen Augenblick kam mir die Frage, ob ich vor Gottes Richterstuhl würde bestehen können. Mein eigenes Gewissen war mir Richtschnur und sagte unüberhörbar: Du musst es tun!

Über Zürich ging die Reise in die ewig reine Bergwelt von Davos. Im Coupé hatte ich noch eine Begegnung, die unter anderen Umständen ganz belanglos gewesen wäre. Jetzt aber gewann auch sie erhöhte Bedeutung für mich. Der Fahrkartenkontrolleur begann ein politisches Gespräch mit mir. Das Thema war selbstverständlich Nazideutschland. Mit Entschiedenheit und Temperament lehnte dieser einfache Mann aus dem Volke die Gewalttaten und Entrechtungen im großen Nachbarreiche ab. Hier sprach mir wirklich die »vox populi« – die Stimme des einfachen Mannes aus der Masse, die mir in meiner Situation zur »vox dei« wurde, zur Stimme Gottes, die Rache forderte für das vergossene Blut Israels. Ja, diese einfachen

Menschen in der Schweiz würden mich verstehen, vorbehaltloser vielleicht als die Mehrzahl meiner eigenen jüdischen Brüder, deren Empfinden durch die Jahrhunderte der *Galut* verbogen worden war. Es dämmerte bereits, als ich gegen vier Uhr nachmittags in Davos ankam. Es war das erste Mal, dass ich diesen weltberühmten Lungenkurort betrat. Im Hotel Metropol-Löwen[80], einem gutbürgerlichen Gasthof, stieg ich ab und trug mich ordnungsgemäß in die Gästeliste ein. Ich hatte ja nichts zu verbergen. Was ich zu tun beabsichtigte, sollte in aller Offenheit geschehen. Nicht aus dem Hinterhalt, von einem Unbekannten sollte Gustloff fallen, sondern frei und unverhüllt wollte ich ihm entgegentreten: der Jude gegen den Nazi. Als ich mein Zimmer betrat und langsam die Türe hinter mir schloss, um mich in völliger Zurückgezogenheit zu sammeln, da erst schoss mir der Gedanke durch den Kopf, dass jetzt, in dieser Stunde der *Schabbat* anbrach. War es nicht die Gnadenzeit, da die Prinzessin Sabbat[81], die Braut Israels in allen Synagogen begrüßt wird und die Engel des Friedens zum festlichen Tische gebeten werden, auf dem die Kerzen brennen und Brot und Wein stehen zum Segen bereit. Und in dieser Stunde des Friedens, in der Atempause der Schöpfung sollte ich hingehen und morden. Die Waffe entsank meiner Hand.

Eine unruhige Nacht, in der ich trotz aller möglichen Tabletten keinen Schlummer fand, ging zäh und langsam vorüber. Erst als der Morgen graute, fiel ich in kurzen Schlaf, immer wieder bis in den dünnen Halbschlaf hinein verfolgte mich mein unabänderlicher Vorsatz und doch – und noch immer gab es irgendwo in meiner Seele ein letztes Restchen vager Hoffnung, dem unentrinnbaren Schicksal noch auf wunderbare Weise entgehen zu können –, obwohl ich klar wusste, dass dies unmöglich war. Ein strahlend-herrlicher Wintertag war über Davos aufgegangen. In unberührbarer Majestät lag die Bergwelt vor mir. Die Wintersonne brach sich glitzernd auf den Firnen der schneeigen Gipfel, eine Stimmung lag über diesem *Schabbat*, den ich für meinen letzten halten musste, die vielleicht am klarsten aus den Worten im »Prolog im Himmel«[82] spricht: »Die unbegreiflich hohen Werke sind herrlich wie am ersten Tag.«

Aber was hatten die Menschen aus dieser Gotteswelt gemacht, die ein Paradies hätte sein können? Die verruchten Symbole der Nazis waren sogar in den erhabenen Frieden dieser Bergwelt gedrungen. Auf der Kurpromenade zeigte ein Wegweiser den Weg zum Hause des »Landesleiter der NSDAP, Gruppe Schweiz«: meinen Weg. Die Schatten wurden länger und der *Schabbat* schied von der Erde. Viele hundert Kilometer weit von hier sprach jetzt mein Vater den Segen über Wein, Gewürz und Feuer, um die symbolische Scheidung zwischen der Weihe des *Schabbat* und dem Arbeitsanspruch der Woche zu vollziehen. Auch für mich sollte mit diesem *Schabbat* eine letzte, die größte Unterscheidung vollzogen werden. Die Trennung zwischen Leben und Tod. Meine letzte Gnadenfrist war abgelaufen. Jetzt, jetzt musste ich handeln. Und noch immer konnte ich es nicht. Noch immer war etwas weich und verzagt in mir. Es ist so leicht, einen Gedanken zu fassen und so unendlich schwer, ihn zu realisieren, wenn diese Realisierung nicht weniger bedeutet als die Vernichtung fremden und eigenen Lebens. So ging auch der Sonntag noch tatenlos dahin. Ich sah einer Eislaufkonkurrenz zu und stand doch schon wie fern am Rande dieses fröhlichen Treibens. Welche Ziele steckten sich diese Menschen? Ein buntes Fähnchen, das man so rasch wie möglich erreichen musste. Ich höre noch die Stimme einer ungarischen Dame, die ihren Freund anfeuerte, immer noch rascher über die spiegelnde Fläche hinzugleiten, das letzte an Kraft aus sich heraus zu holen – wofür? Um als erster das bunte Fähnchen zu erreichen.

Und wo war mein Ziel? Der Wegweiser auf der Kurpromenade wies dorthin »Zum Landesleiter der NSDAP. Wilhelm Gustloff«. Am Montag machte ich einen weiteren Spaziergang hinauf zur jüdischen Lungenheilstätte »Ethanija«[83], in der ich mir einen frischen Verband auf dem wieder eiternden Arm anlegen ließ und so – als ob ich noch die Jahre des Lebens vor mir hätte – mit dem Direktor über die Möglichkeit einer Assistentenstelle nach Abschluss meines Studiums sprach. Es war, als ob ein Toter noch einmal in das Land der Lebenden zurückkehren wollte. Womit habe ich die langsam verrinnende Zeit dieser letzten Wartefrist ausgefüllt? Es war eigentlich ein langer, langer Monolog, den ich im Geiste mit mir selber führte. Ich sah mit der Klarheit des Menschen, der sich am Rande des Grabes weiß und von dieser Warte den Blick noch einmal über die Geschichte schweifen lässt, das Schicksal Israels vor mir, eines unglücklichen Volkes. Aus Millionen Wunden blutend schleppte es sich den Kreuzweg seiner Sendung als der leidende Knecht Gottes unter den Völkern. Warum mussten die Juden so Unendliches leiden? Gott züchtigte sein erwähltes Volk mit einer schwer zu ertragenden Liebe, zur Läuterung Israels und der Welt.

Ja, es gab einen Sinn der Leiden. Nur die Leiden brachten uns immer wieder zu uns selbst zurück, zum Bewusstsein unserer Sendung, von der der Prophet Amos sagt:

»Euch allein habe ich erkannt vor allen Geschlechtern der Erde, dass ich an Euch heimsuche alle Eure Sünden.«[84] Erwählung verpflichtet zur Bewährung, und nur durch die Schule der Leiden wurde uns immer wieder das Tor der *Teschuwa*, der Umkehr und Buße aufgetan. Der Sinn solchen Leidens war zu begreifen. Aber es gab ein Übermaß der Leiden und dort beginnt das, was nicht mehr zu ertragen ist: die Sinnlosigkeit. Gottes Finger war noch zu erkennen in dem Streben der Deutschen, eine klare Trennung zwischen sich und den Juden vorzunehmen. Darin konnte für uns eine große Kraft liegen. Wir wurden zur Selbstbesinnung aufgerufen: zu sein, was wir wirklich sind – Juden und nichts als Juden. Aber musste diese Trennung mit Beschimpfung, Erniedrigung, Entrechtung, Entwürdigung verbunden sein? Gab es eine Sünde Israels, die den anderen es gestattet, die Juden zu bespeien und umzubringen? Hier wurde die Grenze zwischen sinnvollem und sinnlosem Leid sichtbar. In den Verfolgungen früherer Jahrhunderte lag noch ein erkennbarer Sinn, denn sie trugen alternativistischen Charakter. 1492 hieß es in Spanien: Taufe oder Vertreibung – wähle, Jude! Und in dieser Wahlmöglichkeit lag der Sinn. Der Jude konnte und durfte sich bewähren. »Al kiddusch hashem«, zur Heiligung des göttlichen Namens durfte er alle Leiden bis in den bitteren Tod auf sich nehmen. In der Freiheit der Entscheidung lehnte er die rettende Taufe, den Verrat am Judentum ab, der ihm Leben, Reichtum und Ehren eröffnet hätte.

Aber heute? Es gab kein Entweder-Oder mehr. Vor keine sittliche Entscheidung stellte Hitler den Juden. Von der immerhin noch geistigen Ebene, auf der die blutige Inquisition den Juden verfolgte, hatte der Nazismus das Problem auf die unterste Stufe, die tierische herabgedrückt: die Rasse wurde verfolgt. Ob der Jude treu war, oder sich taufen ließ, das war ganz einerlei. Seine Rasse, sein Blut, das also, was ganz außerhalb jeder persönlichen und sittlichen Entscheidung lag, war inferior erklärt worden. Es gab kein Entrinnen vor solcher Diskriminierung. Und dort, wo Gottes Büttel seinen Auftrag weit überschritten hatten, wo der Feind Israels überfrech uns die letzte Würde nahm, die der eigenen Entscheidung, da war kein Sinn der Leiden mehr zu erkennen. Leiden oder Handeln? Das war die Frage. In dieser Situation aber konnte die Antwort nur noch lauten: Handeln! Als ich am Dienstagvormittag (ich hatte wiederum unruhig geschlafen) aufstand, fiel mir ein, dass dieser Tag, der *Ki-Tov*, im jüdischen Volksglauben als Glückstag gilt, steht doch an ihm, dem dritten Schöpfungstage zweimal das Wort »es war gut« in der Genesis. An diesem Tage also, dem jüdischen Glückstage, musste die Tat gelingen.

Am Nachmittag dieses Dienstages, den 4. Februar 1936, saß ich allein in meinem Hotelzimmer. Vor mir lagen zwei Postkarten, mit denen ich Abschied von meinem Vater und den Geschwistern nehmen wollte. Ich weiß nicht mehr, wie lange ich an diesen wenigen Zeilen geschrieben habe. Die Hand wurde mir schwer. Ich hatte das leise Gefühl, bald mit meiner geliebten Mutter vereint zu sein, die mir vorangegangen war in jene andere Welt, von der wir nichts wissen und die uns doch in den entscheidenden Augenblicken unseres Lebens mit der Ahnung ihrer Gegenwart beglückt. Ich spürte es, dass jenseits des Grabes nicht allein das Nichts auf uns wartet.

> »Inniggeliebter, teuerster Papa: Viel Sorgen und Kummer habe ich Dir schon immer bereitet, wenig Freude konnte ich Dir bieten. Ich kann nicht mehr weiter, verzeihe mir alles, was ich Dir angetan habe, ich scheide nicht schwer von meinem Leben, im Bewusstsein, dass Du nie an meiner grenzenlosen Liebe zu Dir und der gottseligen Mama zweifeln wirst. Bleibe stark und hab weiter Gottvertrauen wie bisher. Du hast ja Alfons, Joe und Ruth und Noemi[85], die Dir noch viel Freude bereiten mögen. Ich habe den Glauben an mich und die Menschheit verloren! Ich kann nicht mehr weiter! Mein letzter Wunsch ist Du mögest wenigstens *Kaddisch*[86] für

mich sagen. Ich hoffe bald mit der unvergesslichen teuren Mama vor Gottes Richterstuhl vereint zu sein. Bleibe stark, Du und meine lieben Geschwister. Möge Euch Gott der Allgütige eine bessere Zukunft und ganz Israel ein schöneres Los bescheiden. Lebe wohl, Dein unglücklicher Sohn David.«[87]

»Meine innigstgeliebten Geschwister: Zum letzten Male sende ich Euch Grüsse mit der Bitte, der Allgütige möge den lieben Papa und Euch meine lieben Geschwister, gesund und stark erhalten. Nun Ihr sollt wissen, was mich bewegt, von Euch und der Welt zu scheiden. Ich kann nicht das Unglück des jüdischen Volkes mehr ertragen, es hat mir die Lebensfreude genommen. Möge Gott alles rächen, was uns Juden angetan worden. Ich will selber als ein kleines Werkzeug in seiner Hand gewesen sein. Lebt wohl und verzeiht mir, ich konnte nicht anders. Bis in den Tod, Euer treuer Bruder David.«[88]

Der Kopf war mir auf die Tischplatte gesunken. Ich bemerkte kaum, dass das Zimmermädchen eingetreten war und wohl etwas verwundert auf den melancholischen Gast blickte. In der Rocktasche trug ich eine Zigarettenschachtel, auf deren Boden ich mir einen genauen »Aktionsplan« (in jugoslawischer Sprache) notiert hatte:

»Montag 3.II.1936, ½ 10 muss die Verurteilung ausgeführt werden. Vorher anrufen und fragen, ob er zuhause ist. Wenn er nicht herauskommt und nicht zu sehen ist, versuchen zu fliehen, sonst Ausführung des Selbstmordes (Selbstverurteilung). 1-2 Schüsse in die Brust. Revolver in der rechten Tasche des Rockes, nicht im Überzieher, bereit zum Schießen. Sobald ich im Zimmer bin, plötzlich herausziehen und schießen, in den Kopf, oder in die Brust. 3 Schüsse.«[89]

Dieser Zeitpunkt war aber verstrichen. Ich fühlte nicht mehr die Möglichkeit eines so planmäßigen Vorgehens. Wozu vorher anrufen? Ich wusste den Weg und das flache, blau getünchte Haus am Kurpark Nr. 3. Ohne jede Voranmeldung musste ich dorthin gehen, um meinen schweren Auftrag zu vollziehen, diesen Auftrag, den mir der unerbittlichste aller Herren erteilt hatte: das eigene Gewissen. Es war dunkel im Zimmer geworden. Die letzte Nacht meines Lebens (so musste ich in dieser Stunde es empfinden) war angebrochen. Ich zog die Feder des Revolvers auf und hatte scharf geladen. Eine unheimliche Ruhe war jetzt über mich gekommen. Die Stunde der Entscheidung war da. Tiefe Dunkelheit herrschte als ich gegen halb acht Uhr abends mein Hotel verließ. Auf der Hauptpromenade begegnete ich zwei Bekannten, Frau Kaufmann und ihrer Tochter aus Bern, in deren Haus ich verkehrt hatte, die mich zum Tee einluden. Welche Ironie des Schicksals: auf dem Wege zum Blutgericht zum Tee gebeten zu werden. Mein Gott, dass es das alles noch gab. Wohlhabende jüdische Damen, die hier zur Kur weilten. Sorglose Menschen, deren Ferientag zwischen Kurpromenade und Fünfuhrtee verlief. Belanglos und unangerührt vom Geschehen der Zeit, das mir den Atem benahm – selbst hier in der reinsten Luft Europas.

Ich war fertig mit mir und der Welt. In der Stille meines Zimmers hatte ich die Gebete gesprochen, mit dem der Jude aus dem Leben scheidet. *Widduji*, das Bekenntnis der Sünden und *Schma Israel*, die ewig-unwandelbare Anrufung der Einheit und Einzigkeit Gottes, diesen Schlachtruf Israels, mit dem unsere Märtyrer die Scheiterhaufen bestiegen hatten. Mit dem Blut unserer Heiligen ist dieser Kernsatz des Judentums eingeschrieben in jedes jüdische Herz. Und leise noch hatte ich das *Kaddisch* hinzugefügt, das man um einen Toten spricht. War es für die Mutter gesagt, oder schon für mich selbst? Jetzt aber war nichts mehr von der Weichheit dieser Abschiedsstunde in mir. Hart und kalt wie der knirschende Schnee unter meinen Füßen war mein Herz in dieser Stunde. Als stünde ich, ein zweites Ich außerhalb meiner selbst, so konnte ich jeden Schritt, jede Bewegung in der nächsten halben Stunde an mir selbst beobachten.

Jetzt stand ich vor dem Hause des Feindes. Neben der Tür war eine Tafel angebracht: »Gustloff NSDAP«. Ich läutete. Eine Frau beugte sich über das Geländer des zweiten Stockes und fragte nach meinem Begehr. »Ist Herr Gustloff zuhause und kann ich ihn sprechen?«, hörte ich meine eigene Stimme wie die eines Fremden in dem Treppenhaus widerhallen. Die Frau – ich wusste in diesem Augenblick mit der Überwachheit meiner bis zum Zerreißen angespannten Nerven, dass es Frau Gustloff sein musste – bejahte. Ich stieg die Treppen herauf. Jede Stufe brachte mich der furchtbarsten Minute meines Lebens näher. Frau Gustloff ließ mich eintreten und hieß mich im Arbeitszimmer ihres Mannes warten. Ich saß auf einem Stuhl gegenüber dem Schreibtisch Gustloffs, die Hand um die tödliche Waffe gekrampft, die ich in der Manteltasche mit mir führte. Mein Blick fiel auf ein großes, gerahmtes Hitlerbild, unter dem eine persönliche Widmung des »Führers« stand: »Meinem lieben Gustloff. Adolf Hitler.« Und unter dem Bild des Erzfeindes der »Ehrendolch« Gustloffs, den er als SS-Führer zu tragen berechtigt war. »Blut und Ehre« steht auf dieser Prunkwaffe, aber mit unsichtbaren Lettern steht noch ein anderer Spruch darauf, den die marschierenden Nazihorden durch die Straßen Deutschlands brüllten: »Wenn´s Judenblut vom Messer spritzt / Dann geht's nochmal so gut.«[90]

Blut und Ehre… sei´s drum! Jetzt wird mit einem Repräsentanten dieser größten Mörderbande der Welt in seiner Sprache gesprochen werden, in der einzigen, die er versteht. Aus dem angrenzenden Flur dringen die Worte einer Männerstimme am Telefon herüber. Gustloff scheint mit einem seiner Komplizen zu telefonieren. Ich höre etwas von »Schweinehunden«, oder »Schweinejuden«, denen man es schon noch zeigen werde. Ein unbändiger Zorn steigt in mir auf. Wenn ich noch einen Atemzug hätte schwankend werden können, das Bild und der Dolch an der Wand und die gemeine Stimme am Telefon, die unflätige Beschimpfungen und Drohungen ausstößt, geben mir die restliche Entschlossenheit. Und ich habe nicht mehr lange zu warten. Riesengroß tritt der Mann, den ich gesucht habe, durch dieselbe Türe ein, durch die ich vor etwa fünf Minuten das Zimmer betreten hatte, den Türrahmen fast zur Gänze ausfüllend. Ein Hüne steht vor mir: Goliath. »Da bin ich!«, das ist seine Begrüßung. Kein Wort ist sonst zwischen uns gefallen. Und doch ist in dieser Sekunde alles zwischen uns gesagt, was es zu sagen gibt. Ich reiße die Hand aus der Tasche und richte den Revolver auf Gustloff. Der Mechanismus knackt und versagt. Eine Patrone fällt zu Boden. In rasender Geschwindigkeit, denn schon kommt Gustloff, die Situation klar erfassend, mit erhobenen Armen auf mich zu und will sich auf mich stürzen, weiche ich einen Schritt zurück und drücke nochmals ab. Und jetzt kracht ein Schuss ins Zimmer und trifft den Feind. Und noch ein zweites und drittes und viertes Mal schieße ich auf ihn. Ein fünfter Schuss geht in die Wand. Gustloff ist an Kopf und Hals tödlich getroffen. Schwer polternd stürzt er zusammen und liegt in seinem Blute vor mir. Goliath, Goliath! Durch die zweite portierenbehangene Türe fliehe ich. Ein dunkles Zimmer umfängt mich. Aber die peitschende Hast des Augenblicks lässt mich den Ausgang finden. Ich höre noch, wie Frau Gustloff laut schreiend in das Zimmer ihres Gatten stürzt.

Den rauchenden Revolver in der Hand renne ich über den Flur, zur Wohnungstüre hinaus und die Treppe hinunter. Menschen, aufgeschreckt von den Schüssen und Hilferufen der Frau, kommen aus den Nachbarwohnungen. »Platz, oder ich schieße!«, höre ich mich selbst schreien. Ich bedrohe jeden, der sich mir in den Weg stellen will, mit der Waffe. Es ist wie ein Amoklauf. Ich fliehe und habe mir doch selbst schon das Urteil gesprochen. Und dann umfängt mich die Kühle der Nacht. Wenige Meter hinter dem Hause stapfe ich in einem tiefen Schneefeld im Zickzack herum. Still ist es um mich. Aber in meinen Ohren saust es und das Herz hämmert zum Zerspringen. Ich werfe mich nieder in den kalten Schnee und presse das glühende Antlitz hinein wie in ein unendliches Leichentuch. Über mir flimmern die Sterne. Kalt ist und ruhig die Schöpfung – unwandelbar der Gang der Gestirne. Und doch, ist in diesem Augenblick nicht etwas geschehen, das gegen ihren Ursinn verstößt? Ich habe getötet. Ja, ich habe getötet, weil die Macht, die hinter dem Toten stand, sich erdreistet hatte, die Fundamente der Schöpfung anzutasten! Hat nicht Kant davon gesprochen, dass die Gestirne über mir und das moralische Gesetz in meiner Brust in ewiger Harmonie einander ergänzen?[91] Nicht gestört habe ich diese Harmonie, wieder hergestellt eher, durch eine unabweisbare Tat, die jetzt, jetzt endlich vollbracht ist.

Und doch bin ich meines Auftrages nicht ledig. Das Allerschwerste bleibt noch zu tun. Ich habe das Urteil über mich selbst zu vollziehen. Keine Flucht darf es geben. Nicht entwertet darf die Tat jetzt werden durch ein feiges Ausweichen. Das Urteil über Wilhelm Gustloff ist vollzogen, der Vollzug des Urteils über David Frankfurter steht noch aus. In den etwa 20 Minuten, die ich dieser bangen Nacht unter den ewigen Sternen im Schnee umherirrte, die tödliche Waffe in der Hand, habe ich mein ganzes Leben nochmals gelebt. Ich lag jetzt fiebernd im Schnee und setzte die Waffe am Herzen und an der Schläfe an. Wie ein Filmstreifen rollten die Bilder meiner Vergangenheit vor meinem inneren Auge ab. Kindheit und Jugend, die liebevolle Atmosphäre des Elternhauses und der höhnende, blanke Hass, dem ich in Deutschland begegnet war. Welch ein Gegensatz. Aber in ihm war das Schicksal meines Lebens beschlossen. »Für was hast du gelebt?«, fragte eine leise unüberhörbare Stimme in mir und die Antwort waren die Schüsse, die vor wenigen Minuten in dem Hause dort nebenan gefallen waren. Ich hatte nicht umsonst gelebt. Mochte ich auch in Vielem versagt haben, es war nicht alles vergeblich gewesen.

Ich weiß nicht mehr, ob ich es einfach nicht fertigbrachte, die Waffe gegen mich selbst abzufeuern, oder ob der Grund meines Versagens darin beschlossen lag, dass alle Patronen verschossen waren. Dieser Punkt ist heute nicht mehr restlos aufzuhellen. Hier versagt mein Gedächtnis und die Gerichtsakten, die darüber allenfalls Auskunft geben könnten, stehen mir nicht zur Verfügung. Ich raffte mich auf. Der feuchte Schnee klebte an meinen Kleidern. Was sollte jetzt geschehen? Ich hatte die Waffe wieder zu mir gesteckt. Das Urteil war nicht vollzogen. Also doch Flucht? Verrat an mir selbst, an der unanfechtbaren Reinheit meiner Tat? Nein, es gab kein Zurück mehr. Wenn ich nicht selbst das Urteil vollziehen konnte, so gab es nur eine Alternative: Ich hatte mich selbst der Polizei zu stellen. Im Nachbarhaus, links von der Gustloffschen Wohnung, sah ich Licht. Es war das »Haus am Ried«. Ich stieg die Treppen empor zu der beleuchteten Wohnung und klingelte. Ein uraltes Männchen machte mir auf. Seine nicht minder greisenhafte Gattin kam vorsichtig hinter ihm hergetrippelt. Ich wollte die guten alten

Leutchen nicht aufregen und nahm mich daher mit äußerster Energie zusammen. Mit erzwungener Gleichgültigkeit in der Stimme fragte ich, ob ich hier mal telefonieren könnte. Man führte mich zum Apparat und gab mir das Telefonbuch. Heute wundere ich mich eigentlich, dass ich in diesen Momenten der tödlichsten Erregung die Telefonnummer der Polizeistation sofort fand. Es war etwa Viertel nach acht Uhr, als ich die Wachtstube anklingelte. Sollte ich hier vor den sicherlich zu Tode erschreckten Alten sagen, dass der Mörder Gustloffs am Telefon ist und seiner Verhaftung entgegensieht? Nein, ich hatte allein gehandelt, nun musste ich alleine leiden. Niemand durfte in Mitleidenschaft gezogen werden. Am wenigsten diese gänzlich unbeteiligten, arglosen Menschen, in deren stilles Heim mich der Zufall geführt hatte.

»Hier ist Haus am Ried«, hörte ich meine eigene Stimme in die Muschel sprechen, »Sie wissen wohl, was im Parkhaus Nr. 3 vorgefallen ist. Hier können genaue Angaben gemacht werden, schicken Sie sofort hierher.« Dann hängte ich ab und verließ die Wohnung, um unten auf meine Häscher zu warten. Aber die Ungeduld trieb mich weiter. Ich hatte mir eine Zigarette angezündet. In höchster Erregung ging ich den Weg über die Promenade zurück, den ich gekommen war. Ich hatte nicht gedacht, dass ich ihn nochmals gehen würde. Zwei Detektive, die man nach mir gesandt hatte, müssen in der Nacht an mir vorübergegangen sein, aber wir erkannten einander nicht.

Ich stelle mich selbst der Polizei

»Iwri anochi« – »Ich bin ein Jude«
(Jona I,9)[92]

In äußerster Erregung läutete ich am Fenster der Polizeiwachtstube im Rathaus. Ein junger Wachtmeister sah zum Schalter heraus und fragte mich ahnungslos nach meinem Begehr. »Sie werden wohl gehört haben, was vorgefallen ist im Parkhaus Nummer 3«, stieß ich gepresst hervor, »ich bin selbst der Täter.« Während ich diese wenigen Worte vorbrachte, stand mir der kalte Schweiß auf der Stirn. In hastigen Zügen rauchte ich eine Zigarette zu Ende. Die Füße, die mich bis hierhergetragen hatten, schienen jetzt zu versagen. Irgendwo sich ruhig niederlassen können, verschnaufen nach den furchtbaren Erregungen der letzten Stunde – das war der einzige Wunsch, der mich erfüllte. Aber an Ruhe war jetzt noch nicht zu denken. Die Reaktion des diensthabenden Polizisten war die denkbar unerwartete. Er stürzte sich nicht etwa auf mich, um mir Fesseln anzulegen. Er sagte nicht (wie man das aus Romanen kennt): »Im Namen des Gesetzes erkläre ich Sie für verhaftet.« Nichts dergleichen geschah. Vielmehr lächelte mich der Wachtmeister begütigend an. Er glaubte mir einfach nicht, dass ich der Täter sei.

Kennern von Kriminalprozessen ist es nun allerdings bekannt, dass sich fast nach jedem aufsehenerregenden Verbrechen mehrere Menschen melden, die sich selbst der Tat bezichtigen. Pathologischer Geltungsdrang treibt oft völlig Unschuldige dazu, sich vor Gericht der wüstesten Untaten anzuklagen. Der Mann in Uniform hier hinterm Schreibtisch schien der Auffassung zu sein, dass er es mit einem jener Kriminal-Masochisten zu tun habe. Deshalb verlangte er von mir, ich sollte beweisen, dass ich Gustloff erschossen hätte. Tatsächlich machte sich ungefähr zur selben Zeit vor Gustloffs Haus ein junger Mann auffällig zu schaffen. Er fragte so eingehend nach den näheren Umständen der Tat, dass er schließlich selbst verhaftet wurde, aber sofort wieder freikam. Der Polizist vermutete in seinem Auftreten aber auch ein Ablenkungsmanöver, das die Aufmerksamkeit der Behörden vom wahren Täter abziehen sollte.

Ich griff in die Manteltasche und legte den Revolver auf den Tisch. Jetzt verfärbte sich der Mann vor mir und erkannte, dass blutiger Ernst hinter meinen Worten stand. Rasch verwahrte er die Waffe in seiner Schublade und forderte mich auf, mich zu legitimieren. Ich händigte ihm meine Ausweispapiere aus und bemerkte ergänzend, mein jugoslawischer Pass sei in Bern deponiert. Ich riss mich zusammen, um alle diese Formalitäten noch in guter Haltung erledigen zu können, obwohl ich spürte, dass meine Energie zu Ende ging. »Sind Sie sich denn der Tragweite Ihrer Tat bewusst?«, fragte der Beamte staunend, dem wohl noch nie ein Mörder untergekommen sein mochte, der direkt und ohne Vorbehalt sich selbst der Polizei stellt. »Ja, vollkommen«, sagte ich fest. »Und ich bereue auf keinen Fall, was ich getan habe. Was ich tat, tat ich allein. Niemand steht hinter mir, ich gehöre keiner politischen Gruppe an, aber ich hasse die Nazis inbrünstig, weil ich ein Jude bin.« Man ließ zunächst ab von mir, da der Beamte in der Wachtstube erkannte, dass mein augenblicklicher Zustand weitere Befragungen kaum möglich machte. Dann führte man mich die Treppen empor zu dem großen Sitzungssaal im Rathause, wo ich auf einem Stuhl Platz nehmen durfte. Ungefesselt und korrekt behandelt, hatte ich hier etwa eine Stunde zu warten bis sich die Türe öffnete und der Kreispräsident von Davos, Salomon Prader[93], ein älterer Mann, dunkel gekleidet mit grau meliertem Bart, eintrat. Ihm folgten mehrere Beamte teils in der Uniform der Kantonspolizei, teils in Zivil. Vor allem aber trat Frau Gustloff vor mich hin und rief aus: »Das ist der Täter!«

Jetzt, da sie nahe an mich herangekommen war, konnte ich erst ihre Erscheinung ganz in mich aufnehmen. Eine Frau von etwa 37 Jahren, ein wenig zur Fülle neigend. Sie war nicht hübsch, aber durchaus nicht abstoßend. Verwunderlich schien in diesem Augenblick ihre starke Selbstbeherrschung. Man sah ihren Augen an, dass sie geweint hatte, aber das Entsetzen, das sie in dieser Stunde befallen haben mochte, war ihr nicht anzumerken. Sie legte mir die Hand auf den Kopf, beugte mir denselben tief in den Nacken (es lag fast etwas Bekümmertes in dieser Bewegung) und sagte: »Sie sehen ja so gut aus. Sie haben so gute Augen! Warum haben Sie das getan? Haben Sie denn Gustloff persönlich gekannt?« Ich konnte nicht antworten. Irgendetwas würgte mich im Halse. Das Wort erstarb mir in der Kehle, gute Augen sagte sie. Es war ein Hohn. Das deutsche Rassegefühl schien diese »Edel-Arierin« in der Stunde der Konfrontation mit mir vollkommen verlassen zu haben. Sie mochte mich wohl eher für einen demokratisch gesinnten Schweizer halten, der der Vergewaltigung seiner Heimat durch den »Gauleiter« der Nazis nicht mehr länger zuschauen konnte. Dieses Gefühl erlegte ihr wohl auch die Mäßigung auf, der sie sich offensichtlich befleißigte.

»Wenn Sie ihn gekannt hätten«, fuhr sie mit leiser Stimme fort, »hätten Sie es nicht getan. Warum haben Sie es gemacht?! Haben Sie denn aus persönlichen Gründen gehandelt?« Jetzt kehrte mir die Rede wieder. Ich stand nicht auf von meinem Stuhl. Fest sah ich die Frau des Toten an und sagte ihr die ganz ungeschminkte Wahrheit ins Gesicht: »Nein, nicht aus persönlichen Gründen.« »Aber warum haben Sie es gemacht?«, fragte sie nochmals in wachsender Erregung. »Weil ich ein Jude bin!«, entgegnete ich kalt.

Da barst der Damm ihrer Beherrschung. Das, das konnte sie nicht ertragen. Dass es der Jude war, der die Schmach Israels an ihrem Manne zu rächen gewagt hatte, dass Gustloff von jüdischer Hand gefallen war, schien ihr untragbar. Sie begann hysterisch zu schreien: »Schuft!«, brüllte sie mich an, und zu den etwa zwanzig Menschen im Saale gewendet, begann sie aus ihrem Herzen keine Mördergrube mehr zu machen. Sie bezichtigte nicht nur mich, sondern das Judentum insgeheim alles Bösen und Verbrecherischen auf der Welt. »Der Jud, der Jud, der Jud«, gellte ihre Stimme durch den Ratssaal und überschlug sich in immer rasenderer Erregung. Sie steigerte sich nun in eine grenzenlose Wut hinein, die seltsam zu der Ruhe der ersten Minuten kontrastierte. Schließlich musste man sie hinausführen. Der Kreispräsident blieb noch einige Minuten bei mir und ließ sich nun seinerseits kurz den Hergang des Attentats schildern. Wie oft sollte ich noch in den nächsten Wochen und Monaten immer dieselbe, im Grunde so einfache, ja selbstverständliche Geschichte erzählen. Dabei blieb er höflich und zurückhaltend, wie auch keiner der Beamten sich irgendeine Rohheit oder Ungezogenheit mir gegenüber zu Schulden kommen ließ. Im Gegenteil: Gerade bei den kleinen Leuten spürte ich verhohlene, sogar offene Sympathie. Sie alle wussten, dass ich meine Kugeln gegen einen gemeinsamen Feind gerichtet hatte.

Gegen elf Uhr nachts traf noch der Verhörrichter, beauftragt von der Staatsanwaltschaft in Chur, in Davos ein, Dr. Dedual[94], dem ich von nun an in zahlreichen Verhören

Rede und Antwort zu stehen hatte. Über die verschneiten Straßen war dieser Mann in Begleitung eines Korporals der Kantonsfahndungspolizei sofort nach Bekanntwerden des Tatbestandes an Ort und Stelle geeilt, um das erste Protokoll aufzunehmen: so eine Bedeutung maß man dem Falle bei. Dieser große blonde Mann, mit seinem ebenmäßigen Gesicht, über dessen hartem Mund ein kleiner Schnurrbart stand, stellte nun mit seiner sonoren, klaren Stimme unablässig Fragen an mich – zwei Stunden, bis ein Uhr morgens also. Seine Augen sahen gerade auf mich, als wollten sie sich tief einsenken in meine Seele, um auch ihren letzten Winkel zu durchleuchten. Bei alledem blieb aber auch Dr. Dedual höflich und korrekt. Er hatte meine Schuld zu eruieren, aber er missbrauchte sein Amt nicht, um gegen mich vorzugehen.

Todmüde und abgespannt wurde ich in den Rathausturm, den »Gugi«, wie man gemütlich in der Schweiz sagt, hinaufgeführt, wo eine eiskalte, winzige Zelle mich umfing. Eine Pritsche mit einem Strohsack, ein halb zerbrochener Wasserkrug und eine verbeulte Emailschüssel war die ganze Einrichtung. Durch ein kleines vergittertes Fensterchen blickten die Sterne herein, die ewigen Tröster. Die Wände waren bekritzelt mit allerlei Sprüchen und Flüchen (gegen die Polizei!). Das waren die »Visitenkarten« meiner Vorgänger, Diebe und Landstreicher, die hier im Arrest gesessen hatten.

Nur wer jemals seiner Freiheit beraubt zwischen Kerkerwänden geschmachtet hat, wird das Entsetzen verstehen, das mich befiel, als die Türe krachend ins Schloss gezogen wurde. Ich war eingesperrt. Nicht mehr Herr meines Willens. Die Leiden einer jahrelangen Gefangenschaft hatten begonnen. Auch in dieser Nacht schlief ich nur wenig. Als der Morgen über den Dächern von Davos graute, stand ich schön müde und zerschlagen am Fenster und schaute aus brennenden, übernächtigten Augen hinaus in die freie Gotteswelt. Welch ein Bild ging vor mir auf mit den goldenen Strahlen der Wintersonne. Da unten lag Davos-Platz, über dessen roten Dächern die ersten Rauchwolken aus den Schornsteinen in den blauen Himmel stiegen. Dort drüben konnte ich die Gleise des Bahnhofs erkennen, an welchem ich Freitagnachmittag angekommen war. Züge fuhren ein und aus. Für mich aber gab es keinen Zug mehr, der mich zurückbringen konnte in die Welt der Menschen, in eine warme Stube zu Freunden und Büchern, zu Musik und traulichem Gespräch – zu alledem, was das Leben lebenswert macht. Neben mir stand unberührt der Blechnapf mit der Morgensuppe, die mir ein hagerer, mürrisch wirkender Polizist hingestellt hatte, der den symbolisch klingenden Namen Hunger führte. Polizist Hunger war mein erster Kerkermeister. Hunger nach Freiheit und Gemeinschaft sollte auch später noch oft mein Begleiter im Gefängnis sein.

Die Ironie des Schicksals wollte es aber, dass ich von meinem Turmfensterchen noch mehr sehen konnte als Ort und Bahnhof Davos-Platz. Hinter dem Städtchen auf den tief verschneiten Hängen tummelte sich die internationale Gesellschaft der Skifahrer, die hier bei Wintersport und Wettkämpfen, Erholung und Vergnügen suchte. Zum ersten Male in meinem Leben konnte ich hier einen Skilift beobachten, welcher die Touristen gegen entsprechende Gebühr den Hang hinauffuhr, um ihnen den mühseligen Aufstieg zu ersparen. Hinunter ging es dann in rasender Gleitfahrt, wobei der frische Pulverschnee in langen Wolken hinter den Läufern her wehte. Freude und Freiheit lagen wie bitterer Hohn vor meinen Augen.

Gegen drei Uhr nachmittags wurde ich abgeholt. Eine seltsame Apathie hatte von mir Besitz ergriffen. Alles begann mir gleichgültig zu werden, was immer auch mit mir geschah. Ich war wie eine leer gebrannte Lampe, die ihr Licht gegeben hatte und nun nichts mehr war als ein Stück hohlen Tons. Man band mir die Hände nicht. Frei durfte ich das Rathaustor passieren, vor dem sich eine neugierige Menge angesammelt hatte. Aber kein Schrei der Empörung, kein unflätiges Wort, kein antisemitischer Schmähruf kam aus der Menge. Still – fast achtungsvoll – ließ sie mich passieren und das bereitstehende Auto besteigen. Zum ersten Male hatte ich hier dem Kreuzfeuer der Pressefotografen Stand zu halten. Aus Bildern in illustrierten Zeitungen wusste ich, dass andere Menschen in meiner Situation oft die Hand vors Gesicht halten, um nicht auf die Platte zu kommen. Ich aber hatte nichts zu verbergen. Ich brauchte mich meiner Tat nicht zu schämen. Freilich war auch nicht das Hochgefühl des Helden in mir, nur müde, unendlich müde und gleichgültig war ich in dieser Stunde.

Im Fonds des Wagens hatten der chauffierende Korporal und der Untersuchungsrichter Platz genommen. Hinten saß ich, bewacht nur von meinem Kerkermeister Hunger, einem wortkargen Manne, wie sie im Hochgebirge häufig anzutreffen sind. Über Klosters ging es durch die verschneite Alpenwelt nach Chur, der Hauptstadt des Kantons, wo ich abgeurteilt werden sollte. Relativ langsam fuhr unser Wagen über die vereiste Landstraße. Wir mussten Ketten über die Pneus ziehen, um nicht auszugleiten. Mitten im verschneiten Felde hielten wir, um uns die Beine ein wenig zu vertreten und eine Zigarette zu rauchen. Dabei führten meine Begleiter politische Gespräche mit mir, die durchaus auf den Konversationston abgestellt waren und nichts Verhörartiges an sich hatten. Gegen halb fünf Uhr nachmittags trafen wir in Chur ein, der an sich kleineren graubündnerischen Metropole, wo ich im sogenannten »Sennhof«[95], dem Gefängnis, das früher einmal eine riesige Scheune für Heu und Getreide war, eingeliefert wurde. Das alte Haus liegt am »Süßen Winkel«, der seinen idyllischen Namen von einer Zuckerbäckerei hat, die in früheren Jahrhunderten hier bestand. Mein Gott, für mich war der »Süße Winkel« bitter genug, obwohl ich mich nicht über schlechte Behandlung zu beklagen hatte. Die Zelle war weit geräumiger als die im »Gugi« und wohl geheizt. Ein hölzernes Bett mit einer Holzwollmatratze, Tisch und Hocker, ein irdener Krug, Waschschüssel und Nachttopf bildeten das Inventar. Ein kleines, vergittertes Fenster ließ mich ein bisschen hinausblicken auf den Gefängnishof und die Strafanstalt. Schirmlos verbreitete eine Glühbirne, die bis acht Uhr abends brannte, ein hartes Licht in dem sauberen, spartanisch gehaltenen, weiß gekalkten Raum. Hier sollte ich nun leben und nachdenken über meine Tat und mein Schicksal bis in dem bevorstehenden Strafprozess aus dem Untersuchungsgefangenen, der noch seine eigenen Kleider tragen durfte, ein Sträfling im gestreiften Zuchthausdrillich mit kahl geschorenem Kopf – allen Zeichen der Unfreiheit und Ehrlosigkeit – werden sollte.

Meine Gedanken gingen aber vielmehr zurück in die Vergangenheit. Ich schloss die Augen und sah immer wieder das Haus meiner Kindheit vor mir, die verehrte Gestalt des Vaters und die stille gute Mutter. Die fröhlichen Geschwister und mein eigenes Krankenbett, in dem ich als Knabe von einer heldenhaften Zukunft träumte, die so glanzvoll und bitter unterschieden war von der tristen Wirklichkeit, die mich jetzt umgab. Und dann gingen einsame Gedanken hinaus in die Welt zu meinen Millionen Brüdern in allen Ländern diesseits und jenseits des Meeres. Hatten sie das Zeichen meiner Tat, meines Opfers verstanden? Würde der Funke zünden, den ich entfacht hatte, um aufzulodern zu einer großen Brandfackel der Befreiung, die wegweisend leuchtete durch die Nacht der

Galut. Eine Feuersäule, die Israel voranzog, durch die zweitausendjährige Nacht. Und die Völker der Welt? Die demokratischen Staaten in Europa und Amerika? Würden ihre Führer und verantwortlichen Männer jetzt, jetzt begreifen, dass das, was in Deutschland vorging, keineswegs eine »interne deutsche Angelegenheit« war, sondern ein Hieb mitten ins Antlitz der menschlichen Zivilisation und Kultur insgemein?

Ich hatte fast unbegrenzt Zeit zum Träumen und Sinnen, aber bald fand ich eine ganz bestimmte Technik, um die Haftpsychose zu bewältigen, die furchtbar von mir Besitz ergriff. Wenn ich in den furchtbar langen, schlaflosen Nächten mit offenen Augen auf meinem harten Lager lag und die Gedanken immer wieder um dieselben Punkte kreisten: Kindheit und Jugend, die Jahre in Frankfurt und Bern und endlich die Tat, die furchtbare, unabweisbar Tat, von der noch ein dunkler Blutfleck auf meinem Anzug Zeugnis gab, dann hämmerte ich mir selbst ein: »Du könntest hier heraus – aber Du willst nicht! Du selbst hast Dich freiwillig in die Hand der irdischen Gerechtigkeit gegeben, um als ein freier Mann einzustehen für Deine freie Tat. Du kannst, Du kannst, aber Du willst nicht!!« Aber es gab ein schauerliches, ein dämonisches Echo in meiner Seele, das furchtbar nachäffend den Sinn meiner Maxime ins höhnische Gegenteil verkehrte: »Du willst heraus, aber Du kannst nicht.« Wie oft habe ich diesen Dialog mit mir selbst geführt? Hundert, tausend, zehntausend Mal. Ich weiß es nicht mehr, aber der Rhythmus dieses Selbstgesprächs lebt auf immer in meinem Blute. Die Vormittage waren meist ausgefüllt mit den Verhören, welche Dr. Dedual, der »Verhörrichter«, wie man in der Schweiz sagt, in seinem Arbeitszimmer durchführte.

An sich gab es hier nicht viel zu verhören und zu erfragen.

Ich selbst hatte ja schon beim ersten Verhör meine Motive restlos enthüllt und den Tatbestand so klar geschildert, wie ich nur irgend vermochte. Ich hatte nichts zu verbergen und verbarg nichts. Selbst, was für mich nachteilig sein konnte – so etwa die Planmäßigkeit meines Handelns, die nicht von einem momentanen Affekt ausgelöst war, verschwieg ich keinen Augenblick. Dr. Dedual aber hatte sich in den Gedanken verbissen, die Hintermänner meiner Tat aufzuspüren, die Auftraggeber und intellektuellen Urheber zu entlarven. Bestärkt mochte er in diesem Wunsche wohl sein durch die sofort einsetzende nazistische Propaganda, die hier einen eklatanten Beweis für die »Jüdische Weltverschwörung« sah, für einen Racheakt der »Weisen von Zion«, für eine »alljüdische« und »kommunistische« Aktion. Für die Nazis stand es natürlich fest, dass die Drahtzieher in Moskau und Jerusalem saßen. Dr. Dedual, der gewiss nicht in solch abenteuerlichen Hirngespinsten befangen war, neigte aber wohl auch pflichtmäßig dazu, irgendwelche Mitverschworenen und Helfershelfer anzunehmen. Immer wieder schärfte er mir ein, dass es für mich nur entlastend sein könnte, diese Komplizen preiszugeben. »Nemo se accusare tenetur«, niemand ist verpflichtet sich selbst anzuklagen. Das war seine juristische Maxime, die er mir vortrug, um mich dazu zu bewegen, keine Dritten opfermütig zu decken. Ja, manchmal ging er so weit zu sagen: »Sie müssen nicht die Wahrheit sagen. Sie können auch lügen, um sich zu nützen.« »Nein«, entgegnete ich, »auch mit Ihrer Erlaubnis werde ich nicht lügen. Ich habe nichts zu verbergen. Stellen Sie keine derartigen Fragen mehr – sie führen zu nichts. Ich bin keine konspirative Natur. Niemand steht hinter mir. Ich hatte und wollte keine Mitverschworenen. Ein Mann genügte, um einen Mann zu erledigen. Was ich tat, habe ich ganz allein aus eigenem Antrieb und auf eigenes Risiko getan. Das ist die Wahrheit. Es gibt keine anderen Motive als die politischen. Ich wollte die Schmach meiner Brüder rächen, ich wollte die Schweiz vor solchen Hunden wie Gustloff bewahren, die hier die freiheitliche Luft verpesten, ich wollte der Welt ein unübersehbares Zeichen geben.«

Auch in meinen Papieren und Korrespondenzen, die man eifrig durchsucht hatte, war nichts Belastendes zutage gefördert worden. Ein Zeitungsblatt mit der Beschreibung des Leichenzuges des von Naziagenten ermordeten Königs Alexander von Jugoslawien, versehen mit jugoslawischen Randbemerkungen von meiner Hand, war das einzige Papier von irgendwelchem Interesse, das dem Untersuchungsrichter vorlag, aber auch nicht der Schimmer eines Beweises konnte auf Dritte fallen. Die Behörde <u>musste</u> erkennen, was sie durchaus nicht glauben wollte, dass ich <u>allein</u> gedacht und gehandelt hatte. Das Selbstrasieren wurde mir wegen der Befürchtung eines Selbstmordes nicht gestattet. Deshalb kam drei Mal in der Woche ein Friseur zu mir in die Anstalt, um mir den Bart abzunehmen. Dieser Mann, ein links gerichteter freier Schweizer, stellte meine erste Verbindung mit der Außenwelt her.

Er brachte mir Zeitungsausschnitte, die mich etwas von dem schweizerischen Echo meiner Schüsse in Davos ahnen ließen. Der Eindruck war zunächst niederschmetternd. Wenn ich unter den einfachen Menschen dieses Gebirgslandes auch viel Freundschaft und Verständnis fand – Blumen und Konfekt, die mir in die Zelle geschickt wurden von gänzlich unbekannten Eidgenossen, waren beredte Zeugen – so zollten mir die offiziellen Stimmen der Schweiz keinerlei Anerkennung. Für sie war ich der Meuchelmörder und Verbrecher. Auch die liberal-demokratische *Neue Zürcher Zeitung*, das einflussreichste Blatt der Schweiz, das gerade im Ausland gelesen wurde, distanzierte sich in der schärfsten Weise von mir und meiner Tat, wenngleich sie nicht umhinkonnte, die Gefährlichkeit Gustloffs zuzugeben. Etwas mehr Verständnis zeigte schon die Baseler *Nationalzeitung*, die unumwunden zugab, dass Gustloff ein Schädling und Spion war und mit der provozierenden Attitüde des Diktators in seinem schweizerischen Gastland auftrat. Sozialdemokratische Blätter aber wie die *Volksstimme* und die *Berner Tagwacht* machten vor allem die Schweizer Bundesregierung mitverantwortlich, da sie zu lange und untätig dem Treiben Gustloffs zugesehen hatte. Hätte sie, so meinten diese Blätter, rechtzeitig gehandelt, und gemäß der Interpellation des Nationalrates Canova den frechen Nazi ausgewiesen, und ihm und seinesgleichen das Handwerk gründlich gelegt, so wäre es nie zu der Bluttat von Davos gekommen.[96]

Mein Friseur verband mich nicht nur mit der Außenwelt, er verhalf mir auch zu Zigaretten, die in der Zelle eigentlich nicht erlaubt, für mich aber als starken Raucher unentbehrlicher als Essen und Trinken waren, zumal in der ständigen fieberhaften Erregung, in der ich mich jetzt befand. Ich suchte zwar selbst die Einsamkeit, aber die Unfreiheit nahm mir oft den Atem und zerrte grausam an meinen überreizten Nerven. Etwa am achten Tag meiner Haft erhielt ich einen Brief, der von umwälzender Bedeutung für den Verlauf der Verhöre werden sollte und dessen Wirkung sich später auch in den Gerichtsprotokollen und im Urteil spiegelte. Schreiber dieser Zeilen war der Kandidat der Jurisprudenz Eugen Messinger[97], Sohn des Berner Altpredigers und heute selbst Rabbiner von Bern. Dieser Mann, den ich persönlich kannte, schrieb mir etwa folgendes (den genauen Wortlaut kann ich hier nicht rekonstruieren, da sich das Dokument bei den Akten in der Schweiz befindet und mir nicht zugänglich ist):

»Sehr geehrter Herr Frankfurter!

Mit tiefer Erschütterung haben wir von Ihrer Tat Kunde bekommen. Sie wissen selbst, dass Sie damit gegen die Grundprinzipien unserer heiligen jüdischen Religion verstoßen haben, die Mord in jeder Gestalt ablehnt. Sie haben weder der Schweiz noch dem Judentum damit einen Dienst erwiesen. Im Gegenteil: Sie haben Ihre jüdischen Brüder größter Gefahr ausgesetzt. Dennoch wollen wir Ihnen helfen, so gut wir können. Wir werden bemüht sein, Ihnen einen tüchtigen Anwalt zu bestellen, der Ihre Sache vor Gericht vertreten wird.«[98]

Es ist mir nicht ganz klar, in wessen Auftrag Messinger hier schrieb. Ich habe den Brief nicht selbst in der Hand gehabt. Er wurde mir nur vorgelesen. Aber es ist auch unwesentlich, ob es die jüdische Gemeinde in Bern, deren Rabbinat oder der gesamte Schweizer jüdische Gemeindebund[99] war, der sich hier einerseits von mir distanzierte, andererseits aber doch aus dem elementaren jüdischen Solidaritätsgefühl heraus mir rechtliche Hilfe anbot. Gleichviel, der Brief tat seine Wirkung in ganz bestimmter Richtung. Jetzt erst erkannte ich die Gefahr, in der vor allem die Juden in Deutschland, die der Nazirache preisgegeben waren, schwebten. Ich war bereit ein weiteres Opfer auf mich zu nehmen. Die Untersuchung hatte zwei klar erkennbare Tendenzen: Zunächst wollte sie die (nicht vorhandenen) Anstifter des Attentats erfassen, dann aber war sie bemüht das Ganze auf ein unpolitisches Geleis abzuschieben. Zu diesem Zwecke sollte der nicht ausgeführte Selbstmord in den Mittelpunkt gestellt werden. Als die ursprüngliche Absicht sollte um jeden Preis der Selbstmord gelten, der Selbstmord eines verbummelten Studenten, eines Desperado, der im Leben gründlich gescheitert war, sein Studienziel nicht erreicht hatte, und den Vater durch Semester hindurch täuschte. In herostratischer Absicht wollte nun dieser im Leben gescheiterte durch und durch kranke und verluderte Mensch seinem Tode dadurch eine Gloriole verleihen, dass er einen Nazi mit sich in die Ewigkeit nahm. Jetzt aber zeigte es sich, dass der Schwächling und Tunichtgut nicht einmal den Mut zum Selbstmord aufgebracht hatte. Warum lag den Behörden so sehr an dieser entstellten Version? Ganz einfach deshalb: weil dadurch das politische Schwergewicht der Tat genommen wurde und sie mehr der Ausdruck der Verzweiflung eines haltlosen jungen Menschen wurde. Ich hatte im Anfang jeder derartigen mit allerlei Halbwahrheiten durchsetzten Entstellung des klaren Tatbestandes widerstrebt; jetzt gab ich Schritt um Schritt nach, um die Juden von einer Mitverantwortung so weit wie nur möglich zu befreien. Ich hatte nicht die Kraft zum Selbstmord aufgebracht. Zur Sühne gleichsam nahm ich nun das Odium des verbummelten Studenten auf mich. Ich muss heute gestehen, dass ich hier schwach geworden bin. Wem habe ich genutzt? Nicht mir selbst und nicht meinen unglücklichen Brüdern. Hat Hitler deshalb von seinem dämonischen Hass auch nur den winzigsten Abstrich gemacht? Er hat den Termin der Vernichtung (aus ganz anderen Gründen) wohl noch hinausgeschoben, aber sechs Millionen hingeopferter Juden, erschossen und verbrannt, vergast und erstickt, verschlagen und lebendig begraben, an elektrischen Stacheldrähten zerfetzt und zu Tode gehetzt, sprechen eine allzu deutliche Sprache. Die Nazibestie raste und würgte, wie immer ich auch meine Tat motivieren mochte.

Unter den Erweisen der Freundschaft, die mir damals von Unbekannten zukamen, machte vielleicht den größten Eindruck das Buch »Goethe, Geschichte eines Menschen« von Emil Ludwig[100], das mir mit einer Widmung eines mir unbekannten Dr. Berger zugestellt wurde. Mein Wächter, kein Gefängnisschließer, sondern ein alter Kantonspolizist, ein gutartiger, freundlicher Mann, der mich mit ausgesprochener Sympathie behandelte, händigte mir diesen Gruß aus. Ich glaube kaum irre zu gehen, wenn ich in »Berger« den Verfasser selbst vermute, der ja noch späterhin in so schöner und mutiger Weise seine berühmte Feder in den Dienst meiner Sache stellen sollte. Soweit ich mich überhaupt in diesen ersten Wochen auf etwas konzentrieren konnte, was außerhalb meiner eigenen Sphäre lag, las ich diese Schilderung von Goethes Leben und Werk, die mir die Größe und Schönheit eines ganz anderen Deutschlands offenbarte, das im Nazismus die grausamste aller Verhöhnungen gefunden hatte. Eines Tages rief mich der Untersuchungsrichter wieder zu sich und sagte mir: »Es hat keinen Sinn, dass Sie noch länger leugnen. Ich habe es jetzt schwarz auf weiß, wer Ihre Hintermänner sind.« »So, dann wissen Sie mehr als ich«, erwiderte ich ironisch. Er aber meinte: »Seien Sie doch nicht so spöttisch, das kann Sie noch teuer zu stehen kommen.«

Was war vorgefallen? Beim Postamt in Davos war mit Poststempel vom fünften Februar eine vom vierten Februar datierte Postkarte eingelaufen, adressiert an »Herrn David Frankfurter, z. Zt. Davos. Postlagernd.« Die Karte war an die juristische Abteilung der Postverwaltung weitergeleitet worden, die sie sofort als plumpe Fälschung identifizierte, sie aber doch an Dr. Dedual weitergab, der nun – obwohl selbst die Lunte riechend – sie gegen mich als Trumpf auszuspielen gedachte. Der Wortlaut der Karte war etwa (auch hier fehlt das Original und ich bin auf mein Gedächtnis angewiesen) folgender: »Lieber David! Wir hoffen, dass Du den Hund Gustloff über den Haufen schießen wirst. Fürchte Dich nicht. Wir stehen zu Dir. Wir werden auch einen guten Anwalt für Dich bestellen. Das Geld – 50.000 Sfr. liegt in Franken, Dollars und Pfunden an sicherer Stelle für Dich bereit. Auch die anderen Freunde werden nicht untätig sein. Rudolf wird den Hitler erschießen, Heinz den Goebbels kalt machen und Max den Göring umlegen. Mit der ganzen Gesellschaft werden wir aufräumen.«[101]

Das Unsinnig-Bösartige dieser Fälschung war offenbar. Ich war am Freitag, den einunddreißigsten Januar in Davos in der Absicht eingetroffen, sofort zu handeln. Hätte ich Hintermänner gehabt, so hätten sie mich wohl schon zu diesem Termin ermuntern müssen. Offenbar war aber die Karte erst nach dem Attentat abgeschickt. Ferner wäre wohl niemand, der wirklich mit mir im Bunde gestanden hätte, so idiotisch gewesen, derartige Verschwörergeheimnisse auf offener Postkarte postlagernd expedieren zu lassen. Die Nazis hatten hier nicht nur feige und gemein, sondern auch unsäglich dumm gehandelt. Fast wie im Märchen, wo der Teufel nicht nur der Böse, sondern auch der Blöde ist. Wenngleich Dr. Dedual auch keinen Moment an diesen Unsinn glaubte, so hoffte er doch, mittels dieser fingierten Karte mir einen Hinweis auf ganz andere, wahre Hintermänner zu entlocken. Aber langsam musste er einsehen, dass es eben Niemand gab, der hinter mir stand.

Nun aber wurde die Frage meines Rechtsbeistandes akut. Ich wollte im Anfang auf jeden Anwalt verzichten, da ich gedachte, mich selbst zu verteidigen. Klar und einfach lagen die Motive meiner Tat. Ich hatte das Gefühl, dass niemand besser sie vor dem Forum des Gerichts und der Welt vertreten könnte als ich selbst. So wie ich alleine die Tat geplant und ausgeführt hatte, wollte ich auch ganz allein für sie einstehen. Dr. Dedual jedoch erklärte mir, dass dies gesetzlich ausgeschlossen sei. Wählte ich nicht selbst bereits jetzt im Stadium der Voruntersuchung einen

Anwalt, so würde mir das Gericht eben von sich aus einen Pflichtverteidiger bestellen. Ich hatte also die Wahl und die Qual. Über zweihundert Anwälte trugen mir schon in diesen Wochen ihre Dienste an. Unter ihnen befand sich, empfohlen von Messinger, Rechtsanwalt Dr. Rohner aus St. Gallen, der dort 20 Jahre Staatsanwalt gewesen war und als Justiz-Oberst beim Militärgericht fungierte. Nebenbei versah er das Amt eines Österreichischen Generalkonsuls, war also offenbar ein Mann, der das Vertrauen der Öffentlichkeit besaß. Dr. Dedual jedoch riet mir von diesem Anwalt ab, und heute bin ich froh, dass ich Rohner nicht mit der Führung meiner Sache betraute. Er sitzt nämlich gegenwärtig des Betruges und der Unterschlagung von Millionenbeträgen überführt selbst im Gefängnis. Er hatte falsche Pässe in seinem Konsulat ausgestellt und in jeder Weise seine hohe Stellung missbraucht.[102]

Besonders interessant war auch, dass der ehemalige Präsident der freien Rheinischen Republik, einer der Führer des Separatistenaufstandes im Jahre 1918, der in Frankreich Asyl gefunden hatte, nach dem Zusammenbruch dieser Los-von-Preußen-Bewegung, unter den Bewerbern war.[103] Auch ein emigrierter ehemaliger Oberstaatsanwalt aus Hamburg trug mir seine Dienste an und natürlich jüdische Anwälte, die ich aber vornherein ablehnte, um den Prozess nicht mit dem Odium einer jüdischen Verschwörung zu belasten. Erst als mein Bruder Alfons Gelegenheit hatte, mich in Gegenwart des Untersuchungsrichters zu besuchen, löste sich auch die Frage meiner Rechtsvertretung. Alfons war nicht der Erste, der mich besuchen kam. Mein kroatischer Freund Dr. Krneta[104] hatte es sich nicht nehmen lassen, mich in Chur aufzusuchen. Tief erschüttert standen wir uns gegenüber und gedachten der schönen Stunden gemeinsamer geistiger Bemühung, in denen wir Platos Ideenwelt studiert, und die reine Luft der jüdischen Ethik in den »Sprüchen der Väter« geatmet hatten. Es war viel für mich, in der grenzenlosen Verlassenheit meiner Situation, die warme Freundeshand drücken zu dürfen.

Als ich nun aber dem älteren Bruder gegenüberstand, war es schwer, die Fassung zu bewahren. Die gemeinsamen Jahre der Kindheit wurden mir in seinen lieben Augen wieder lebendig, die sorglosen Jahre und das gemeinsame Hoffen und Streben. Alfons brachte mir auch die Grüße des Vaters und versicherte mir, dass sie alle bereit seien, mir zu helfen, so gut es nun eben ginge. Sofort nach Bekanntwerden meiner Tat hatte sich mein Bruder mit seinem Studienfreund, dem Zürcher Rechtsanwalt Dr. Veit Wyler[105], in Verbindung gesetzt; einem aufrechten, stolzen Juden, der heute Vizepräsident des Schweizerischen Zionistenverbandes ist. Dr. Wyler hat sich von Anfang an klar und eindeutig zu mir bekannt und mir geholfen, wo immer er konnte. Ja, als ich endlich – nach langen Jahren – die Luft der Freiheit wieder atmen sollte, war er es, der mir sein eigenes Palästina-Zertifikat abtrat, um mir die sofortige Heimkehr ins Land der Väter zu ermöglichen. Mit Dankbarkeit und Verehrung setze ich den Namen Veit Wylers auf diese Blätter. Dr. Wyler lehnte es ab, selbst meine Verteidigung zu führen, da auch er es im Interesse der Sache für inopportun hielt, dass ein jüdischer Anwalt hier plädiere. Vielmehr wandte er sich an Dr. Curti[106] in Zürich, einen Schweizer Anwalt, aus altem eidgenössischen Geschlecht, einem begeisterten Linksdemokraten und Vorkämpfer für die Freiheit, der bereitwillig meine Verteidigung übernahm. Auch dieses Mannes gedenke ich hier voll aufrichtiger Wertschätzung. Sobald es mir gestattet war und ich die Kraft dazu aufbrachte, schrieb ich einen vierseitigen Brief an meinen Vater, in welchem ich ihn um Verzeihung bat für den unermesslichen Kummer, den ich ihm bereitet hatte. Ich versuchte ihm meine Tat zu erklären, die unabweisbar in mir gebrannt hatte. Und mein Vater verstand mich und verzieh mir, ja er schloss mich noch enger an sein Herz, jetzt da ich im Unglück war – eingekerkert und verlassen.

Mit meinen Habseligkeiten, die inzwischen aus Bern eingetroffen waren, kam auch mein *Siddur*, *Tallit* und *Tefillin* und es bereitete mir eine große Genugtuung hier im Gefängnis den uralten Brauch unserer Väter üben zu dürfen. Ich war nicht mehr allein, wenn ich in meiner Zelle betete. Ein unsichtbares *Minjan* war um mich – Millionen und Millionen, die vor mir und gleichzeitig mit mir die heiligen Gebetsriemen um Arm und Haupt schlangen und aus der Not der Stunde die bitteren Worte zum Herrn der Welt schrieen: »El nekamoth Adonai, el nekamoth hofia!« / »Gott der Rache, Ewiger, Gott der Rache, erscheine!«[107]

Es setzt mich heute selbst fast in Verwunderung, mit welcher Ruhe ich die vielen Monate hinbrachte, die zwischen der Tat und dem Prozess lagen. Man hätte annehmen können, dass ich in fieberhafter Spannung dem Augenblick entgegensah, in dem mir Gelegenheit gegeben würde, vom Angeklagten zum Ankläger zu werden und den Sinn meiner Tat vor den Schranken des Gerichtes und damit der Weltöffentlichkeit zu demonstrieren. Aber nichts dergleichen kann ich in meiner Erinnerung finden. Vielmehr ward ich mehr und mehr von einer Apathie beherrscht, die es mir gleichgültig erschienen ließ, wann und wie der Prozess in Szene ging. Um diese Geisteshaltung zu verstehen, muss man sich vergegenwärtigen, dass ich mich damals noch immer – irgendwo im Grunde meines Herzens – als einen Menschen betrachtete, der nur die Hälfte seiner Aufgabe gelöst hatte. Hätte ich in jenen furchtbaren Minuten auf dem Schneefeld von Davos meinem eigenen Leben ein Ende gemacht, so wäre meine Idee rein in die

Wirklichkeit überführt worden. So war alles Stückwerk geblieben; und dieses Gefühl nicht ganz vor dem eigenen Gewissen bestanden zu haben, beugte mich nieder und ließ mich nicht mit jener Entschlossenheit und Aktivität dem Prozess entgegenschauen, die von einem Manne erwartet werden könnte, der das Weltgewissen aufrütteln wollte.

Warum, so fragte ich mich aber dennoch (und meine Leser werden es mit mir fragen), wurde der Prozess aber Monat um Monat hinausgezogen? Die Tatbestände waren geklärt. Es hätte schnellstens zur Anklage geschritten werden können. Zwei Motive waren es jedoch, die die graubündnerischen Behörden dazu veranlassten, den Prozesstermin immer und immer wieder hinauszuschieben. Ein Politisches und – bittere Ironie des Geschehens – ein Wirtschaftliches. Politisch gesehen hoffte man, dass durch die Länge der Zeit sich in Deutschland der Sturm der Entrüstung etwas legen würde und so der Prozess in einer ruhigeren Atmosphäre durchgeführt werden könnte. Die kleine Schweiz, die sich ständig von dem deutschen Riesen bedroht fühlen musste, ging nur mit Bangen daran, nach bündnerischem Recht einen politischen Attentäter abzuurteilen, dessen Kopf in Deutschland keinen geringen Preis erzielt hätte. Man fürchtete auch, so lange die Gemüter noch allzu erregt waren, gewaltsames Eingreifen von Seiten der Nazis oder ihrer Gegner. Ein Anschlag auf mich, oder der Versuch meiner Entführung während des Prozesses, schien zunächst nicht ausgeschlossen. Also vertagte man, wartete ab, ließ die Zeit für sich arbeiten.

Das war das eine, immerhin verständliche, Motiv. Das andere aber hört sich wie ein Witz an – und ist doch wahr. Nicht ungern sahen es die bündnerischen Behörden, dass der Prozess mit dem Beginn der Wintersaison im Kanton zusammenfiel. Regierungsrat Dr. Albrecht[108] hat mir später selbst diese Vermutung bestätigt und sie damit zu entschuldigen versucht, dass Graubünden in erster Linie von der Touristik lebe und die Deutschen zahlenmäßig und ihrer Trinkfestigkeit wegen die beliebtesten, weil einträglichsten Gäste der Schweiz seien. Tatsächlich fand dann auch jeder ausländische Journalist eine Freifahrkarte nach dem berühmten Winterkurort Arosa auf seinem Platze im Gerichtssaal vor. Jeder Prozessteilnehmer sollte sich während der Weihnachtsferien im herrlichen Hochgebirge bei Skilauf und Rodeln von den Strapazen des Prozesses erholen können und die bündnerischen Hoteliers hatten den Gewinn davon. Der einzige Prozessteilnehmer, der kein Freibillet nach Arosa und zurück beschert bekam, war ich.[109] Aber ich greife vor. Noch liegen Monate zwischen meiner Ankunft in Chur und dem Beginn des Prozesses. Noch habe ich die bange Zwischenzeit zu schildern, die es durchzustehen galt mit verbissenen Zähnen. Mein Bruder setzte sich währenddessen voll für mich ein. Er und Dr. Wyler gingen daran, alles Material vorzubereiten, das Dr. Curti für meine Verteidigung benötigte. Schon nach etwa 14 Tagen erhielt ich die Erlaubnis, selbst Zeitungen zu lesen, aber der Untersuchungsrichter schnitt vorher jeweils sorgfältig alle Artikel und Notizen aus, die sich auf meinen Fall bezogen. So bleib ich weiterhin nur auf sporadische Mitteilungen angewiesen, die mir durch den Friseur, Mitgefangene, den »Weibel«, wie man den Gefängnisdiener nannte, oder zuweilen auch durch Dr. Dedual selbst zukamen.

Das Rauchverbot in der Zelle beeinträchtigte meine psychische Konstitution schwer. Nur eine Stunde am Tage, nachmittags zwischen zwei und drei Uhr, durfte ich rauchen. Im Sommer war das auf dem Hofe beim täglichen Spaziergang gestattet, in der kalten Jahreszeit im Besuchszimmer des Gefängnisses. Dr. Dedual machte sich mein Bedürfnis nach Zigaretten in nicht ganz fairer Weise zunutze. Es war gewiss entgegenkommend von ihm, dass er mir während der Verhöre Zigaretten gestattete. Das Rauchen erleichterte mir das Sprechen. Er ging aber weiter. Manchmal ließ er mich nachmittags zu sich ins Zimmer kommen und gestattete mir zu rauchen. Dr. Dedual saß an seinem Schreibtisch mit Aktenarbeit beschäftigt. Ich las ein Buch oder eine Zeitung, rauchte und freute mich der behaglichen Atmosphäre des Raumes, die sich wohltuend von der Unfreundlichkeit einer Gefängniszelle abhob. Nach etwa einer halben Stunde unterbrach der Jurist seine Arbeit, zündete sich selbst ein Zigarettchen an und begann ganz zwanglos mit mir zu diskutieren.

Diese Stunden des Gesprächs mit einem gebildeten Menschen waren wohltuend und anregend für mich. Kein Aktuar war gegenwärtig, der Protokoll führte und Dr. Dedual selbst machte sich keine Notizen. Nicht der Untersuchungsrichter und der Gefangene saßen sich hier gegenüber, sondern zwei geistig bewegte Menschen, die von ganz verschiedenen Standpunkten aus über religiöse und politische Fragen sich unterhielten. Natürlich glitt das Gespräch immer wieder in das Persönliche über. Langsam und nicht ohne Staunen drang Dedual, der stockreaktionäre Katholik, ein in die Welt eines religiös-jüdischen Hauses, die ihm vorher ganz unbekannt war. Hier traf zu, was ein protestantischer Theologe einmal über das schöne Buch von Else Schuber-Christaller »Der Gottesdienst der Synagoge« schrieb: »Vielen sind die Religionsformen des mit ihnen zusammenlebenden heutigen Judentums unbekannter als die ferner und vergangener Völker. Und doch ist hier eine religiöse Welt voll Kraft und Eigenart, voll Innigkeit und Großartigkeit, aus dem Geist der Psalmen geboren, gestaltet durch die einzigartigen Schicksale des jüdischen Volkes.«

Judentum und Christentum war ein oft behandeltes Thema in unseren Gesprächen. Vertrat ich hier die jüdische Position des reinen Monotheismus, der eine einzige Schöpferkraft und eine allein waltende Macht in Natur und Geschichte erschauernd verehrt, und diese Macht mit dem ethisch-positiv Absoluten identifiziert, so stellte mein Gesprächspartner dieser Erkenntnis das starre Trinitätsdogma gegenüber, das nur der reine Glaube anerkennen kann, der freiwillig einer Kreuzigung der Vernunft zugestimmt hat. Noch wesentlicher aber war in diesen Disputationen die Grundeinstellung dem Leben selbst gegenüber. Ich als Jude konnte politischen Radikalismus auf sozialem Gebiet, ja eine sozialistisch-revolutionäre Einstellung mit meinem religiösen Weltbild durchaus in Einklang bringen. Der Jude sieht sich aufgerufen als Vollender von Gottes Schöpfung in der Menschenwelt. »Die Verwirklichung Gottes zwischen den Menschen« (Buber) ist ihm aufgetragen. Aktiv steht er in der Welt, bereit sie mit allen Mitteln zu verbessern, gemäß dem Grundsatz von Gerechtigkeit und Liebe, der ihm im Gesetz Gottes und im Streben der eigenen Brust offenbart ist. Der Christ aber sieht diese Welt *eo ipso* als ein Jammertal an, verfallen dem Teufel, den er den »Fürsten der Welt« nennt. Der Welt absterbend und in der Nachfolge Christi einem reineren Jenseits zustreben – das ist die ihm gestellt Aufgabe. Deshalb steht er den sozialen und politischen Fragen mit einer ewigen *Reservatio mentalis* gegenüber, einem Vorbehalt, der es ihm möglich macht, Kapitalismus und Militarismus, Faschismus und soziale Ungerechtigkeit aller Art zu tolerieren. Er gibt dem Kaiser, was des Kaisers, und Gott, was Gottes ist. Für den Juden aber ist alles Gott. Es gibt keine Domäne des Staates, die von der des Glaubens abzutrennen wäre. Der Gottesstaat, die *Mamlechet Kohanim* ist es ja gerade, worauf der Impuls jüdischen Geschichtsverständnisses abzielt. In dieser Erkenntnis wurde ich später besonders bestärkt von dem großartigen Werk »Heidentum, Christentum, Judentum« von Max Brod, das ich in der Zelle aufmerksam studierte und das mir wichtige und treffende Argumente in Religionsgesprächen mit einem evangelischen Missionar lieferte, über den noch zu reden sein wird. Dedual hielt mir oft das Unglück und die Zerstreuung des jüdischen Volkes vor, als unwiderlegliches Argument von Gottes Zorn, den Israel sich dadurch zugezogen habe, dass es den Messias Jesus nicht anerkannte. Ich aber deutete ihm Gottes Gericht von der *Tochecha* her, den Fluch-Kapiteln des Pentateuchs, Leviticus 26, 14ff.[110] und Deuteronomium 28, 15ff.[111] In diesen großen Strafreden, die nur mit leiser Stimme in der Synagoge vorgelesen werden, ist tatsächlich das analogielose Schicksal Israels vorweggenommen. Nicht leben und nicht sterben können. Unstet und flüchtig sein. Zum Abend sprechend, wenn´s doch Morgen wäre – und zum Morgen, wenn doch der Abend käme. Der haltlose Jude der *Galut*, der im Innersten weiß, dass er an der Grundbestimmung seines Volkes, eine gerechte Gesellschaft unter dem Königtum Gottes im eigenen Lande aufzurichten, vorbeigelebt hat, dieser tragische Jude ist der Typus der *Tochecha*. Indem ich mit dem Christen Dedual so sprach, klärten sich mir selbst die Hintergründe des Zeitgeschehens. Um meinen Untersuchungsrichter tiefer in die Welt des Judentums einzuführen, empfahl ich ihm das schöne Buch von Aimé Pallière »Das unbekannte Heiligtum«, das den Weg eines gläubigen französischen Katholiken zum Judentum schildert. Diese Biographie einer um Gott ringenden Seele löste aber bei dem dogmatisch versteiften Katholiken Dedual nicht mehr als ein unverstehendes Achselzucken aus. Für ihn war Pallière nichts anderes, als ein irriger Sünder, der die allein seligmachende katholische Kirche verlassen hatte. Es wäre an sich gar nichts gegen diese Nachmittagsunterhaltungen mit Dr. Dedual einzuwenden, wenn dieser nicht doch den Versuch gemacht hätte, aufgrund ganz privater und in gelösterer Atmosphäre als sie ein Verhör mit sich bringt, gemachte Aussagen prozessual zu verwerten. Wenngleich es ihm nicht gelang, irgendetwas Belastendes aus meinen Worten herauszuhören, so musste ich doch später feststellen, dass er entgegen meiner Zusage und den Vorschriften doch manches aus diesen Privatgesprächen zu den Akten gab.

Eintönig und langsam schlichen die Tage, die Wochen und Monate dahin. Das Leben im Gefängnis ist ja gerade umgekehrt als das in der Freiheit. Erwachen wir als freie Menschen am Morgen, so spüren wir beglückt, dass ein neuer Tag des Lebens vor uns liegt. Nicht aber gestehen wir uns in aller Klarheit ein, dass jeder neue Tag einen unwiederbringlichen Schritt näher zum Ende – zum Tode – hin bedeutet. Im Gefängnis aber, zumal wenn man das Maß der zudiktierten Freiheitsberaubung kennt, zieht man mit ingrimmiger Lust jeden verlebten Tag ab von dem furchtbaren Konto der Tage und Jahre, die man hier zu verbringen gezwungen ist. Jeder vergangene Tag ist ein Gewinn. Wie lange nun würde ich hinter Gefängnismauern begraben sein? Ich wusste es nicht. Ja, meine Unkenntnis der juristischen Sachlage war ursprünglich noch weit größer. Wenn antisemitische Pamphletisten mir andichteten, ich hätte den Mord in Davos begangen, weil ich wusste, dass in diesem Kanton die Todesstrafe abgeschafft sei, so ist das natürlich nichts als bösartiger Unsinn. Die Tatsache, dass die Todesstrafe, welche das bündnerische Gesetz vom Jahre 1851 auf Mord androht, zufolge der Bestimmung des Artikels 65 der im Jahre 1874 revidierten Bundesverfassung der Schweiz abgeschafft wurde, war mir ursprünglich unbekannt. Im Jahre 1879 wich die Schweiz von diesem humanen Rechtsgrundsatz wiederum ab, aber gerade der Kanton Graubünden beließ es bei der Abschaffung der Todesstrafe. Für politische Vergehen kennt jedoch die Gesamtschweiz keine Todesstrafe.[112]

Was Graubünden anlangt, so ist dort selbst die lebenslängliche Zuchthausstrafe de facto abgeschafft. Nach §9 des bündnerischen Strafgesetzes ist das Höchstmaß an Strafe 25 Jahre Zuchthaus. Andererseits kann Mord mit nicht weniger als 15 Jahren Zuchthaus, bei Berücksichtigung aller strafmildernden Momente, geahndet werden. Im Falle des Todschlags liegen die Dinge freilich wieder anders. Aber nicht nur, dass ich diese ganzen Zusammenhänge nicht kannte, sie waren ja irrelevant für mich, hatte ich doch die Absicht, mich selbst nach der Tat zu richten. Andere Möglichkeiten waren vorher nie von mir ins Auge gefasst worden. Und als ich in der Stunde höchster Erregung vor dem Polizeikorporal mich selbst der Tat bezichtigte, war ich entschlossen, jede Sühne auf mich zu nehmen. Auf einem Spaziergang im Hofe fragte mich der Weibel einmal halbscherzend, ob ich wüsste, wie viel Jahre ich bekommen würde. Ich hatte keine Ahnung. Er wollte zunächst nicht mit der Sprache herausrücken, schließlich sagte er mit merkwürdigem Lächeln: »Hundertachtzig Jahre«. Ich verstand ihn nicht. Sollte das doch lebenslänglich bedeuten? Es war mir schließlich in dieser Frage nicht scherzhaft zumute. Er gab schließlich zu, dass er etwas von achtzehn Jahren gehört habe. Achtzehn Jahre Zuchthaus – das ist eine Ewigkeit. Und doch hatte ich nun irgendeine Zahl vor mir, mit der ich kalkulieren konnte. Irgendein Maß im unendlichen Meer der Zeit. Mein Wille einer solchen Strafe entgegenzugehen, wurde einer harten Belastungsprobe unterzogen. Ein Mitgefangener, der im Spital war, flüsterte mir zu, dass es dort einen sozialistischen Krankenwärter gäbe, der unverhohlen seine Sympathie für mich bekundet habe. Dieser Mann sei bereit, mich zu befreien. Ich sollte mich künstlich krankmachen, indem ich mir Petroleum (das zu bekommen war) unter eine Wunde im Bein rieb. Dadurch entstünde eine schwere brandartige Entzündung, die mich spitalreif mache. Wäre ich aber einmal im Krankenhaus eingeliefert, so sei die Freiheit nicht mehr fern. Tatsächlich wäre eine solche Flucht nicht ausgeschlossen gewesen. Damals waren die Grenzen der Schweiz noch nicht so bewacht wie in den Kriegsjahren. Ich hätte nach Frankreich entkommen können und von dort vielleicht in ein Land wie Mexiko, das keine Auslieferungsverträge anerkennt. Aber ich wies derartige Gedanken weit von mir. Von Anfang an war ich fest entschlossen, Sinn und Wert meiner Tat nicht durch ein Ausweichen vor der bittersten Verantwortung zu entwerten. Durch die Lektüre der mir erlaubten Zeitungen blieb ich politisch einigermaßen auf dem Laufenden. Immer düsterer wurde es in Europa. Der Spanische Bürgerkrieg flammte auf und zeigte das so sorgfältig vorbereitete Übergreifen des Faschismus auf ein neues Land des Erdteils. Wie sorgfältig und von langer Hand diese Generalrevolution in Spanien vorbereitet war, ging unter anderem schon daraus hervor, dass in Spanien von faschistischer Seite eine ungeheure Waffenproduktion eingesetzt hatte. Mein eigener Revolver war so ein spanisches Produkt, das ohne jeden Fabrikvermerk massenhaft auf den Markt kam. In Abessinien tobte der Feldzug der Faschisten gegen die fast unbewaffneten Eingeborenen weiter. Die demokratischen Mächte zögerten mit den Sanktionen.

Der Suezkanal wurde für Italien nicht gesperrt. Man sah dem Unrecht untätig zu. Weiter wütete die antisemitische Mordhetze in Deutschland. Die deutschen Juden aber wiegten sich noch immer in einer Scheinsicherheit. Sie bauten, wie es einer von ihnen einmal sagte, Terrassen in den Bergrutsch.[113] Und auf diesen Terrassen versuchten sie zu leben – so gut und so schlecht es eben ging. Im Frühling 1936 – es war Ende März oder Anfang April – starb der Staatsanwalt des Kantons Graubünden. Das bedeutete wiederum eine Verzögerung meines Prozesses. Bis zur Neubesetzung dieses Amtes musste für jeden Prozess ein eigener Staatsanwalt »ad hoc« (wie der juristische Fachausdruck lautet) bestellt werden. Es spricht für die bündnerischen Juristen, dass sich lange Zeit keiner unter ihnen dazu bereitfand, als mein Ankläger zu fungieren. Endlich wurde aber doch in der Person des ebenfalls katholisch-konservativen Dr. Friedrich Brügger[114] der Mann gefunden, der mit großer Leidenschaft gegen mich aufzutreten gewillt war. Das Prozessverfahren sah ein psychiatrisches Gutachten vor, das meine Zurechnungsfähigkeit zu erweisen hatte. Als Sachverständiger wurde der Direktor der Nervenheilanstalt »Waldhaus« in Chur bestellt. Dieser Mann begann seine, auf vier bis fünf Sitzungen beschränkten, Untersuchungen erst viereinhalb Monate nach der Tat. War es im Allgemeinen üblich derartige Untersuchungen im »Waldhaus« vorzunehmen, so unterließ man dies in meinem Falle – wiederum aus Furcht, ich könnte auf dem Transport vom Gefängnis in die Klinik und zurück angegriffen oder befreit werden. Deshalb ging die psychologische Untersuchung im Gefängnis selbst, im Anwaltszimmer vor sich, also in der Atmosphäre, die sich in nichts von der der Verhöre unterschied. Erschwerend war noch der Umstand, dass der Psychiater meine Aussagen sofort in die Schreibmaschine schrieb, was ein wirklich gelöstes Sich-Aussprechen ganz unmöglich machte. Statt zu sprechen, musste ich sozusagen diktieren. Das Geräusch des Tippens trug natürlich auch nicht gerade zur Konzentration und Aufgeschlossenheit bei und endlich hatte ich das unangenehme Gefühl, hier quasi einem zweiten Untersuchungsrichter gegenüber zu sitzen, statt einem Arzt und Berater, der meinen Seelenzustand zu erforschen hatte.

Dr. Jörger[115] verzichtete auf die so genannte Intelligenzprüfung, die das intellektuelle Niveau eines Gefangenen zu eruieren hatte. Hier genügten ihm etwa meine Vorarbeiten zur Dissertation. Er stellte eine Art Examen über einschlägige Krebsfälle mit mir an und bemerkte, ich stünde auf der Höhe der Materie. Auch ihm war das Milieu meines Elternhauses ganz neuartig. Die Ehrerbietung den Eltern gegenüber – so etwa der Brauch, sich nie auf den Platz des Vaters zu setzen – verfehlte nicht Eindruck auf einen konservativ-religiösen Mann wie Dr. Jörger zu machen. Und er, ein Anhänger der Psychoanalyse, versuchte – angeregt vom patriarchalischen Geist des Hauses, das ich ihm schilderte – hier in der Richtung eines »Vaterkomplexes« vorzustoßen, um in ihm verborgene psychologische Triebfedern meiner Tat aufzuspüren. Er musste aber diese Bemühung ebenso für gescheitert ansehen, wie sein Freund Dedual seine scharfsinnigen Ermittlungsversuche bezüglich meiner Hintermänner.

Der Direktor der kantonalen Irrenanstalt fasste sein Gutachten in drei Absätzen zusammen, die ich hier im Wortlaut anführen will.

1. Unsere Untersuchungen und Beobachtungen haben keine Anhaltspunkte zu Tage gefördert, welche das Bestehen einer Geisteskrankheit beweisen könnten, aus der das Attentat von Davos zu erklären wäre.
2. David Frankfurter ist Träger eines <u>konstitutionell schwachen Nervensystems</u>, das zudem durch die vielen körperlichen Krankheiten <u>beeinflusst werden musste</u>. David Frankfurter war durch die Unmöglichkeit aus körperlichen und seelischen Hemmungen sein

Lebensziel zu erreichen, in eine reaktive Depression verfallen. Die Kräfte, die Ende 1935 zum Selbstmord trieben, wurden durch das Judenproblem abgelenkt und so kam es zu einem sekundären politischen, statt zum Selbstmord.

3. Der seelische Mechanismus dieser Vorgeschichte am Mord an Gustloff ist, im Verein mit der konstitutionellen geschwächten Grundlage des Nervensystems Frankfurters, nach ärztlicher Meinung im Sinn einer gewissen Einschränkung der Verantwortlichkeit in Rechnung zu setzen.

Wesentlich ist hierbei, dass Dr. Jörger in dieselbe Kerbe schlägt wie Dr. Dedual und den politischen Mord als »sekundär« bezeichnet. Sekundär sei diese Tat eben deshalb, weil der – im Gegensatz zur Wahrheit – als primär angenommene Selbstmordplan, die Frucht einer »reaktiven Depression«, durch das Judenproblem nur »abgelenkt« sei. Wie ich selbst bereits verständlich zu machen suchte, habe ich dieser Art Interpretation gewissermaßen Vorschub geleistet. Keinesfalls aber war es meine Absicht, die »gewisse Einschränkung der Verantwortlichkeit«, von der die Expertise spricht, zu provozieren, um so einen strafmildernden Grund einzuführen. Kurz vor Beginn der Aussprachen mit dem Psychiater hatte ich zum ersten Male Gelegenheit meinen Verteidiger Dr. Curti kennenzulernen. Ein kerniger Schweizer im halblangen Vollbart, in Typus und Habitus ein wenig an den älteren Gottfried Keller erinnert, wie wir ihn aus der bekannten Radierung von Karl Stauffer-Bern kennen, stand vor mir. Zu diesem Manne musste man Vertrauen haben und tatsächlich genoss er Anerkennung in weitesten Kreisen des Landes, auch bei seinen politischen Gegnern von der bürgerlichen Rechten. Curti war ein Mann des demokratischen Fortschrittes, der z.B. zum Protest gegen die Olympiade in Nazi-Berlin zu den Initiatoren einer antifaschistischen Olympiade im republikanischen Madrid gehörte. Ein schöner Plan, der dann freilich an dem blutigen Bürgerkrieg in Spanien scheiterte. Dieses erste Zusammentreffen (Ende Mai) mit Dr. Curti war eigentlich nur dem gegenseitigen Sich-Kennenlernen gewidmet. Eine eingehendere Aussprache war schon deshalb unmöglich, weil Dr. Dedual während des Gespräches stets anwesend war. Mein Anwalt entwickelte mir in knappen Zügen die Demarkationslinien seiner Verteidigung. Er wollte das Schwergewicht gerade auf die politische Seite legen, und die Gefährlichkeit der Persönlichkeit Gustloffs an Hand unwiderlegbarer Tatsachen erweisen. Hier ist nun freilich anzumerken, dass die Bundesbehörden ihn in diesem gerechten Streben desavouierten.

Sie enthielten ihm das angeforderte Material über Gustloff vor. Es gelang ihm nicht, in diese wichtigen Akten Einblick zu nehmen, während den Anwälten Frau Gustloffs bereitwillig alles Material, das nur gewünscht wurde, zur Verfügung stand. Wichtiger noch aber war für mich in diesen Tagen ein anderer Besuch. Herr Georges Zérapha, ein jüdischer Großindustrieller aus Paris und Herausgeber der jüdischen Zeitschrift *Le droit de vivre*[116] (das Lebensrecht) erlangte die Erlaubnis, mich zu besuchen. In seiner Begleitung war auch Scholom Schwarzbard nach Chur gekommen, um mich zu sehen. Dieser russische Jude hatte am 25. Mai 1926 den weißrussischen General Simon Petljura auf einem Pariser Boulevard erschossen. Der ukrainische »Hetman« hatte um 1919 furchtbare Pogrome veranstaltet, denen über 50.000 Juden zum Opfer fielen. Schwarzbard stellte sich sofort nach seiner Tat der Polizei mit den Worten: »Ich habe einen Mörder getötet.« Er wurde vom Pariser Gericht freigesprochen. Ich habe Schwarzbards Autobiographie[117] im Gefängnis gelesen. Er und seine Tat aber waren mir, wie erwähnt, schon aus meinen Jugendtagen bekannt. Jetzt wartete dieser Mann, der mich als seinen Schüler betrachtete, vergeblich in seinem Hotel, um bei mir vorgelassen zu werden. Der Mann, den die französischen Behörden als Rächer seines Volkes freigesprochen hatten, war den Schweizer Instanzen zu suspekt.

Aber mit Herrn Zérapha konnte ich sprechen. Vor mir stand ein hoch gewachsener, schlanker Weltmann, aus dessen feurigen Augen die Begeisterung für die jüdische Sache sprühte. Ein glühender Jude und Zionist, der seine Persönlichkeit und sein Vermögen für den Kampf gegen den Antisemitismus einsetzte. Er gehörte zu den Gründern eines Parisers »Komitees zur Verteidigung David Frankfurters«. Das gab es also. Menschen, die ich nie persönlich gekannt hatte, aufrechte Juden in Frankreich hatten sich zusammengeschlossen, um mir zu helfen, da sie sich voll und ganz mit meiner Tat identifizierten. Um die jüdische öffentliche Meinung zu gewinnen, veranstaltete dieses Komitee in Frankreich eine Art Makkabiade, jüdische Sportwettkämpfe auf meinen Namen. Im August des Jahres trat Zérapha mit dem Vorschlag an mich heran, die berühmten französischen Strafverteidiger Morro Giafferi und Thores mit meinem Mandat zu betrauen. Dr. Dedual erklärte mir aber, dass ich (der ich selbst widerstrebte!) diesen Vorschlag gar nicht annehmen könne, da ein nicht-Schweizer Anwalt im Prozess nicht plädieren dürfte. Wie erstaunt war ich dann aber zu sehen, dass die Gegenseite, Frau Gustloff, einen reichsdeutschen Nazi-Anwalt, besagten Professor Grimm[118], ungehindert zuziehen konnte. Nun, man schrieb das Jahr 1936! Deutschland drohte gewaltig an den Grenzen der Schweiz, Justitia zitterte im Schatten des Mars.

Die Aussprache mit Monsieur Zérapha, die für mich eine so bedeutende moralische Stärke darstellte, war nur mit Hilfe eines Dolmetschers möglich, da meine französischen und Zéraphas deutsche Kenntnisse zu einer Konversation nicht hinreichten. Tragisch-symbolische Situation: zwei Juden, Bürger eines Volkes, stehen sich gegenüber und obwohl sie dieselbe Herzenssprache sprechen, bedürfen sie eines Übersetzers. Es war der Untersuchungsrichter Candreia, der sich hier als Vermittler zur Verfügung stellte. Wären meine Verhöre von diesem Manne durchgeführt worden, sie hätten einen anderen Verlauf genommen. Fortschrittlich und aufgeschlossen, im Gegensatz zu dem stockreaktionären Dedual, bemühte sich dieser Mann (der amtlich nichts mit mir zu tun hatte) ehrlich um ein Verständnis dessen, was mich bewegte und machte aus seiner Sympathie keinen Hehl. Der wichtigste Besuch aber, den ich in diesen Monaten des Wartens erhielt, war der meines Vaters. Freilich auch ihm durfte ich nicht allein gegenübertreten, um mich ihm in die Arme zu werfen. Die Anwesenheit des Untersuchungsrichters oder des Weibels forderte von uns ein großes Maß an Zurückhaltung. Und doch war ich nicht mehr allein, nicht mehr verloren und einsam, als ich in das ernste, gütige Gesicht meines Vaters sah, der mich verstand und mir verzieh. Vater hatte mit Dr. Wyler und Dr. Curti Fühlung genommen, und ich war nun noch sicherer als vorher, dass nichts unterlassen wurde, um mir zu meinem Recht zu verhelfen. Mein Vater nahm mir feierlich das Ehrenwort ab, dass ich keinen Fluchtversuch unternehmen würde. Es war mir leicht, ihm das in die Hand hinein zu versprechen, denn ich selbst wusste ja, dass es für mich keinen anderen Weg geben durfte, als der der vollen Verantwortung. Acht Tage lang sah ich nun meinen Papa täglich. Alljährlich wurde ihm diese Erlaubnis wieder erteilt, mich für diese kurze Zeitspanne zu besuchen. Es war ein unendlich beseligendes Gefühl, den Vater in der Nähe zu wissen. Er hatte mir jiddische Zeitungen mitgebracht, den Warschauer *Hajnt*[119] und *Momement*[120], die mir etwas von dem Echo vermittelten, das meine Tat in den ostjüdischen Massen ausgelöst hatte. Die Juden des Ostens bekannten sich – nicht anders wie Zérapha und sein Kreis – zu mir. Ich spürte beglückt, dass Millionen Brüder hinter mir standen. Der Feueratem ihrer Liebe schlug durch die kalten Mauern des Gefängnisses in meine Zelle, sie erleuchtend und erwärmend. Ich war nicht mehr allein.

Auch eine kleine jiddische Broschüre aus Lemberg »Der Schuss in Davos«[121], die mir etwas später meine Schwester Ruth brachte, zeigte mir diese unverhohlene Solidarität des jüdischen Volkes, dort wo es noch wirklich Volk war. Meine Schwester hatte ihr zweieinhalbjähriges Töchterchen mitgebracht, ein Sonnenscheinchen in der Nacht meiner Gefangenschaft. Ich sollte das Kind in der Freiheit nicht wiedersehen. Mit Millionen jüdischen Kindern ist es von Nazimördern hingeschlachtet worden. Vielleicht waren auch seine Schuhe unter den vielen kleinen abgetretenen Kinderschuhen in den Vorhallen der Gaskammern und Krematorien von Majdanek, Treblinka und Auschwitz. Ein rührendes Zeugnis volkstümlicher jüdischer Hilfsbereitschaft aber, das mir zukam, war eine *Kavana* eines *chassidischen* Wunderrabbi, der diese magische Formel meinem Vater für mich übergeben hatte. Vor dem Prozess sollte ich nach dieser kabbalistischen Anweisung die Engel des Lichtes Uriel und Nuriel als Beistand in der Not anrufen. Ich bewahre dieses Dokument der naiven Volksfrömmigkeit noch heute.

Den Kontakt mit dem Judentum der Schweiz konnte ich vor allem durch Prediger Messinger aus Bern aufrechterhalten, der als mein Seelsorger und Gefängnisgeistlicher mich alle drei Monate besuchen durfte, freilich hatte er erst nach Abschluss der Voruntersuchung Gelegenheit, allein mit mir zu sprechen. Und doch war es für mich in dieser total unjüdischen und zuweilen auch ein wenig feindseligen Atmosphäre (aus den Worten Deduals klangen oft im Unterton antisemitische Anspielungen mit) immer eine Stärkung, unmittelbare Fühlung mit bewusst jüdischen Menschen zu haben. Auch der Zürcher Rabbiner Dr. Taubes[122] erhielt kurz vor dem Prozess die Erlaubnis mich zu besuchen. Zufällig war der Weibel hier gerade nicht anwesend und so ließ mich Dr. Dedual mit dem Rabbiner allein im Besuchszimmer, schloss aber die Türe von außen, und bat Dr. Taubes nach Beendigung des Gesprächs zu klingeln. Später stellte sich heraus, dass Dr. Dedual während meiner Aussprache mit dem Rabbiner, der mir Mut und Zuversicht einflößen wollte, aller Wahrscheinlichkeit nach an der Türe gelauscht hatte. Als ich während des Prozesses einmal anders reagierte als man es gemeinhin von mir aus der Voruntersuchung gewöhnt war, bekam ich zur Antwort: »Das hat ihnen Dr. Taubes gesagt!«, ein klarer Beweis dafür, dass der Untersuchungsrichter hier seine Funktionen überschritten hatte. Ich bin ganz sicher, dass es Dr. Dedual nie gewagt hätte zu lauschen, wenn etwa der katholische Pfarrer einem Untersuchungsgefangenen die Beichte abnahm. Und gerade dabei werden oft Tatbestände enthüllt, die kein Untersuchungsrichter zu vermitteln vermag.

Obwohl man versuchte, die Reaktion, die meine Tat ausgelöst hatte, möglichst vor mir zu verbergen, erfuhr ich im Laufe der Monate doch so manches vom Kampf der Meinungen, der um diese erste aktivistische Antwort des Judentums auf den Nazismus tobte. Ich hatte gebangt, dass das deutsche Judentum doch noch in kollektive Weise »bestraft« würde, aber die Nazis erlegten sich damals noch eine gewisse Mäßigung auf. Nicht ganz drei Jahre später, als der unglückliche Herschel Grünspan[123] in Paris den deutschen Botschaftsrat vom Rath erschoss, antworteten, wie man weiß, die Nazis ganz anders: mit Pogrom und Synagogenzerstörungen, mit Demolierungen jüdischer Geschäfte und Massenverschleppung der Juden in die Konzentrationslager. Jetzt aber verhielten sie sich sogar meinem eigenen Onkel, dem Rabbiner Salomon Frankfurter, in Berlin gegenüber relativ zurückhaltend. Man zitierte ihn auf das berüchtigte Columbia-Haus und befragte ihn scharf nach seinem Verhältnis zu mir. Er gab zu, mich zu kennen, und dass ich ihn im Winter in Berlin besucht hatte, aber man glaubte ihm, dass er von meinen Plänen gegen Gustloff nicht die leiseste Ahnung hatte. Rabbiner Salomon Frankfurter wurde nach diesem Verhör wieder in Freiheit gesetzt.

Wie war nun die Reaktion in der Schweiz selbst? Von den zahllosen Briefen, die an mich kamen, um mir die Sympathie und Solidarität des Schweizervolkes zu bezeugen, kam mir nur der kleinste Teil zu Gesicht. Unvergesslich bleibt mir ein sechs Seiten langes Gedicht eines Innerschweizers »Der neue Wilhelm Tell«[124], aus dem man mir nur einige Strophen vorlas. Wenngleich diese Verse nicht das Kunstwerk eines Dichters waren, so ergriff mich doch dieses rückhaltlose Bekenntnis aus Kreisen, denen ich nach Herkunft und Geburt doch ganz fernstand. Über die erste Reaktion der schweizerischen Presse habe ich schon kurz berichtet. Mit dem Fortschreiten der Zeit konnte ich hier aber auch eine vertiefte Wirkung feststellen. Es setzte vor allem in der Linkspresse eine planmäßige Aufklärung des Schweizervolkes über die Machenschaften der Nazis in der Schweiz ein. Ja, die Sozialdemokratie, die bisher gegen jede Aufrüstung war, stimmte nun dem Rüstungsbudget bei, da man in den Linkskreisen erkannt hatte, dass der aggressive deutsche Nachbar eine unmittelbare Bedrohung der Schweiz darstellte.

Die deutsche Presse hingegen überbot sich in einer maßlosen Hetze gegen mich und das Judentum im Allgemeinen. Sie wagte sogar, meine Auslieferung an das Dritte Reich oder die Todesstrafe zu fordern. Das sprach natürlich allem Straf- und Völkerrecht Hohn. Ich war weder deutscher Staatsangehöriger, noch hatte ich meine Tat auf deutschem Boden verübt. Es gab nur eine zuständige Instanz für den Prozess: das graubündnerische Gericht, das bekanntlich gar keine Todesstrafe kannte. In Millionen und Abermillionen Exemplaren verbreitete die Goebbelspresse ihre giftigen Angriffe gegen mich und nur in einer Auflage von wenigen Tausend konnte die Presse der freien Emigration antworten. In ihrem führenden Organ, dem *Pariser Tageblatt*[125] schrieb Georg Bernhard, bis 1933 einer der einflussreichsten Journalisten Deutschlands, einen aufwühlenden Artikel »Die Tat der Verzweiflung«, in denen er Schillers Worte aus dem »Tell« zitiert, die Wilhelm Stauffacher in den Mund gelegt werden:

»Nein, eine Grenze hat Tyrannenmacht,
Wenn der Gedrückte nirgends Recht kann finden,
Wenn unerträglich wird die Last, greift er
Hinauf getrosten Mutes in den Himmel
Und holt herunter seine ew´gen Rechte,
Die droben hangen unveräußerlich
Und unzerbrechlich, wie die Sterne selbst.
Der alte Urstand der Natur kehrt wieder,
Wo Mensch dem Menschen gegenüber steht.
Zum letzten Mittel, wenn keine andere mehr
Verfangen will, ist ihm das Schwert gegeben.«

Das mutigste Eintreten eines namhaften Schriftstellers für mich und meine Tat war das Buch von Emil Ludwig »Mord in Davos«, das im Oktober 1936 in Amsterdam bei Querido erschien. Bald folgten englische, französische und spanische Ausgaben. In der Schweiz aber wurde das Buch verboten; ich selbst bekam es erst nach dem Prozess zu Gesicht. Emil Ludwig, der berühmte Biograph, war nach Bern gefahren, um mit den Menschen zu sprechen, die mir dort nahegestanden hatten. In Zürich traf er mit meinem Bruder und Dr. Wyler zusammen. So gewann er ein Bild des Milieus, dem ich entstammte und schilderte es mit großer Einfühlungsgabe. Bei der Beschreibung der Vorbereitung zur Tat und dem Attentat selbst füllte Emil Ludwig die Lücken, die durch naturgemäß nur mangelhafte Informationen entstehen mussten, mit oft genialer Intuition aus. Er gab der Welt bestimmt ein idealisiertes und sentimentales Bild meiner Person, aber das reine Streben des Autors, einzutreten nicht nur für mich, sondern für die jüdische Sache, als seine eigene, verfehlte den Eindruck nicht. Fast die Hälfte des Buches ist historischen Parallelen gewidmet. Politische Morde von Brutus´ Erdolchung Julius Caesars bis zum Mord des Studenten Sand an dem deutschen Schriftsteller Kotzebuel bilden den Auftakt. Besonders eingehend werden dann drei politische Attentäter der jüngsten Vergangenheit geschildert: der jüdische Sozialist Friedrich Adler[126] in Wien, der am 21. Oktober 1916 den Österreichischen Ministerpräsidenten Karl Graf Stürgkh erschoss, Scholom Schwarzbard, der Rächer des Pogroms von 1919, und der armenische Student Tehlirian[127], der am 15. März 1921 in Berlin den ehemaligen türkischen Großvisier Talât Pascha erschoss, um so die Niedermetzelung von einer Million Armenier durch die Türken zu rächen. Ludwig betont, dass Tehlirian ebenso wie Schwarzbard freigesprochen wurde, ja dass in der Schweiz selbst der Halbrusse Conradi[128] freigesprochen wurde, der mit Hilfe des zaristischen Offiziers Polunin in Lausanne den sowjetrussischen Diplomaten Worowsky ermordete. Ludwigs in aller Welt gelesenes

Buch wurde, wie gesagt, in der Schweiz verboten. Erst 1945 konnte es dort unter dem neuen Titel »David und Goliath« erscheinen (vermehrt um einen Epilog). Der Posen-Verlag versah diese Neuausgabe mit folgendem Vermerk:

> »Das Buch erschien bereits 1936 in den meisten Kulturländern. Da keine politischen Rücksichten mehr genommen werden müssen, kann es jetzt in der Schweiz verlegt werden.«

Damals aber mussten »politische Rücksichten« genommen werden – und man nahm sie. Das mutige Buch des selbst in der Schweiz lebenden Dichter-Historikers Emil Ludwig wurde verboten, erlaubt aber war die Hetzschrift »Der Fall Gustloff« von Wolfgang Diewerge[129], einem Nazi-Pamphletisten der schmierigsten Sorte. »Vorgeschichte und Hintergründe der Bluttat von Davos« nennt sich dieses Machwerk im Untertitel. Es ist erschienen im offiziellen Parteiverlag der Nazis, Franz Ehers Nachf. in München, bei dem auch der *Völkische Beobachter* erschien.[130] Eingeleitet wird das Buch mit den Worten Adolf Hitlers, die dieser am 12. Februar 1936 in Schwerin beim Staatsbegräbnis Gustloffs sprach:

> »Das ist kein Zufall, das ist eine leitende Hand die diese Verbrechen organisiert hat und weiter organisieren will. Dieses Mal ist nun der Träger dieser Taten zum ersten Mal selbst in Erscheinung getreten. Zum ersten Mal bedient er sich nicht eines harmlosen deutschen Volksgenossen. Wilhelm Gustloff ist von der Macht gefällt worden, die einen fanatischen Kampf nicht nur gegen unser deutsches Volk führt.«

Das war die erste, aber keineswegs letzte Ehrung Gustloffs durch die höchsten Nazikreise. In Nürnberg wurde eine Gustloffbrücke[131] errichtet. Gewaltige Industrieanlagen Görings und Himmlers in Thüringen erhielten den Namen Gustloff-Werke[132] und ein »Kraft durch Freude«-Schiff[133] wurde auf den Namen Gustloff getauft. Das Schiff versank mit ca. 11.000 deutschen Soldaten und Flüchtlingen an Bord im Jahre 1944; die Brücke barst unter den Bombenangriffen der R.A.F.[134] und auch von den Thüringer Werken dürften, soweit sie noch stehen, die einstigen Herren keinen Gewinn mehr haben. Was immer den Namen Gustloff trug, war gleich ihm selbst zum Untergange bestimmt. Mit diesen absichtlich etwas dunkel gehaltenen Worten des »Osaf« (Obersten SA-Führers) ist das Thema für die nazistische Mordhetze gegen mich gegeben. Diewerge selbst formuliert die Grundthese seines Pamphlets wie folgt: »Wilhelm Gustloff starb nicht als zufälliges Opfer eines zufällig rachebedürftigen irregeleiteten Zeitgenossen, sondern er fiel als Vormann des nationalsozialistischen Deutschlands auf einem Auslandsposten durch den Beauftragten einer internationalen Macht.«

So richtig zweifellos der erste Teil von Diewerges Satz ist, dass Gustloff als Nazirepräsentant fiel, so verkehrt ist der zweite, der mich als den »Beauftragten einer internationalen Macht« – nämlich des Weltjudentums – anspricht. Diewerge hat nach dem Prozess noch ein zweites Buch über mich erscheinen lassen (der feiste brutal wirkende Naziskribent war auch in Chur beim Prozess zugegen!), das den Titel führt: »Ein Jude hat geschossen«[135]. Selbstverständlich ging er auch da nicht von der These ab, dass das »internationale Judentum« als Auftraggeber hinter mir stand, obwohl der Prozess, ja bereits die Voruntersuchung einwandfrei ergeben hatte, dass nichts und niemand mich angestiftet hatte, sondern nur ich allein verantwortlich war. Ob sich der Nazi-Journalist Diewerge bei dem schwungvollen Titel »Ein Jude hat geschossen« wohl an die Worte eines anderen Nazi-Journalisten Friedrich Sieburg[136] erinnerte, die dieser am 26.10.1927 in der *Frankfurter Zeitung* schrieb, anlässlich des Freispruchs von Scholom Schwarzbard; zu einer Zeit also, als der Nazismus noch nicht en vogue war: »Öffne dein Herz für eine kleine Weile und fühle im Vorübergehen, was geschehen ist. Nämlich nichts weiter, als dass ein Jude geschossen hat und von dem irdischen Richter dem irdischen Leben zurückgegeben wurde«, zitiert nach Emil Ludwig. Ganz im Sinne jener dunklen Behauptung Hitlers und der schon klarer formulierten Diewerges, hetzte nun planmäßig der pathologische Propagandist des Antisemitismus in Erfurt, Oberstleutnant a.D. Fleischhauer, nach Julius Streicher einer der gemeinsten Lügenpamphletisten der Nazis. Man muss sich hier kurz erinnern, wer dieser Fleischhauer (nomen est omen!) war. Während Streicher es übernommen hatte, das deutsche Volk mit seiner pornographisch aufgemachten Pogrom-Hetze gegen alles Jüdische zu vergiften, war Fleischhauer der »Außenminister« der antisemitischen Propaganda, der seine Zeitschrift *Weltdienst*[137] gewidmet war. Sie galt als Organ der »Panarischen Bewegung«, welche überall in der Welt die Arier zum Kampf gegen das Judentum mobilisieren sollte.

Was die Methode anlangte, so unterschied sich der *Weltdienst* vom *Stürmer* nur darin, dass jener etwas weniger obszön war, aber er operierte mit denselben gemeingefährlichen Wahnideen wie »Ritualmord«, »jüdisch-bolschewistische Weltverschwörung« und »Protokolle der Weisen von Zion«. Er glich darin vollständig *Volkswarte* von General Ludendorff[138], dem dritten der prominenten Oberhetzer gegen das Judentum, der seinen Kampf nun allerdings noch mit dem gegen die katholische Kirche verband. Fleischhauer gehört, wenn er noch lebt, nicht weniger als Streicher vor ein internationales Kriegsverbrechertribunal. Er ist einer der intellektuellen Urheber der Millionenmorde an unseren Brüdern. Dieser Fleischhauer nun wandte sich am 27. Februar 1936 schriftlich an den Schweizer Bundespräsidenten mit der Behauptung, »dass in der Schweiz eine jüdische Mordzentrale« bestehe, und dass der Fall Gustloff daher kein Einzelfall sei. In einer Sonderbeilage des *Weltdienstes* wurde behauptet, ich sei »der Vollstrecker einer jüdisch-bolschewistischen Exekutive«. Zwei »Beweise« führte Fleischhauer an für seine irrsinnigen Behauptungen. Es ist schwer zu verstehen, dass das Gericht diesen Unsinn überhaupt in seine offiziellen Akten mit aufnahm. Erstens, berichtet der Herr Oberstleutnant, dass ihm am 20. Februar eine Mustersammlung aus Bern zugegangen sei, die eine Pistolenpatrone enthalten habe, umwickelt mit einem Zettel, auf dem die Namen: Hitler, Fleischhauer, Gustloff standen; der letzte Name war durchgestrichen und (wie pietätvoll!) mit einem Kreuz versehen.[139]

Fleischhauer schloss nun messerscharf, dass ich, der ich bereits in Untersuchungshaft gesessen habe, nicht der Absender dieses Drohbriefes sein konnte. Folglich waren es meine »Hintermänner«, die man mittels graphologischer Expertise zu eruieren habe. Das zweite Prunkstück in der Beweisführung des ungefragten Belastungszeugen Fleischhauers war eine Karikatur in Nr. 2 Jahrgang 1936 der eidgenössischen satirischen Zeitschrift *Nebelspalter*[140], die nach Herrn Fleischhauer von »freimaurerischen Judenknechten« gedruckt wurde. Diese Karikatur zeigte einen typischen Schweizer Bauern mit einer langen Nase, auf der Herr Gustloff im Frack herumtanzt. Darunter stand etwa Folgendes: »Wie lange ist die Nase eines Eidgenossen? Lange genug, dass auf ihr ein Nazi wie Gustloff herumtanzen kann.«

Die Tatsache, dass diese Karikatur nicht lange vor dem Attentat erschienen war (ich hatte sie gar nicht bemerkt), schien Herrn Fleischhauer sehr verdächtig, zumal Gustloffs wehende Rockschöße auf dieser Zeichnung ein wenig an einen Gockelhahn erinnern konnten. Das war es, was Herr Fleischhauer suchte! Jetzt stand fest, dass meine Tat ein Ritualmord war. Wieso dieses? Im September 1913, schreibt Fleischhauer sich auf die Hetzschrift »Der Judenkenner«[141] beziehend (immer schreibt ja einer von diesen Berufslügnern vom andern ab und erklärt seinen Vorgänger als unwiderlegliche Autorität), waren bildliche Darstellungen des später erschossenen Zaren Nikolaus II. als »*Kapores-Hahn*« zu *Rosh HaShana* erschienen und im September 1933 ebensolche mit dem Bilde Hitlers. Nunmehr sei im *Nebelspalter* (dessen Leser bestimmt nicht wussten, was ein »*Kapores-Hahn*« ist) eine Darstellung Gustloffs als *Kappara* erschienen, was nicht als »leere Drohung« gedacht war, wie der Ritualmord David Frankfurter kurz darauf erwies. Auch die Botschaft in Bern arbeitete mit an diesem Lügenfeldzug gegen mich. Sie deponierte bei der schweizerischen Bundesanwaltschaft, dass ein Schauspieler, Otto Jülich, aus Frankfurt vor dem deutschen Generalkonsul in Amsterdam angegeben habe, im Sommer 1935 in Bern, mich und einen »Russen« Dr. Perlemann kennengelernt zu haben. Wir hätten versucht, ihn mit in ein Komplott zur Ermordung Gustloffs zu ziehen. Weiter seien in die Verschwörung ein in Davos lebender »polnischer« Kommunist, Abraham Celowski, und ein Rechtsanwalt Steinschneider verwickelt gewesen. Diese »großen Teils unauffindbaren, steckbrieflich verfolgten Persönlichkeiten«, wie sich das amtliche Protokoll hier ausdrückt, habe ich nie gekannt, ebenso wenig wie ich je an antifaschistischen jüdischen Studentenkongressen in Paris und Moskau teilgenommen hatte, wie Fleischhauer späterhin behauptete.

Das Gericht hat diesen ganzen Unsinn denn endlich auch zur Makulatur geworfen, wie sich auch Dr. Dedual nach seinem Besuch in Bern überzeugen musste, dass beim besten und bösesten Willen selbst dort keine Mitwisser, von Hintermännern ganz zu schweigen, zu finden waren. Ein durchaus sachliches Buch, das für mich und meine Tat eintrat und in der Schweiz selbst erschien, muss ich hier noch anführen. Es ist die juristisch-historisch gehaltene Studie »Der politische Mord« von Hans Kilian[142], wahrscheinlich einem Pseudonym, hinter dem sich ein Autor der antifaschistischen Emigration verbarg. Diese Schrift wurde – im Gegensatz zum Buche Emil Ludwigs – in der Schweiz nicht verboten.

In französischer Sprache erschien (nach dem Prozess) das gute Buch von Pierre Bloch und Didier Meran »L´Affaire Frankfurter«[143], das mit genauer Kenntnis der Naziumtriebe, gestützt auf Aktenmaterial, die Gefährlichkeit meines Gegners enthüllte. Es ging im Gegensatz zu Emil Ludwigs Werk mehr auf das Attentat selbst ein und schilderte auch noch den Prozess. Viele Jahre später – erst in *Erez Israel* – kam mir endlich noch der bekannte Roman von Louis Golding »Mr. Emanuel«[144] (in englischer Sprache) unter, der auch als Film großen Erfolg hatte. In diesem Roman wird von einem großen jüdischen Dichter ebenfalls die Geschichte meiner Davoser Tat erzählt. Ich kann nicht wissen, ob nicht auch anderwärts in der Literatur sich noch Verarbeitungen und Niederschläge der Nacht vom 4. Februar 1936 finden. Ich hatte im Gefängnis weder Lust noch Möglichkeit systematisch alles zu verfolgen, was erschien. Jedenfalls möchte ich heute den Autoren danken, die sich so ganz selbstlos und ohne mich zu kennen, zu meinen Anwälten vor Tausenden und Abertausenden von Lesern machten. Im Falle Ludwig weiß ich, wie sehr dieser mutige Schriftsteller meinethalben angegeifert und beschimpft wurde. Es wird anderen nicht anders ergangen sein. Ich möchte hier nicht den Eindruck erwecken, als ob ich in der Zeit vor dem Prozess einer Egozentrik verfallen wäre, die ja an sich verständlich sein könnte. Ich las keineswegs nur, was mit mir und der bevorstehenden Auseinandersetzung zusammenhing. Im Gegenteil: mehr und mehr wandte sich mein Interesse gerade damals den Ereignissen in Erez Israel zu, wo die *Moraoth*, die arabischen Unruhen von 1936, begonnen hatten. Mit fiebernden Wangen las ich alles, was ich über die Vorkommnisse im Lande erfahren konnte. Ich spürte, dass es hier um mehr ging als um einen kolonialen Aufstand, von dem einige hunderttausend Juden bedroht waren. Hier ging es um Sein oder Nichtsein des jüdischen Volkes, denn – das war meine immer klarer werdende Erkenntnis – hier in *Erez Israel* und nur hier entschied sich das Schicksal des jüdischen Volkes. Ich erlebte geradezu einen zionistischen Durchbruch in diesen Monaten. Es wurde mir bis zur Gewissheit klar, dass kein noch so heldenhafter Kampf in der *Galut* uns befreien kann – es gab und gibt nur eine Lösung der Judenfrage, das ist die Schaffung des Judenstaates in Palästina. Besonders tief beeindruckte mich ein heldenhaftes junges Mädchen, Oheveth-Ami[145] nannte sie sich, die im Besitze von Bomben angetroffen zu einer hohen Freiheitsstrafe verurteilt worden war und nun im Frauengefängnis in Bethlehem schmachtete. Aus Sympathie für diese Vorkämpferin der jüdischen Freiheit in *Erez Israel* wollte ich den Namen »Ohew-Ami« annehmen, wozu natürlich in der Untersuchungshaft kaum Möglichkeiten bestanden. Noch jetzt trage ich mich mit diesem Gedanken, denn es widerstrebt mir eigentlich, heimgekehrt ins jüdische Land, einen fremd klingenden Namen zu führen, den Namen einer deutschen Stadt, die freilich einmal *Ir wa Em be Israel*, eine blühende jüdische

Gemeinde hatte. Nur zwei Mal vor dem Prozess konnte ich meinen Verteidiger Dr. Curti sprechen. Das war bestimmt nicht gut, denn der Kontakt zwischen uns blieb natürlich viel zu gering. Bei seinem zweiten Besuch, Ende Oktober, brachte er mir die 24 Seiten umfassende Anklageschrift mit, in der (des Weibels Worte bestätigten sich) beantragt wurde, mich als des Mordes an Gustloff schuldig mit 18 Jahren Zuchthaus, Entzug der bürgerlichen Ehrenrechte und lebenslanger Landesverweisung aus der Schweiz zu bestrafen. Über den Charakter dieser Anklageschrift brauche ich mich hier nach allem, was ich vorher darlegte, kaum mehr zu verbreiten. Sie spiegelt im steifen Juristenstil durchaus die Auffassung, die schon die Voruntersuchung geleitet hatte.

Die These von einem Komplott musste man fallen lassen, dafür aber versuchte man das Schwergewicht der Tat auf einen Minderwertigkeitskomplex und den Selbstmordplan abzuschieben. Dr. Curti wollte seine Verteidigung auf zwei Grundpfeiler basieren. Erstens gedachte er die politischen Hintergründe, d.h. die furchtbaren Judenverfolgungen durch die Nazis zu enthüllen, zweitens aber wollte er daraus bei mir einen »Dauer-Affekt« und den strafmildernden Umstand des »Gerechten Zornes« ableiten. Er legte mir den Gedanken nahe, eine psychiatrische Oberexpertise durch eine psychologische Autorität, wie etwa den Zürcher Professor C.G. Jung, den Begründer der tiefenpsychologischen Schule, zu verlangen. Ich aber, müde der vielen Verhöre und Unterredungen, verzichtete darauf. Am Tage vor dem Beginn des Prozesses besuchte mich nochmals mein treuester Helfer Dr. Veit Wyler. Er brachte ganze Stöße von Broschüren mit. Sie stellten in Wort und Bild die Gräuel der Konzentrationslager und der Judenverfolgungen im Dritten Reiche dar und waren bestimmt zur Verteilung an Richter und Journalisten.

Wyler hatte gründlich vorgearbeitet, um nicht nur dem Tribunal in Chur, sondern der Weltöffentlichkeit, die durch ca. 150 Journalisten im Saale vertreten sein sollte, die Schandtaten der Nazis zu demonstrieren.

Meinen Verteidiger selbst sprach ich nicht mehr. Er hatte sich bereits zurückgezogen, um sich ganz in das Studium der Akten zu vertiefen, aufgrund deren er sein Plädoyer aufbaute. Der kleine Gerichtssaal von Chur fasste nicht die Menge der Journalisten und Gäste. So musste man den Schauplatz des Prozesses in den Großen Ratssaal des Parlamentsgebäudes verlegen. Dort begann am 9. Dezember 1936, um neun Uhr vormittags, der Prozess gegen mich – als den Mörder Wilhelm Gustloffs. Die Augen der Welt waren für wenige Tage auf die kleine graubündnerische Hauptstadt Chur gerichtet. Wer saß auf der Anklagebank? Ein junger jüdischer Student oder die Machthaber des Dritten Reiches? Das war die Frage, um die es wirklich ging.

Der Prozess

»Dass ich Recht habe, das wissen im Grunde alle. . .
dass ich nicht Recht bekomme, wissen wir alle, auch ich.«
Sören Kierkegaard, 1835

Am Dienstag, den 8. Dezember 1936, wurde ich gegen Abend unter polizeilicher Bedeckung vom Gefängnis »Sennhof« in einem Auto in den Keller des Parlamentsgebäudes[146] überführt, wo ich für die Zeit der Prozessdauer einquartiert werden sollte. Das war wiederum eine der vielen Vorsichtsmaßnahmen, welche die Bundes- und Kantonsbehörden ergriffen hatten, um jeden Zwischenfall – Entführung oder Attentat – zu vermeiden. Es schien den verantwortlichen Kreisen eben zu gefährlich, mich täglich vom Schauplatz des Prozesses ins Untersuchungsgefängnis zurückzubringen. Der Raum, der mir für die Tage des Prozesses angewiesen war, hatte ursprünglich als Tresorraum der Staatsbank gedient. Hier waren Goldbarren eingelagert worden – nun schien ich als »kostbar« genug, um an Stelle des Edelmetalls an diesem sichersten Orte verwahrt zu werden. Die geräumige, mit Dampfheizung ausgestattete Zelle hatte hoch oben ein etwa drei Meter breites Fenster, das aber mit einer Stahlpanzerplatte abgedeckt war. Die Platte hatte Luftlöcher, um so die Atmung im Raume möglich zu machen. Die Zelle war nur mit dem Nötigsten: Tisch, Stuhl und Bett möbliert, aber sie verwandelte sich bald in einen Gabentempel, so als ob ich nicht einem Mordprozess, sondern einem Geburtstag oder einer Hochzeit entgegenginge. Blumen und Bücher, Schokolade und Zigaretten und ganze Stöße von Briefen wurden für mich abgegeben. Alle möglichen

Leute wünschten mich zu sehen und mit mir zu sprechen. Schweizer, Juden und Ausländer bekundeten mir ihre Sympathie. Ich hätte stolz sein können von diesen vielen Beweisen der Solidarität, aber wiederum hatte eine Apathie von mir Besitz ergriffen, die mich nur müde und zögernd den Tagen der Entscheidung entgegenblicken ließ. Das Grundgefühl, das mich beherrschte, blieb dasselbe: Ich hatte das Meine getan, aber eben eigentlich nur halb getan. So war alles, was noch kam und kommen musste, von sekundärer Bedeutung.

Neben meiner Zelle war eine Wachtstube für drei Polizisten eingerichtet, die mich zu überwachen hatten. Ein heimlich installiertes Telefon, das nicht einmal dem Personal in der Telefonzentrale bekannt war, verband unsere »Katakombe« mit der Außenwelt. Nachts musste der diensthabende Polizist stündlich seine vorgesetzte Behörde davon unterrichten, dass hier alles in Ordnung war. Der einzige wichtige Besucher, dem man wirkliche Schwierigkeiten machte zu mir vorzudringen, war Dr. Wyler, der den Kontakt zwischen mir und meinem Anwalt Dr. Curti aufrechtzuerhalten hatte, einen Kontakt, der sich freilich gerade während des Prozesses als mangelhaft erwies. Von meiner Familie sah ich in diesen Tagen niemand. Ich selbst hatte darauf verzichtet, dass mein Vater als Entlastungszeuge vorgeladen wurde. Was sollte er bezeugen? Er hatte nichts von meinen Plänen gewusst und das Erscheinen vor Gericht hätte ihn unnötig erregt.

Auch meinen Bruder Alfons, der mir angeboten hatte, mir seelischen Beistand zu leisten, bat ich lieber fernzubleiben und den Vater nicht allein zu lassen. Ich brauchte keine Hilfe. Allein hatte ich gehandelt, allein wollte ich meinen Richtern gegenübertreten. Von meinen neuen Freunden war Monsieur Zérapha erschienen und hatte sich Einlass zu den Verhandlungen verschafft. Wieder war

Scholom Schwarzbard in seiner Begleitung, doch riet man diesem mutigen Manne und Vorkämpfer für die jüdische Ehre ab, den Gerichtssaal zu betreten. In den langen Monaten meiner Untersuchungshaft hätte ich wohl Zeit und Gelegenheit gehabt, eine Rede vor Gericht auszuarbeiten. Ich hatte darauf verzichtet. Einerseits sprach – so meinte ich – meine Tat klar und deutlich für sich, andererseits war ich voll Vertrauen in meinen Verteidiger Dr. Curti, der mit Hilfe Dr. Wylers eine Unmasse Material gegen die Nazis zusammengetragen hatte. Mein juristischer Beistand also, so dachte ich, würde die rechtlichen und politischen Seiten des Falles so eingehend behandeln, dass ich nur im Kreuzverhör zu antworten hatte. Das allerdings wollte ich mit aller Klarheit und Schärfe. Ich bin kein Redner. Niemals noch hatte ich vor einem größeren Forum gesprochen. Es war nicht meine Sache, wie etwa Schwarzbard vor dem französischen Gerichtshof, eine große rhetorische Leistung zu vollbringen. Antworten, nicht Reden halten, wollte ich. Ich konnte noch nicht ahnen, dass eine mit übergroßer politischer Vorsicht geführte Art der Verhandlung mir diese, mir adäquate Möglichkeit mich zu verantworten, entziehen würde. Am Mittwoch, den 9. Dezember, der Wintermorgen war kalt und klar über Chur aufgegangen, betrat ich den Parlamentssaal, der mein Gerichtssaal sein sollte. Ursprünglich hatte man für den Prozess sogar das größte Kino der Stadt vorgesehen, war aber dann doch wieder mit Rücksicht auf die Würde des Gerichts davon abgekommen.

Um die Sicherheit zu wahren, war nur eine beschränkte Anzahl von Karten ausgegeben worden. Ein halbrunder, leicht, wie ein Amphitheater ansteigender Raum umfing mich. Im Parkett hatten die Journalisten Platz genommen, oben auf der Galerie drängten sich die Zuhörer. Kaum ein bekanntes Gesicht unter ihnen. Nur mein guter Friseur, der mir in den ersten Tagen der Haft als Nachrichtenbote gedient hatte, winkte ermunternd herab. Das Gericht machte nicht den förmlich-feierlichen Eindruck, den Gerichtshöfe in Deutschland oder gar in dem traditionsstolzen England vermitteln. Kein Talar oder Barett, keine Perücke zeichnete die Richter aus. In einfachen, dunklen Straßenanzügen saßen sie hinter ihrem Tisch, in dessen Mitte, ein wenig erhöht, der Vorsitzende Dr. Ganzoni. Es war ein reines Juristen-Gericht, das mich abzuurteilen hatte, da der Kanton Graubünden keine Schwurgerichte kennt. Das war bestimmt zu meinem Nachteil. Denn ein Schwurgericht, in dem Schöffen (Laienrichter) neben den Berufsrichtern fungieren und den Urteilsspruch zu fällen haben, hätte – wenn es wirklich gerecht zusammengesetzt gewesen wäre – die Volksmeinung der Schweiz widerspiegeln müssen, die ich auf meiner Seite wusste. Die Richter aber, denen ich gegenüberstand, waren trockene Berufsjuristen, gewählt vom Parlament als oberste Appelationsinstanz, und nach politischen Gesichtspunkten zusammengestellt, freilich wiederum in einer Weise, die für mich nicht günstig sein konnte. Der Präsident war ein altes, gebeugtes Männchen, das hinter seinem überhängenden Schnauzbart nur undeutlich sprach, sodass ich alle Schwierigkeit hatte, um ihn überhaupt zu verstehen. Dr. Ganzoni, ein Engadiner, gehörte der sogenannten »freisinnigen«[147] Richtung an, die freilich nicht mehr freisinnig, sondern bereits bedenklich reaktionär war und die reichen bürgerlichen Kreise repräsentierte, wie sie etwa hinter der *Neuen Zürcher Zeitung* standen, von deren negativer Haltung mir gegenüber ich ja bereits reichlich informiert war. Rechts und links vom Präsidenten hatten je zwei Kantonalrichter als Beisitzer Platz genommen. Drei von ihnen waren katholisch-konservativ, nicht anders als mein Untersuchungsrichter Dr. Dedual und der Psychiater

Dr. Jörger. Nur einer war »unabhängiger Demokrat«. Ernste, kalte Männer, eingeschüchtert von der über ihnen drohenden Riesenfaust der Nazis, hatten über mich Recht zu sprechen.

Flankiert von Polizisten in Uniform saß der Protokollführer vor dem Richtertisch. Aber von einer stenographischen Aufnahme der Verhandlung war keine Rede. Nur ein nicht untendenziös gekürzter Auszug wurde hergestellt. Gleichsam als Sicherung und Aufsicht saßen vor dem Protokollführer drei uniformierte Polizisten. Dann erst kam die Anklagebank, auf der ich zwischen zwei Polizisten Platz zu nehmen hatte. Ich trug meine eigene Kleidung und war völlig frei. Hinter mir stand das Pult des Staatsanwaltes oder Amtsklägers, wie man in der Schweiz sagte. Dr. Friedrich Brügger, der Mann, der es übernommen hatte, die Anklage gegen mich zu vertreten, war ein etwa vierzigjähriger, hager-knochiger, dunkler Typus. Sein Gesicht war von Energie und Ehrgeiz gezeichnet. Er sollte sich im Laufe des Prozesses als ein Scharfmacher übelster Sorte erweisen, der den Mächtigen zum Munde redete, und hier um jeden Preis Karriere machen wollte. Neben ihm drohte der professoral wirkende, feierlich im schwarzen Gehrock erschienene Nazianwalt Grimm, der zweite Verteidiger der Frau Gustloff, ein Kronjurist von Goebbels Gnaden, weidlich bekannt aus den Prozessen um die »Feme-Mörder in Deutschland«[148], in welchen er die Nazis vertrat. Diesem Erznazi war es freigestellt, vor dem bündnerischen Gericht aufzutreten, während der französische Strafverteidiger Morro Giafferi (wie erinnerlich) von vorneherein als Nichtschweizer auszuscheiden hatte. Und hinter Grimm die Meute der Nazijournalisten. 25 handfeste Kerle, die keinen Bleistift führten, um mitzuschreiben. Der einzige Nazi, der tatsächlich für die gesamte Goebbelspresse, und das hieß, für alle deutschen Zeitungen schrieb, war Herr

Diewerge, ein feister Bulle, dem die Brutalität aus den Augen glotzte. Ich wusste ja bereits aus dem Pamphlet »Der Fall Gustloff« die »Objektivität« dieses Naziskribenten zu schätzen. Seine »Kollegen«, die in Wirklichkeit nichts Anderes als Gestapo-Leute und Spitzel waren, hatten keine andere Aufgabe, als einschüchternd auf das Gericht zu wirken und allenfalls ihrem Herrn in Berlin zu berichten, wenn irgendeiner der Richter im Saale nicht nach ihrer Pfeife tanzte.

Getrennt durch einen schmalen Gang, saßen neben den Nazis die Schweizer Pressevertreter und links (vom Richtertisch aus gesehen) waren die Plätze der englischen, amerikanischen, französischen und endlich der jüdischen Journalisten, insgesamt waren es an die 150 Korrespondenten. Unter ihnen lächelte mir das Gesicht eines bekannten Studenten zu, der hier ein jiddisches Blatt vertrat. In einer Verhandlungspause kam der Korrespondent der *JTA*[149] (Jüdische Telegraphenagentur) auf mich zu und fragte hebräisch, ob ich dem *Yishuv* etwas zu bestellen hätte, worauf ich kurz erwiderte: »*Lehitraot be Eretz Jisrael*«, auf Wiedersehen in Palästina. Wie viel kann so ein Wort zu solcher Stunde bedeuten, und an diesem Orte. Zwölf Sondertelefone im Parlamentsgebäude und ein eigenes Pressekabel standen den Journalisten zur Verfügung. Das erste Überseeferngespräch von Chur aus wurde während des Prozesses geführt. Das Interesse in England wäre an sich groß gewesen. Der Bischof von Durham hatte erklärt: »Die wirklichen Angeklagten in diesem Prozess sind die Nazis«, aber eine innerenglische Angelegenheit zog gerade in diesen Tagen fast die ganze Aufmerksamkeit des Publikums auf sich. Man erinnert sich noch an die romantische Liebesaffäre des Königs, der eine bürgerliche Amerikanerin heiraten wollte und deshalb als »Herzog von Windsor« auf den Thron des Empires zu verzichten hatte. Diese Sensation beschäftigte die englische Presse so stark, dass die Korrespondenten in Chur angewiesen worden waren, nur das Nötigste in möglicher Kürze zu kabeln.

Ein besonderes Kapitel bildeten die Pressefotografen, etwa zwanzig an der Zahl, die (von mir aus gesehen) in der linken oberen Ecke des Saales vom zweiten Verhandlungstage an mit der Kamera den Vorgängen im Raume folgten. Auch ein Filmoperateur wurde zugelassen. Wieso das alles erst vom zweiten Tage an gestattet war, hat eine besondere Geschichte, in der wiederum die Nazis die Hauptrolle spielen. Ursprünglich hatte das Gericht, um aller Sensationshascherei vorzubeugen, Fotografen den Zutritt untersagt. Einer der im Saale anwesenden, sogenannten deutschen »Journalisten« aber hatte heimlich, offenbar mit einem Miniaturapparat, eine Aufnahme von mir gemacht, die am Tage darauf im *Völkischen Beobachter* erschien. Dieser Nazifotoreporter erwischte mich gerade in einem Augenblick, da ich etwas geistesabwesend zur Galerie hinaufblickte. Das gab dem Bild einen ungünstig-unsympathischen Ausdruck, also gerade das, was das Naziblatt wünschte und brauchte. Nachdem nun aber einmal – sozusagen – das Eis gebrochen war und eine Zeitung ein Bild (und was für eines!) gebracht hatte, sah sich das Gericht genötigt, auch anderen Blättern das Recht zur Bildberichterstattung einzuräumen und nun erschienen in der schweizerischen und in der Weltpresse zahlreiche Aufnahmen aus den verschiedenen Phasen des Prozesses. Auch in der Wochenschau wurden Szenen aus dem Verhandlungssaal übernommen, die ich freilich nicht zu sehen bekam. Aber, wie gesagt, mein Interesse an dieser ganzen Publizität war gering. Ich versuchte mich vielmehr auf das Wesentliche zu konzentrieren. Ich wartete gespannt auf den Augenblick, da ich im Kreuzverhör zur Anklage gegen die Nazis übergehen konnte. Ich wartete vergeblich.

Der erste Tag der Verhandlungen verlief ganz unfruchtbar. Einer informellen Eröffnung folgte eine Aufnahme der juristischen Tatbestände und der Personalien. Der Vorsitzende hatte die Akten vor sich liegen und ließ sich eigentlich nur bestätigen, was er und alle schon wussten. Ich versuchte diese ganze Prozedur ruhig und gefasst über mich ergehen zu lassen. Jetzt, so meinte ich, hieß es kaltes Blut bewahren und die Zähne fest aufeinanderbeißen. Alle Kraft und Energie musste gesammelt werden für den großen Moment, da man mir keine Antworten mehr in den Mund legen würde, da der undeutlich nuschelnde alte Herr dort hinter dem Richtertisch zu mir sagen würde: »Angeklagter, warum haben Sie das getan? Was waren die politischen Motive Ihrer Handlung, sprechen Sie sich aus über die Triebkräfte Ihrer Tat. Wir wollen hören und richten.« Der erste Tag ging vorüber, ohne dass es zu derartigen Fragen gekommen wäre. Wie die Katze um den heißen Brei schlich das Verhör um das Zentrum der Tat herum. Müde und abgespannt wurde ich in meine provisorische Zelle zurückgeführt. Das Essen durfte ich mir aus einem benachbarten Restaurant holen lassen. Aber ein besonderer Spaßvogel hatte einen saftigen Schweinsbraten serviert. Ich konnte ohnedies kaum eine Speise berühren. Nur ein wenig Kaffee nahm ich zu mir, um mich aufrecht halten zu können. Auch an Schlaf war erst lange nach Mitternacht zu denken. Zum ersten Male in meinem Leben stand ich ja vor Gericht, zum ersten Male nach vielen Monaten der Untersuchungshaft war ich umgeben von hunderten von Menschen. Zu groß war dieser Kontrast, um meine Nerven nicht bis zum Äußersten aufzupeitschen.

Der zweite Verhandlungstag begann mit dem psychiatrischen Gutachten Dr. Jörgers. Wir kennen bereits seine Auffassung von einer verminderten Verantwortlichkeit durch körperliche Krankheit und seelische Depressionen. Wir wissen unter welch unzureichenden Voraussetzungen Jörger sein Gutachten zustande brachte, und wie viel Zeit zwischen der psychiatrischen Untersuchung und der Tat verstrichen war. Den Nazis aber war natürlich dieses Gutachten trotzdem viel zu positiv. Sie wollten einen jüdischen Teufel im Stürmerstil dargestellt haben, der blutgierig, ein ausgepichter »Ritualmörder« sich auf sein Opfer stürzt. Da Jörger ihnen keineswegs gefügig war, stellten sie ihn in ihrer Presse als bürokratischen und beschränkten Spießer hin. Ehe aber der Staatsanwalt – ein Mann nach dem Herzen der Herren Diewerge, Grimm und Ursprung – vom Leder ziehen konnte, wurde als einzige Zeugin Frau Gustloff vorgeführt. Sie hatte ihren Auftritt als Theatereffekt vorbereitet. Ganz in Schwarz, in wallendem Witwenschleier, Schuhe mit Silberspangen an den Füßen, betrat sie den Saal. Die Nazis schnellten von ihren Sitzen auf und 25 Arme flogen zum »Deutschen Gruß« empor. Aber siehe da: Der Vorsitzende verwies den frechen Gästen nicht solche Demonstrationen, die in einem Schweizer Gerichtssaal doch gewiss nichts weniger als korrekt waren, er stand vielmehr selbst auf, und es hätte nicht viel gefehlt, dass auch er noch die schwache Greisenhand erhoben hätte. Es wirkte niederschmetternd auf mich zu sehen, dass mein Richter vor den Repräsentanten der Macht so schamlos buckelte. Das Gericht vernahm Frau Gustloff nur als Privatzeugen, die nicht vereidigt wurde, denn mit Recht befürchtete man, dass sie sich sonst eines Meineides hätte schuldig gemacht.

So etwa benutzte sie sogleich die Gelegenheit, um gegen die Schweizer zu polemisieren, die durch Duldung der Presseangriffe auf ihren Mann, die die Atmosphäre so vergiftet hätten, dass der schweizerische Arzt, den sie zu dem Sterbenden gerufen hatte, erst nach etwa zehn bis fünfzehn Minuten erschienen sei, während deutsche Ärzte sofort zur Stelle waren. Nun, das Gegenteil traf zu. Der erste Arzt am Ort des Attentats war Dr. Nienhaus, ein Schweizer. Natürlich betonte die Zeugin, dass Gustloff in loyalster Weise die Gesetze der Schweiz respektiert habe und niemals Druck auf andere ausübte. Heute ist es aktenmäßig klar erwiesen, dass Gustloff, gelehriger Schüler seiner Meister in Berlin und München, zahllose Erpressungen und Bedrohungen verübt hat. Aber in der Zeichnung der Witwe erschien er nun als ein seelenguter, harmloser Mensch, der grundlos hingemeuchelt worden war. Ich hatte von Frau Gustloff nichts Anderes erwartet, das furchtbare Erlebnis dieses Tages aber war die Rede des Staatsanwalts in der Nachmittagssitzung. Ja, es war seines Amtes, Anklage gegen mich zu erheben. Er aber goss einen Schmutzkübel von Verleumdungen gegen mich aus. Er tuschelte unverhohlen mit den Nazianwälten Grimm und Ursprung und macht sich ihre Argumente zu eigen. Nichts war ihm gemein genug, um es mir nicht ins Gesicht zu schleudern. In seiner Zeichnung war ich ein betrügerisches Subjekt, das vor einer planmäßigen Irreführung des eigenen Vaters nicht zurückschreckte. Ein kaltblütig, brutaler Mörder, der zynisch sein Opfer niedermacht. Zugleich aber ein moralisch haltlos gewordener, verbummelter Student, der längst die Bindungen der Religion, die ihm das Elternhaus vermittelte, über Bord geworfen hatte, um sich einem tagediebischen Faulenzerleben zu ergeben. Sich selbst und der Welt ein Ekel sollte ich nur nach irgendeiner herostratischen Tat Ausschau gehalten haben, um meinem unbefriedigten Ehrgeiz Nahrung zu geben und meine überreizte seelische Verfassung zu entladen. Wenn es nicht Gustloff gewesen wäre, so log der Staatsanwalt, hätte ich ebenso gut eine Brandstiftung begehen können. Es war das Verbrechen, das mich reizte und damit zur inneren Notwendigkeit geworden war, sozusagen das Verbrechen um des Verbrechens willen. Da konnte ich nicht mehr an mich halten. Ich sprang, bebend vor Zorn, auf und schrie in den Saal: »Der Herr Ankläger spricht gegen sein besseres Wissen und Gewissen.«

Der Vorsitzende rief mich zur Ordnung. Aufregung entstand in den Reihen der Zuhörer. Bleich und von Zorn geschüttelt stand Dr. Brügger, der Staatsanwalt vor mir. Mein Hieb hatte gesessen. Dieser Mann wusste selbst so gut, wie jeder hier im Saale und draußen in der Welt, dass es politische und nur politische Gründe waren, die mir die Waffe in die Hand gedrückt hatten. Und diese Wahrheit umging der öffentliche Ankläger, der damit zum öffentlichen Verleumder wurde, von dem der Schweizer Dichter Gottfried Keller sagte:

»Gehüllt in Niedertracht
Gleichwie in eine Wolke,
Ein Lügner vor dem Volke,
Ragt bald er groß an Machte
Mit seiner Helfer Zahl,
Die hoch und niedrig stehend,
Gelegenheit erspähend
Sich bieten seiner Wahl.«

Als hätte Keller seinen Landsmann Brügger vorausgesehen: So passen diese Worte auf ihn. »Mit seiner Helfer Zahl« erspähte Brügger die Gelegenheit und schloss seine maßlose Anklage mit dem Antrag auf achtzehn Jahre Zuchthaus.

Er fasste seinen Antrag in drei Hauptpunkte zusammen:

1. Achtzehn Jahre Zuchthaus. Ich war angewidert von dieser bewussten Verdrehung aller Wahrheit, diesem frechen Weglügen aller echten Motive meiner Tat,

dass ich in blindem Zorn in dem Augenblick, da ich in meine Zelle zurückgeführt wurde, eine Mineralwasserflasche ergriff und sie mir selbst mit aller Wucht über den Schädel schlug. Die Flasche zerbrach in tausend Stücke. Mir blieben nur ein paar Splitter im Kopfe stecken, die der sofort herbeigerufene Arzt vorsichtig mit der Pinzette entfernte. Ja, ich musste hernach selbst über diesen Ausbruch meiner hilflosen Erbitterung lachen. Aber die Sache selbst war nicht heiter. Ich erkannte, dass das Gericht es zuließ, wenn die Wahrheit vorsätzlich vom Vertreter des Staates mit Füßen getreten wurde. Ja, wenn die Richter privat zu mir in die Zelle kamen, so konnten sie recht menschlich sein. Kantonalrichter Dr. Sonder fragte mich etwa, ob ich seinen Neffen, einen Studenten der Zahnheilkunde in Bern, nicht kenne. Ich musste verneinen. Der Richter aber erzählte mir ruhig, dass sein Neffe sich meiner gut erinnere, da er mich oft im Hörsaal und in der Klinik gesehen und auf den Bildern sofort wiedererkannt habe. Nun, ein so absolut verbummelter Student, wie es der Angeklagte in Brüggers Rede war, hätte sich ja wohl so oft nicht an der Universität sehen lassen. Aber mit keinem Worte rügte der Richter das schiefe Bild des Staatsanwaltes. Er schwieg, wie alle hier, eingeschüchtert durch die anwesenden und die jenseits der Grenze drohenden Nazis, zu Brüggers Lügen schweigen.
2. Einstellung der bürgerlichen Ehrenrechte und
3. lebenslängliche Landesverweisung.[150]

Das pathetische Gerede des Schweizer Nazi-Anwaltes Dr. Ursprung, eines zweifelhaften Ehrenmannes, der in eine politische Entführungsaffäre verwickelt war, ließ ich schier achtlos an mir vorüberrauschen. Die Morde und Gewalttaten der Nazis bezeichnete dieser wackere Eidgenosse, der als Verteidiger der Frau Gustloff hier plädierte, als notwendige Maßnahme. Die Deutschen in der Schweiz wusste er als bescheidene Gäste hinzustellen, voll der größten Achtung für die Gesetze des Landes. Nur die »Hetze« von Männern wie Bundesrat Canova konnte die guten Beziehungen zu diesen deutschen Musterknaben und an ihrer Spitze Gustloff stören. Nun, Herr Ursprung redete, wie zu erwarten war, dass aber der Tenor seiner Ausführungen mit denen des Staatsanwaltes so überaus harmonisch zusammenklang, das war das Peinliche und Erschütternde.

So konnte ich nur noch mit geringer Hoffnung dem dritten Tag entgegensehen, der dem Plädoyer meines Anwalts Dr. Curti gewidmet war. Aufrecht und ernst stand dieser ganz und gar nüchtern-sachliche Mann hinter einem riesigen Stoß von Akten und Broschüren, Bildern und Druckschriften aller Art, um anhand unwiderlegbaren Materials das entsetzliche von Blut und Mord gezeichnet Gorgonenantlitz des Nazismus zu enthüllen. Die Untaten der Konzentrationslager, die Folterhöhlen in den SA-Kellern, die Verhöhnung und Entrechtung der Juden im Nazireich wurden sichtbar. Das von Dr. Wyler zusammengestellte Material zirkulierte unter den fünf Richtern und den Journalisten. Auch die Nazis bekamen es in die schuldigen Hände und wurden nervös angesichts dieser Fakten, die nicht mehr mit dem billigen Schlagwort »Gräuelmärchen« abgetan werden konnten.

Stunde um Stunde verrann. Mit seiner etwas monotonen Stimme, meist ablesend, häufte der schweizerische Demokrat Curti Anklage auf Anklage gegen die Nazis, die wahren und einzigen Schuldigen in diesem Prozess. Den Herren aus Deutschland auf den Journalistenbänken wurde es trotz des klaren Winterfrostes schwül, aber auch den Richtern begann die Luft im Raume unerträglich zu werden. Gerade das, was sie so ängstlich vermeiden wollten: Die politische Seite der Sache wurde nun schonungslos enthüllt. In der Pause ließ sich der Vorsitzende selbst zu dem grotesken Vorschlag an mich herbei, Dr. Curti zu bitten, sein Plädoyer abzukürzen. Ich wies diese Zumutung mit der Antwort zurück, dass Dr. Curti selbst wissen müsse, was und wie lange er zu reden habe. So setzte er auch am Nachmittag seine Verteidigung fort, die eine Anklage war. »Nicht Gräuelmärchen – Gräueltaten liegen vor!« Das war die Grundthese, die er mit Hunderten von Beispielen unanfechtbarer Zeugnisse von Männern und Frauen, die selbst aus der Hölle der KZ-Lager entronnen waren, erhärtete.[151] Auf dieser These baute er seinen Antrag auf: Freispruch. Angesichts solcher Gräueltaten, führte Curti aus, war es nur zu verständlich, dass ein junger Jude von einem Daueraffekt erfüllt war, dem er in gerechtem Zorn eine vergeltende Tat folgen ließ. Aber Curti predigte tauben Ohren. Das Gericht hatte seine Meinung längst gefasst, es war unfrei und befangen. Wie sehr es das war, sollte der letzte Tag der Verhandlung, ein *Schabbat*, zeigen, an dem der Obernazi Grimm zu Worte kam. Er hatte nur das Recht erhalten, die Privatforderungen Frau Gustloffs zu vertreten, die in der runden Summe von 99.900 Schweizer Franken bestand, zusammengesetzt aus dem Gehalt Gustloffs auf ein langes Leben umgerechnet, und ein saftiges Schmerzensgeld. Dr. Curti konnte sich hier nicht enthalten, sarkastisch zu fragen, ob eine stolze Nationalsozialistin denn jüdisches Geld annehmen würde? Es hätte nicht gestunken, das jüdische Geld, das die Herren Edelarier auch sonst so gerne einsteckten, aber natürlich war von einem bettelarmen Studenten nichts zu holen. Das wüsste Grimm selbst und er hängte diese eigentliche Forderung seiner politischen Philippika nur als unwichtige Beigabe an. Er überzog seine Kompetenzen ebenso wie seine Redezeit, die nur auf eine halbe Stunde berechnet war und holte zu einer großen Nazihetzrede aus, die ihr Gift gegen die Juden im Allgemeinen und mich im Besonderen verspritzte. Niemand wagte es, dem Repräsentanten der Macht ins Wort zu fallen. Replik und Duplik, ein Redegeplänkel zwischen dem Staatsanwalt und dem Verteidiger schlossen das Verfahren ab. Das Urteil wurde nicht mehr in meiner Anwesenheit verkündigt. Es erfolgte erst am Montagabend.

Ich war inzwischen schon wieder in den »Sennhof« überführt worden, aber nicht mehr in meine alte Zelle. Man steckte mich bereits in die Abteilung für Strafgefangene, ins Zuchthaus also, obwohl noch kein Urteilsspruch ergangen war. Erst als ich über Dr. Wyler gegen diese Vergewaltigung aufs Heftigste protestierte, brachte man mich noch einmal zurück in die Zelle, die ich vor dem Prozess innegehabt hatte. Noch war ich nicht verurteilt. Noch war ich kein Zuchthäusler, dem man die Haare abschnitt und eine entwürdigende Sträflingskleidung anlegte. Freilich wusste ich, wie es um mich und meine Sache stand. Und doch wollte ich keinen Tag zu früh die Demütigungen ertragen, die mir zugedacht waren. Ich bestand auf meinem Recht. Als Dr. Wyler unmittelbar nach der Urteilsverkündung zu mir kam, um mir den Beschluss des Gerichtes zu überbringen, sah ich an seiner niedergeschlagenen Miene, dass sich alle Befürchtungen erfüllt hatten. Es fiel dem guten Manne schwer, zu sprechen und so sagte ich zu ihm: »Nun, Herr Doktor, achtzehn Jahre!« Und traurig nickte er mit dem Kopfe. Das Urteil war gesprochen, aber war der Gerechtigkeit Genüge geschehen?!

Achtzehn Jahre! Was sind sie? Ein unwiederbringliches Stück Leben, in dem aus einem lallenden Säugling ein denkender junger Mensch wird, eine Periode des Reifens und Erfüllens in dem Lebensabschnitt, in dem ich selbst stand. Zerstört war mein Leben mit diesem Urteilsspruch. Was sollten mir die Tröstungen, die etwa Dr. Albrecht, der Regierungsrat, versuchte, welcher meinte, es würde im Zuchthaus so arg nicht werden. Arg oder nicht: Ich war auf eine Ewigkeit eingekerkert. Noch einmal spürte ich, dass ich an der eigentlichen Konsequenz meiner Tat – dem Selbstmord – nur unglücklicherweise vorübergegangen war. Jetzt kam das viel Schlimmere: achtzehn Jahre Zuchthaus. Freilich war es mir klar, dass das Urteil in seiner ganzen Härte nicht vollzogen würde. Es war ja ein politisches Urteil, abhängig von den Mächten der Zeit. Gerade das aber wirkte so niederschmetternd auf mich, niederschmetternder als die Strafe selbst. Denn nicht in frei wägender Gerechtigkeit, sondern eben unter Druck des Naziregimes war ich verurteilt worden.

Dieses Regime selbst aber konnte nicht ewig – nicht einmal achtzehn weitere Jahre – leben, das war mir bis zur Evidenz bewusst. Entweder würde sich dieses Mordregiment innerlich zu Tode laufen, oder aber es führte zum Kriege. Lief es sich innerlich zu Tode, so bedeutete das für mich die sichere Amnestie, brach aber ein Krieg gegen Hitlerdeutschland aus, so würde er entweder mit einer Niederlage enden, was wiederum für mich das Ende der Leiden bedeutete, oder aber die Deutschen marschierten in die Schweiz ein. In diesem Falle hätte natürlich meine Haft auch ihr Ende gefunden, ein blutiges zwar, aber immerhin ein Ende. Als mir achtzehn Jahre Zuchthaus verkündet wurden, da wusste ich jedenfalls zweierlei: Erstens, dass diese Strafe nicht gerecht war, zweitens aber, dass ich sie nie in ihrem vollen Umfang würde verbüßen müssen. Niedergeschlagen, aber nicht ganz ohne Hoffnung, trat ich den Weg in das freudlose Dasein der Zuchthausjahre an.

Hinter Zuchthausmauern

Am Montagabend erhielt ich das Urteil mündlich von Dr. Wyler, am Dienstag begann das freudlose Leben des Zuchthauses, das noch viel beengender ist, als das der Untersuchungshaft. Ich wurde in jene Zelle zurückgebracht, die man mir schon vorzeitig im Bewusstsein, dass ich hier die nächsten Jahre abzubüßen hätte, eingeräumt hatte. Sie war niedriger und ließ Luft und Licht ein. Das Nachtgeschirr im Raume, das nur morgens und abends geleert werden durfte (eine entwürdigende, sinnlose Schikane, welche das Leben der Sträflinge noch mehr verbitterte) verpestete die Luft. Die Verständnislosigkeit der Wärter war aber in diesem Punkte ebenso dick wie die Mauern meiner Zelle, die einen Meter im Durchmesser maßen und uns hermetisch von der Außenwelt abschlossen. Noch aber hatte ich den Kelch der Erniedrigungen nicht bis auf den Grund geleert. Am Mittwoch legte man mir die braun und schwarz gestreifte Sträflingskleidung an und schnitt mir das Haar in entstellendster Weise mit der Zentimetermaschine radikal ab. In dieser Verfassung sieht natürlich jeder Mensch kriminell aus. Hatte ich bisher alles gefasst ertragen, so verließ mich in diesem Augenblick der Einkleidung doch die Selbstbeherrschung. Ich riss mir selbst die Zivilkleider vom Leibe und stampfte mit den Füßen darauf. Der erschrockene Wärter verließ fluchtartig den Raum und schlug die Türe krachend hinter sich ins Schloss.

Aber man gewöhnt sich schließlich an alles. Man muss durchhalten. Es gibt keine Wahl. Als ich wieder ruhiger geworden war, führte man mich an meinen Arbeitsplatz in der Weberei, wo drei Gefangene beschäftigt waren, von denen einer mein Meister wurde. Ich habe es in der Kunst des Webens allmählich zu einiger Fertigkeit gebracht, aber ich möchte diese an sich nicht unschöne Arbeit nie mehr aufnehmen. Webstuhl und Zuchthaus: für mich wurden sie zu Korrelaten, zu unlösbar miteinander verbundenen Begriffen. Der Direktor des Zuchthauses, ein bescheiden wirkender dunkler Mann namens Tuena[152], der katholisch-reaktionär war wie mein Untersuchungsrichter und die Mehrzahl der Amtspersonen, mit denen ich zu tun hatte, kam aus dem italienischen Teil der Schweiz. Er sprach aber ein klares, fast akzentfreies Deutsch. Dieser Mann nun ließ mich gleich in den ersten Tagen zu sich kommen und versuchte mich auf die Seite der Behörde, der »Obrigkeit« herüberzuziehen. Ich sei, so betonte Tuena, den die Häftlinge nicht ganz zu Unrecht seines schleicherischen Wesens wegen »die Blindschleiche« nannten, den Kriminellen in intellektueller und moralischer Hinsicht doch weit überlegen. Deshalb sollte ich mich auf keine Freundschaft mit ihnen einlassen, sondern fein für mich bleiben und mich immer direkt an ihn wenden, wenn ich etwas benötigte, oder wenn mir etwas zu Ohren käme, das nicht in der Ordnung sei. Nun, die Absicht war klar: Gegen winzige Vergünstigungen wollte sich dieser Mann in mir ein gefügiges Werkzeug schaffen. Er hatte sich verrechnet. Tuena war früher Volksschullehrer gewesen und wahrscheinlich meinte er, seine Praktiken mit Vorzugsschülern, welche zu Angebern gemacht wurden, mit mir fortsetzen zu können. Ich war aber entschlossen, mit den Menschen, mit denen mich ein dunkles Schicksal zusammengeführt hatte, gute Gemeinschaft zu halten. Nur so lässt sich das Schicksal des Zuchthauses ertragen.

Abgeschnitten von der Welt, auch noch abgeschnitten von den eigenen Leidensgefährten zu sein, das ist mehr, als ein Mensch ertragen kann, der immer die Gemeinschaft des Lebendigen gesucht hat. Einer der ersten Menschen, die mich in meiner Verlassenheit aufsuchten, war der Stadtmissionar von Chur, Otto Wolfer, ein frommer reformierter Christ, schlicht, alles andere als ein akademischer Theologe. Er brachte mir Blumen und Grüße von einer Dame in Pagig, die an meinem Los besonderen Anteil nahm. Darüber hinaus versuchte dieser Puritaner aber natürlich mich zu missionieren. Freilich war seine eigentliche Aufgabe die sogenannte »Innere Mission«, d.h. die Aktivierung des Glaubens unter den Christen selbst, aber er unterhielt auch Beziehungen zu dem Verband der Freunde Israels[153] in Basel, die es sich vorgesetzt hatten, das Evangelium unter den Juden zu verbreiten. Wolfer brachte mir ebenfalls das Missionsblättchen einer juden-christlichen Gruppe um Abram Poljack und dessen Bekenntnisbuch »Das Kreuz im Davidstern«. Wenngleich ich diesen Gedankengängen vollkommen fernstand, und das Christentum aus dem Grund meiner Seele als einen Irrweg der Menschheit auf der Suche nach dem Gotte Israels ablehne, so beeindruckte mich doch an Wolfer seine schlichte, unmittelbare Frömmigkeit. Er fragte mich, ob er mit mir – für mich beten dürfte. Dann schloss er die Augen, faltete die Hände und redete ganz frei, ohne jede Formel kindlich-einfach zum »Vater im Himmel«. Er stellte dadurch so etwas wie ein metaphysisches Dreieck her. Für mich redete er zu Gott, unserem gemeinsamen Vater. Er betete darum, dass mir Festigkeit in meinem schweren Unglück beschieden sein möge, dass ich die Kraft nicht verlieren sollte, die Leiden zu tragen, die mir auferlegt waren. Kein Rabbiner hat jemals etwas Ähnliches versucht. Alle Rabbiner, die mich besuchten, waren bemüht, mir zu helfen und mir zu raten. Aber diesen unmittelbaren Trost des Gebetes konnten sie nicht geben. Kam die

Zeit am Nachmittag, so wandte sich wohl einer von ihnen nach Osten und wir sprachen zusammen das *Mincha-Gebet.* Aber das hatte natürlich nicht den geringsten Bezug auf meine eigene, schwere Situation. Uns Juden ist aber die Formel des historisch gewordenen Gemeinschaftsgebetes, das ja auch in seinen Formulierungen meist pluralisch ist und nur das Gesamtschicksal des Volkes und der Menschheit betont, die Spontaneität, die Unmittelbarkeit des privaten Betens verloren gegangen. Wir sagen mit oder ohne *Kawwana* (Absicht) die vorgeschriebenen Texte her, aber das kindliche Reden des Gotteskindes zum Vater ist uns fremd geworden. Wolfer bemühte sich auch späterhin noch viel um mich, stand meinem Vater zur Seite, wenn er kam, um mich zu besuchen und zeigte sich stets als uneigennütziger Freund, bis ich leider sehr bittere Erfahrungen machen musste. Seine Frau, die ebenfalls den Kontakt mit mir aufgenommen hatte (soweit dies die Gefängnisordnung zuließ), entpuppte sich später als nazifreundlich. Wolfer hatte die Aufgabe übernommen, mir Geheimnisse zu entlocken, die die Herren in Deutschland sicher gerne hoch honoriert hätten. Immer noch waren sie ja von dem Wahn befallen, dass es Hintermänner geben müsste, in deren Auftrag ich Gustloff erschossen hatte. Im Lichte dieses trüben Schlusses unserer Beziehungen muss ich natürlich manches anders sehen. Aber dennoch will ich Wolfer nicht abstreiten, dass es auch ehrliche Zuneigung war und sicher nicht nur geheuchelter Glaube, die ihn zu mir führten.[154] Des Menschen Seele ist ja voll der merkwürdigsten Widersprüche und nur in schlechten Romanen und Theaterstücken treten vollendete Gute und ebenso vollendete Bösewichte auf, die ganz weiß oder ganz schwarz sind.

Ein ganz anderer Typus war der päpstliche Prälat Monsignore Höfliger[155], der Kanzler des Bischofs von Chur, der mich ebenfalls in meiner Zelle besuchte und mir die Grüße des Bischofs überbrachte. Dieser weltgewandte, katholische Priester machte keinerlei Bekehrungsversuche. In leicht humoristischer Weise versuchte er mich zu trösten, indem er mit feinem Lächeln sagte: »Der Bischof ist der Ansicht, dass sie hier nicht vor Altersschwäche sterben werden.« Die römische Kirche vergibt sich nicht gerne und tritt nicht mit revolutionärem Pathos auf gegen die Mächtigen dieser Welt. Seine Eminenz ließ mir kundtun, dass sie die Tage des Hitlerregimes für gezählt hielt. Sie sollte Recht behalten. Nicht nur in der Gestalt des Priesters und des Missionars trat das Christentum an mich heran. Es war ja der selbstverständliche Hintergrund des Milieus, in dem ich jetzt zu leben hatte. Frau Tuena, eine herzensgute Person, fragte mich, ob ich an der Weihnachtsfeier im Gefängnis teilnehmen wollte. Ich sagte zu. Es war natürlich nicht mein Fest, das hier begangen wurde und doch rührte es mich tief an, zu sehen, wie in den Augen harter, abgebrühter Männer und Frauen da etwas aufleuchtete, was nur ein Widerschein des Glanzes der Kindheit sein kann. Weicher und besser sind die Menschen in solchen Stunden, die sie zurückführen in ein Kindheitstraumland, das unversehrbar in ihren Seelen weiterlebt, mag das Leben was immer über sie gebracht haben.

Zu *Chanukka* durfte mich mein Bruder besuchen. Alfons brachte mir die Grüße des Vaters, der gefasst das Urteil aufgenommen hatte und auch mich bat, fest zu bleiben, fest im Ertragen meines Schicksals und fest in der Jüdischkeit, dem teuersten Gut, das ich von meinem Vater mitbekommen hatte. Alfons bat mich, ihm nochmals zu versprechen, dass ich keinen Fluchtversuch unternehmen würde. Es hätte der Ermahnung nicht bedurft, ich war ja selbst fest dazu entschlossen. Eines aber konnte ich hier so wenig wie in der Freiheit ertragen, das war die Schmälerung meines an sich so gering gewordenen Rechtes. Und gerade das versuchte Tuena. Hier aber biss er auf Granit. Um den heftigen Konflikt mit dem Gefängnisdirektor Tuena verständlich zu machen, muss ich etwas weiter ausholen. Erst langsam kam ich, der ich von der Art des Prozessverfahrens und des Urteils noch wie betäubt war, zur klaren Besinnung und die verpassten Gelegenheiten brannten mir wie Unterlassungssünden im Gewissen. Einmal hatte im Laufe des Verfahrens Richter Vieli am zweiten oder dritten Tage an mich die Frage gerichtet, was ich denn selbst in Bezug auf Nazibrutalitäten erlebt hätte? Ich antwortete knapp und sachlich, gab Eindrücke aus Frankfurt und Berlin wieder, aber ich ließ mir diese Gelegenheit entgehen, zu einer groß angelegten Schilderung dessen überzugehen, was diese Einzelheiten in mir für eine Reaktion auslösten, wie sie sich – zusammen mit dem, was ich hörte und las – zum Bild jenes Ungeheuers formten, das ich bekämpfen musste mit seinen eigenen Waffen, den Waffen der Gewalt. Ich wartete eben immer auf das Schlusswort, das mir zustand. Und dieses Schlusswort habe ich mir entziehen lassen. Auf die trockene Frage des Vorsitzenden: »Haben Sie noch etwas zu sagen?«, erhob ich mich und wollte nun jene Schilderung geben, die ich vorher unterdrückt hatte.

Sie wäre wichtig gewesen, da das Gericht die vielen Details, welche Dr. Curti vorgetragen hatte, mit dem Argument abwies, ich selbst hätte dies alles ja nicht gesehen und erlebt. Nun also war der Moment da, wo ich aussagen und anklagen sollte. Freilich waren die Details für mich selbst nicht das Entscheidende. Nicht die Tatsache, dass man meinen Onkel verhöhnt, meinen Bekannten verhaftet, die Wohnungen meiner Freunde mit dem gelben Fleck gezeichnet hatte, war das Entscheidende. Aber all diese Einzelheiten waren Steine in dem gewaltigen Mosaik, aus dem sich das Fratzengesicht des Nazismus zusammensetzte. Ich sprach ein, zwei Minuten, da schnitt mir der Vorsitzende das Wort ab mit der Bemerkung: »Das wissen wir ja alles schon!« – und ich ließ mir das Wort, das ersehnte Wort, auf das ich während des ganzen Prozesses gewartet hatte, einfach abschneiden. Niemals hätte ich auf diese erste und letzte Chance verzichten dürfen. Es ging um mich, aber es ging um mehr: es ging um die Wahrheit. Und indem ich mir das Schlusswort, das Recht auf das Schlusswort nehmen ließ, fühlte ich mich mitschuldig an der systematischen Verschleierung der Wahrheit.

Nun aber wusste ich, dass mir das Berufungsrecht, ja der Antrag auf Kassation des Urteils binnen dreißig Tagen zustand. Deshalb wollte ich mich unverzüglich mit meinem Rechtsberater Dr. Wyler in Verbindung setzen. Es lag mir nicht an einer Änderung des Urteils selbst. Ich wusste ja, dass es unter den obwaltenden Umständen kaum gemildert würde, aber in einer nochmaligen Aufrollung des Verfahrens gedachte ich meinen Fehler wiedergutzumachen. Ich wollte unter keinen Umständen mich nochmals mundtot machen lassen, vielmehr ging es mir darum, klar und unmissverständlich, von mir aus die politische Seite des Falles darzustellen. Neben Dr. Wyler wollte ich zu diesem Zwecke aber auch den Kontakt mit dem jugoslawischen Konsul in Zürich aufnehmen, der als der Vertreter meines Heimatstaates den Schutz meiner Interessen zu wahren hatte. Wie aber sollte ich die nötigen Briefe schreiben? Alle meine Privatsachen waren konfisziert. Nicht einmal Papier und Bleistift hatte man mir gelassen. Direktor Tuena gestatte mir nur einen Brief pro Monat und dieser Brief durfte nur und ausschließlich an meine Familie gerichtet sein. Ich setzte ihm ruhig und sachlich auseinander, dass ich das Recht zur Berufung hätte und daher mit meinem

Anwalt die Fühlung wiederaufnehmen müsse. Er aber, ein kleiner Despot in seinem Königreiche, fuhr mich an: »Sie sind verurteilt und jetzt ein Zuchthaussträfling, dem nur ein einziger Brief pro Monat zusteht, ein Brief an die Familie. Mehr ist nicht gestattet – und damit basta!«

Alles Reden und Berufen auf mein Recht und die Wichtigkeit der Sache fruchteten nichts. Tuena blieb unerbittlich. Da war es ein Mitgefangener, der mir anbot, einen Brief als Kassiber aus dem Gefängnis heraus zu schmuggeln. Jeden Freitag gegen Abend, wenn es schon dunkel war, kam die Frau des Gefangenen an unserem Arbeitssaal vorüber, dessen vergittertes Fenster zu ebener Erde hinaus auf die Straße führte. Auf einen leisen Pfiff hin – natürlich wenn kein Wärter im Saale war – beförderte mein Kamerad Briefe aus dem Fenster und empfing Zigaretten oder andere verbotene, aber für uns lebenswichtige Dinge. Es lag mir nicht, auf so krummen Wegen zu meinem Recht zu kommen. Aber hatte ich denn eine Wahl? So begann ich auf einem Formular des Gefängnisses, das mir für den einzigen konzedierten Brief zur Verfügung stand, einen Brief an Dr. Wyler zu schreiben, in welchem ich ihn bat, umgehend zu mir zu kommen, da ich eine wichtige Angelegenheit mit ihm zu besprechen hätte. Am Donnerstag war der Brief halbfertig in der Lade meines Tisches (in der Zelle) liegen geblieben, am Freitag vollendete ich ihn und schmuggelte ihn auf dem angegebenen Wege hinaus. Aber schon am Samstag ließ mich Tuena zu sich rufen. Zornbebend stand er vor mir und schrie mich an: »Wo ist der Brief?« Ich stellte mich zuerst unwissend, aber bald musste ich erkennen, dass der Direktor durch einen Gefängnisschließer vom Vorhandensein des Briefes Wind bekommen hatte. Das Blatt war in der Tischschublade entdeckt worden. Tuena aber hatte warten wollen, bis ich den Brief fertig gestellt hatte, um dann erst zuzupacken. Nun war ich ihm zuvorgekommen. »Ich werde Sie bestrafen«, brüllte Tuena. »Was erlauben Sie sich eigentlich? Briefe hinter meinem Rücken aus dem Gefängnis zu schicken, ist ein Hauptvergehen gegen die Hausordnung. Wer hat Ihnen bei Ihrem Vergehen geholfen? Reden Sie!«

Ja, ich redete, aber nicht das, was der zornfunkelnde Mann von mir hören wollte. Keine Silbe über den Kameraden, der mir geholfen hatte, kam über meine Lippen. Aber jetzt war mir die Zunge gelöst. »Sie verweigern mir mein Recht«, schrie ich den Direktor an, »da muss ich es mir selbst verschaffen. Meinen Sie, Sie können mir mit Ihrem dummen Volksschullehrermethoden imponieren?« »Hinauf in den Dunkelarrest!«, heulte Tuena, der keine Antwort mehr hatte. Ich aber sprang auf ihn zu und unter dem Ruf »Habe ich Recht oder nicht!?«, fuhr ich ihn mit den Fäusten an die Brust und warf den schmächtigen Mann gegen die Wand. Auf seinen Wink stürzten sich zwei riesenhafte Wärter auf mich. Ich wich zurück und schlug mit aller Wucht die Fäuste gegen das Fenster. Vier Scheiben fielen klirrend hinab in den Hof. Meine Hände bluteten, aber ich achtete in rasendem Zorn des Schmerzens nicht mehr. Die Beamten schleuderten mich zu Boden. Einer setzte mir das Knie auf die Brust, die Zwangsjacke wurde geholt und die Arme wurden mir auf dem Rücken gefesselt. Das Blut sickerte durch die große Sackleinwand der Zwangsjacke als man mich die Treppen hinauf zum Dunkelarrest schleppte.

Vor der Türe zum Bunker trat Tuena aber auf uns zu und befahl leise: »Hinunter in die Zelle!« Offensichtlich war dieser Hausdespot seiner Sache doch nicht sicher gewesen. Über ihm stand der Regierungsrat, an den er sich vorsichtshalber telefonisch gewandt hatte. Von dort kam die Weisung vom Dunkelarrest abzusehen, wollte man doch jeden Skandal vermeiden. Gewiss, ich hatte gegen die Ordnung des Hauses verstoßen und war tatsächlich gegen Tuena vorgegangen – warum das alles? Aus dem klaren und einfachen Grunde: weil mir dieser Mann das elementarste Recht des Verurteilten entzogen hatte, die Möglichkeit mit dem eigenen Rechtsberater innerhalb der Berufungsfrist in Kontakt zu treten. Man führte mich in meine Zelle. Ein Arzt kam und gab mir Morphiumeinspritzungen, um mich zu beruhigen. Er stellte mir die Befreiung aus der Zwangsjacke in Aussicht, falls ich wieder zur Raison kommen sollte. Tuena war mit ihm eingetreten. Ich richtete mich auf, so gut ich konnte und brüllte ihn an »Hinaus!«, und er verließ eiligst die Zelle.

Am Sonntag war Dr. Wyler zur Stelle. Da er von allem, was vorgefallen war, nichts wusste, stellte er sich so, als sei er von sich aus gekommen, um mich zu besuchen. Ich setzte ihm meinen Gedanken der Wiederaufnahme des Verfahrens auseinander. Er aber lehnte ab. Ehe nicht das schriftliche Urteil vorlag, so erklärte mir der Jurist, war eine Berufung gar nicht möglich. Aber auch dann hielt er nichts davon, denn es war ja nicht möglich neue Tatbestände beizubringen. Ich hatte – theoretisch – das Recht den Vorsitzenden wegen Entzug des Schlusswortes zu verklagen. Aber was konnte bei alledem herauskommen? Dr. Wyler, der die Lage kannte, wusste, dass die Schweizer Behörden alles daransetzten, um weiteres Staubaufwirbeln zu vermeiden. Er ging in seiner Vorsicht so weit, dass er mir das schriftliche Urteil erst Monate nach Erscheinen zugehen ließ, sodass die Berufungsfrist schon verstrichen war. Praktisch hatte er sicher Recht. Ich konnte auf dem Rechtswege nichts mehr erreichen, da das Recht eben durch die Furcht vor der Macht gefesselt war. Aber gerade diese Erkenntnis war es, die mich niederbeugte und nahe an den Rand der Verzweiflung führte. In den ersten Monaten meiner Zuchthaushaft war eine tiefgehende

Veränderung meines Weltbildes in mir vorgegangen. Nur langsam lebte ich mich in das neue, graue Milieu ein. Kriminelle, die sich untereinander und natürlich auch mich duzten, waren mein Umgang. Menschen, die zumeist aus der Hefe des Volkes kamen, roh und ungebildet waren und voll einer künstlich niedergehaltenen sexuellen Begierde, die sich zu glühenden Phantasiebildern steigerte. Und auf der anderen Seite stand eine kalte gefühlsarme Bürokratie, für die ich nichts Anderes war als eine Nummer. Mit alledem hatte man sich abzufinden. Oft fuhr ich aus dem dünnen Schlaf der Morgenstunden auf und fragte mich: Bist du wirklich ein Mörder, hast du wirklich ein Menschenleben vernichtet? Vielleicht war alles nur ein böser Traum? Nicht, dass ich Reue darüber jemals empfunden hätte, diesen Mann Gustloff erschossen zu haben. Sein Schatten verfolgte mich nie und nirgends. Der Nazi Gustloff war zu Recht getötet worden, aber der Mensch Gustloff? War nicht auch er, trotz allem und allem, Gottes Ebenbild? Aber immer wieder wurde mir klar, dass es ein Maß des Vergehens gegen die Grundgesetze Gottes und der Menschheit gibt, die alle Gottesebenbildlichkeit aus dem Antlitz eines Menschen löscht und ihn zum Widerbild seines Schöpfers macht, zur Teufelsfratze. Und die trug der Nazismus und jeder seiner Repräsentanten.

Wie um ein Gegengewicht gegen die ganz und gar fremdartige und unjüdische Umgebung zu schaffen, in der ich lebte und wohl auch aus einem tief innerlichen Bedürfnis heraus, nahm ich damals das religiöse Pflichtenleben besonders ernst und streng. Jeden Morgen legte ich die *Tefillin* (Gebetsriemen) an Arm und Stirne an, wobei es mir lange Zeit Gewissensskrupel bereitete, diese heilige Handlung an unreinem Orte vollziehen zu müssen. Verbot doch die starre Gefängnisordnung die Entfernung des Nachtgeschirrs. Ich vermied es, wenn ich allein in der

Zelle saß, unbedeckten Hauptes zu sein. An den Montagen und Donnerstagen, den Werktagen, an welchen in der Synagoge aus der *Tora* vorgelesen wird, fastete ich vollständig. Ich aß kein Fleisch, um nichts Unreines genießen zu müssen und ließ sogar die Suppe stehen, wenn sie mit Fleischfett gekocht war. Die anderen Speisen, die ausschließlich mit Pflanzenfett zubereitet waren, nahm ich zu mir. Schwere Pein verursachte es mir, dass ich den *Schabbat* nicht halten konnte, aber wenigstens die Feiertage, die ich anhand meines jüdischen Kalenders jeweils feststellte, waren arbeitsfrei. Ich hatte das *Machsor* (Gebetbuch für die Feste), den *Siddur Tefilla* (das übliche Gebetbuch) und die hebräische Bibel und die *Mischna* in der Zelle und las und betete, soweit die Zeit nur reichte. All das war aber natürlich nur die Außenseite eines religiösen Erlebnisses, das sich nun zu letzter Klarheit entfaltete. Ich empfand die Parallelität meines eigenen Schicksals mit dem Schicksal Israels. So, wie ich hilflos im Gefängnis saß, nur noch Objekt meines Schicksals, ständig der missgünstigen und unverstehenden Kritik Fremder ausgesetzt, so lebte das jüdische Volk unfrei in der *Galut*, kritisiert von Allen und ein Spielball in der Hand der Mächte. Ich brannte nach zwei Gütern: nach Recht und Freiheit. Und war es mit dem jüdischen Volke nicht ebenso? Es wollte und musste frei sein und dazu brauchte es das Recht auf sein eigenes Land, auf *Erez-Israel*.

Von den vielen Büchern, die ich damals las und die mir durch Vermittlung des Rabbiners Messinger und Dr. Wylers aus der Zürcher jüdischen Gemeindebibliothek zukamen, war es, wie erwähnt, vor allem das Bekenntnisbuch von Max Brod, den persönlich kennenzulernen ich später in Tel Aviv das Glück hatte, »Heidentum, Christentum, Judentum«, das mich am tiefsten beeindruckte. Es half mir selbst zu Klarheit zu kommen und in der Auseinandersetzung mit Otto Wolfer den jüdischen Standpunkt klarer herauszuarbeiten. Was mir an diesem Buche vor allem wesentlich wurde, möchte ich hier knapp zusammenfassen. Es ist dies vor allem die für das ganze Buch zentrale und (soweit ich es übersehen kann) originelle Unterscheidung von edlem und unedlem Unglück. Ersteres ist seinem Wesen nach unbehebbar, letzteres aber stellt den Menschen die Aufgabe, es zu beseitigen. Der Mensch ist als endliches, vom Tode bedrohtes Wesen dem Unendlichen, Ewigen (Gott) konfrontiert. Das ist sein edles Unglück. Vor dem Tode kapituliert unsere Aktionsmöglichkeit. Im Bereiche des unedlen Unglücks aber – soziale Missstände, Kriege, Krankheiten gehören hierher – haben wir aktiv zu sein, und gegen das Übel vorzugehen. Während nun das Christentum seinem Wesen nach dazu neigt, alles Unglück als edel anzusehen, die Erde zum Jammertal zu erklären und von der Menschheit mit Calvin zu sagen: »Ex corupta hominis natura nihil nisi damnabile prodire« (Aus der verderbten Natur des Menschen kann nichts als Verdammnis hervorgehen), verfällt das Heidentum (das Antike wie das Moderne) in das gegenteilige Extrem. Das Heidentum kennt nichts Größeres als den Menschen. Auch die Götter des Heidentums sind nichts anderes als größere, schönere, glücklichere, stärkere Menschen. So spricht Brod hier von einer Diesseitsverlängerung in einen übermenschlichen (aber nicht radikal anders gearteten Olymp) hinauf.

Zwischen Diesseitsverneinung (Christentum) und Diesseitsverlängerung (Heidentum) steht nun das Judentum, gleichsam ein Bürger zweier Welten, eine »zweigleisige« Lehre und Lebenshaltung, die um das Diesseitswunder weiß. Der Ausspruch des Rabbi Simon Bar Jochai »Es ist uns ein Wunder geschehen (also ein Einbruch des Jenseits in das Diesseits), deshalb wollen wir eine nützliche Einrichtung treffen (also eine Verringerung unedlen

Unglücks bewirken)«[156], das ist der Kernsatz des Judentums, wie es Max Brod auffasst. Zum Wunder aber, zur Gnade, gibt es im Judentum so viele Wege wie es Individuen gibt, während das Christentum hier ganz unfrei nur eine »Marschroute« zur Gnade – nämlich Jesus Christus – anerkennt. »Es kommt keiner zum Vater, denn durch Mich«[157], sagt Jesus und Paulus verkündigt dies nicht nur den Juden, sondern der ganzen Welt. Das von der christlichen Theologie als so starr verschrienes Judentum aber ist in Wirklichkeit viel elastischer, undogmatischer. Es eröffnet in der Beziehung des Menschen zu Gott unbegrenzte Möglichkeiten.

Wie Recht Max Brod mit seiner Kritik am Christentum hatte, wurde mir in den Gesprächen mit dem Missionar Otto Wolfer immer klarer, insbesondere, wenn wir auf politisches Gebiet kamen. Da konnte dieser »Fromme« eine überaus merkwürdige Haltung einnehmen. Er sah – insbesondere später in den Kriegsjahren – im Schicksal aller Völker das Gericht Gottes. Die Franzosen hatten für ihren unmoralischen Lebenswandel zu büßen, die Polen dafür, dass sie die Deutschen provoziert hatten, die Engländer für ihr perfides Doppelspiel, das sie mit anderen Nationen trieben – die Juden endlich für ihre materielle Gesinnung. Während ich um das Problem der Theodizee – die Frage, warum Gott dieses Leiden auf der Welt zulässt – rang, hatte Wolfer stets eine Patentlösung zur Hand. Alle Schuld rächte sich auf Erden, nur bei den Deutschen war es plötzlich anders. Wenn ich, vor Entrüstung bebend, fragte: »Alle Völker werden gerichtet, aber das frechste und übermütigste, die Deutschen, sollen unbestraft bleiben?«, zitierte Wolfer mit frommen Augenaufschlag ein protestantisches Kirchenlied »Gott sitzt im Regiment« und verwies auf die Strafen im Jenseits, die der Schuldigen harren. Nach Wolfers Theologie wurden alle bereits hienieden bestraft, nur die Nazis sollten erst dereinst im Jenseits ihren Lohn erhalten. Selbst diese Drohung schränkte er sofort wieder ein, indem er zu bedenken gab, dass die Deutschen doch das Volk Luthers seien und daher an der Reformation den größten Anteil hätten und selbst unter den Naziführern gäbe es positive Christen, so habe Göring sein Kind taufen lassen und erziehe es christlich.

In solchen Gesprächen schärften sich mir meine eigenen Erkenntnisse, die ich in Büchern, wie dem erwähnten, formuliert und bestätigt fand. Die Diesseitsverneinung eines Mannes wie Wolfer ließ ihn seinen Frieden mit den Nazis machen. Da die Welt ohnedies ein Jammertal war, kam es auf ein Mehr an Unrecht und Gewalttat, an Mord und Raub gar nicht an, es gab ja noch immer das Jenseits als ewiges Regulativ. Eine einzige großartige und imponierende Ausnahme im Christentum aber war für mich der Zürcher religiöse Sozialist Leonhard Ragaz, dessen mutige Monatsschrift *Neue Wege*[158] ich im Zuchthaus durch einen Mitgefangenen erhielt, welcher zum Schülerkreise Ragazens zählte. Dieser Mitgefangene, an sich ein schlichter Elektrotechniker, war vor die Musterungskommission, die ihn zum Heeresdienst einziehen wollte, mit der Bibel in der Hand getreten und hatte gesagt: »Hier steht geschrieben: Du sollst nicht töten! Deshalb werde ich niemals Soldat werden.« Wegen Kriegsdienstverweigerung wurde der mutige Jünger Ragazens ins Gefängnis gesteckt. Durch diesen Mann also lernte ich das Werk von Leonhard Ragaz kennen. Der greise Vorkämpfer gegen Militarismus und Faschismus, Pfaffentum und Kapitalismus, politische Verlogenheit und Antisemitismus erschien mir wie ein leuchtender Komet am dunklen Himmel der Zeit. Ich sagte mehr als einmal in Bewunderung und Verehrung von ihm: »Schade, dass er kein Jude ist«, und das war das höchste Lob, das ich zu vergeben hatte. Ragaz war zugleich ein aufrichtiger Freund Israels und des Zionismus, aber nicht ein Freund, wie die »Freunde Israels« in Basel, die es auf Missionierung abgesehen hatten. Ragaz lag jede Missionstendenz fern. Er erkannte im Judentum und im Christentum Vorstufen und Wege zum wahren »Israel Gottes«, das sich im »Reich Gottes und seiner Gerechtigkeit auf dieser Erde« finden sollte.

Ragaz versuchte mehrmals mich im Zuchthaus zu besuchen, aber die Behörden ließen ihn nicht zu mir. Ich will nicht verschweigen, dass er in seinen *Neuen Wegen* meine Tat nicht billigte. Er war damals noch gegen jede Gewaltanwendung. Im Kriege gegen Hitler änderte er dann diese radikal pazifistische Haltung, aber verstand mich und meine Motive und betonte uneingeschränkt, dass die wahren Schuldigen die Nazis und nur sie seien. Sandte mir der soeben erwähnte Mitgefangene auch noch nach seiner Entlassung regelmäßig die *Neuen Wege*, so war es ein treuer Freund aus Zagreb, Herr Ebenspanger, der mich geradezu mit Lektüre überschüttete. Im Laufe der Zeit schickte er mir eine kleine Bibliothek der schönsten Werke, die ich später zum größten Teil für Flüchtlingsheime weiterleitete. Durch zwei Zufälle musste ich entdecken, dass Ebenspangers Gaben mich keineswegs immer erreichten. An den Samstagabenden hatten wir Häftlinge Gelegenheit von unserem geringen Arbeitslohn ein wenig Zusatzkost zu kaufen. Butter oder Wurst oder dergleichen. Zu meinem Erstaunen bemerkte ich, dass diese Lebensmittel in Blätter jüdischer Zeitungen eingewickelt wurden. Vor allem entsinne ich mich an Nummern der *Wahrheit*[159], welche die Union der österreichischen Juden herausgab und an die *Gerechtigkeit*[160], eine Wochenschrift gegen den Antisemitismus, die eine tapfere Christin in Wien, Irene Harand, redigierte. Es stellte sich heraus, dass Ebenspanger mir diese Zeitungen zugeschickt hatte, aber Tuena hatte sie mir einfach nicht ausgefolgt. Bitter bemerkte ich: »Man enthält mir die Wahrheit und die Gerechtigkeit vor!«

Noch mehr erbitterte mich aber der Umstand, dass auch kostbare Bücher, die Ebenspanger – und später ein mir zu Dank verpflichteter ehemaliger Mitgefangener – an mich sandte, nie in meinen Besitz gelangten. Durch eine Unachtsamkeit Tuenas erhielt ich aber einen Brief Ebenspangers, in dem er mir schrieb, er habe gewisse Werke zum zweiten Male an mich abgeschickt, da er vermute, sie seien an der Zollgrenze verloren gegangen. Nun recherchierte ich selbst beim Direktor und es wurde mir von Herrn Tuena bedeutet, die Bücher seien für mich nicht geeignet gewesen. Es hatte sich um ein Werk über die französische Kunst des 18. und 19. Jahrhunderts gehandelt, in welchem Bilder nackter Frauen (!) reproduziert waren. Das schien sowohl Tuena wie dem bigotten Wolfer gefährlich für einen Häftling, der zu strengstem Zölibat verurteilt war. Durch einen Aufseher erfuhr ich aber später, dass Herr Tuena nicht Anstoß daran nahm, diese »bedenklichen« Bücher seiner eigenen Privatbibliothek einzuverleiben. Nun aber riss mir die Geduld. Ich gab in entrüsteten Worten zu bedenken, dass es unverantwortlich sei, Ebenspanger die Werke nicht zurückzuschicken und ihn so zu neuen Geldausgaben zu veranlassen, die besser wohltätigen Zwecken zugegangen wären. Wollte man mir die Bücher nicht ausfolgen, so hätte man mir doch wenigstens sagen müssen, dass sie angekommen seien. Ich hätte dann meinen Freund gebeten, sich weiter keine Unkosten zu machen. In meiner gerechten Wut war ich in den Ausdrücken nicht wählerisch. Worte wie »Hurenstall« entfuhren mir, die Folge war, dass mich Tuena zu fünf Tagen Dunkelarrest bei Wasser und Brot verdammte.

In einer winzigen, lichtlosen Zelle musste ich auf der nackten Erde schlafen. Keinerlei Beschäftigung lenkte den Geist ab. Nur die Schläge der benachbarten Turmuhr zeigten die Zeit an, die endlos und trübe dahinschlich, qualvoll waren die ersten beiden Tage. Dann aber hatte das Auge sich an die Finsternis gewöhnt und der Geist an die Untätigkeit. Er begann selbstständig zu arbeiten. Probleme, die ich mir stellte, dachte ich langsam – ich hatte ja unbegrenzt Zeit – und systematisch durch. Auch diese strengste Einsamkeit hat ihr Gutes. Der unbezwingbare Geist des Menschen unterwirft auch sie. Gewaltkuren wie diese konnten meinen Gerechtigkeitssinn nicht beugen. Es war das erste, aber keineswegs das letzte Mal, dass ich in meinem zähen Kampf um Gerechtigkeit im Zuchthaus mir solche Strafverschärfungen zuzog. Die freie Zeit, die mir nach der oft anstrengenden Arbeit in der Weberei verblieb, war hauptsächlich mit Lektüre ausgefüllt. Wenn ich heute die Listen überblicke, in denen ich mir die gelesenen Bücher notierte, so ist es eine stattliche Anzahl geworden. Nicht nur, dass ich in der strengen Zeiteinteilung des Zuchthauses, die jede andere Ablenkung ausschließt, mehr zur Lektüre kam als ein arbeitender Mensch sonst, die Bedeutung des Gelesenen wuchs natürlich auch entsprechend meiner Abgeschlossenheit vom lebendigen Leben. Mit besonderer Hingabe studierte ich, soweit meine bescheidenen Sprachkenntnisse es erlaubten, hebräische Zeitungen aus *Erez Israel*, die mir wie Boten aus einer freieren, schöneren Welt (trotz Kampf und Unruhe) zuweilen zukamen. Innige Freude bereitete es mir, dass Schaul Tschernichowsky, nach Bialik[161] sicher der größte Lyriker der modernen hebräischen Literatur, mir seine Gedichte mit eigenhändiger Widmung zusandte. Besonders ergriff mich sein berühmtes Gedicht »Ani Maamin« (ich glaube), in dem es heißt:

Aamina gam Beatid,	Ich glaube auch an die Zukunft,
Aph im jirchak seh Hayom,	Verziehet auch noch der Tag,
Ach bo jawo – jissu Schalom	Aber er kommt – den Friedensgruß
As uvracha leom mileom.	Trägt man von Volk zu Volk.
Jashuw jifrach as gam ami,	Wieder blühen wird dann auch mein Volk,
Uwaaretz jakum Dor,	Erstehn wird im Land ein Geschlecht,
Barsel-Kewalaw jussar menu	Eiserne Bande streift es von sich
Ajin-beajin jereh or.	Aug in Aug wird ich sehen das Licht!

In dieser bewussten Paraphrase des »Maimonidischen Credo«[162] war auch meine Hoffnung ausgedrückt. Gleich dem hebräischen Lyriker sandte mir der jiddische Epiker Schalom Asch sein Buch vom Psalmen-Juden (Tillim-Jid) »Der Trost des Volkes«. In hebräischer Sprache schrieb er in das Exemplar »Achinu attah, Jedidi David« (»Unser Bruder bist Du – mein Freund David«). Ich las dieses Buch voll tief jüdischer Frömmigkeit nicht minder ergriffen als den »Gesang des Tales«, der das Leben im neuen *Erez-Israel* verherrlicht. Desto tiefer enttäuschte mich später das Abirren Schalom Aschs in christliche Bereiche. Sein bekanntes Jesus-Buch »Der Nazarener« konnte ich nicht mehr zu Ende lesen. Es erschien mir als ein Buhlen des Schwachen um die Gunst des Starken. Nicht wir, die Geschlagenen und Entrechteten, hatten die Freundeshand hinzustrecken. Von der Seite der Mächtigen, von den Christen her, muss die Versöhnung angeboten werden.

Sie haben an uns ein jahrhundertealtes Unrecht zu sühnen – nicht aber umgekehrt. Und so wie mich Schalom Asch enttäuschte, enttäuschten mich Werfel und Stefan Zweig, deren Werke mich so begeistert hatten. Stefan Zweigs dramatische Dichtung »Jeremias« war mir als tiefe Deutung des Judenschicksals aufgegangen und nicht minder Werfels Roman um denselben Propheten »Höret die Stimme«. In seinen »Vierzig Tagen des Musa Dagh« hatte sich derselbe Dichter zum Anwalt eines kleinen, unterdrückten Volkes gemacht, der Armenier. Und jetzt schweigen alle diese großen Schriftsteller und Dichter, die das Ohr der Welt hatten und die seltene Gabe, von der Goethe sagte: »Und wenn der Mensch in seiner Qual verstummt / Gab mir ein Gott zu sagen, was ich leide.«[163] Diesen Juden hatte Gott die Gabe verliehen, zu sagen, was wir leiden, aber sie schwiegen und wichen aus. Keiner raffte sich auf, das entsetzliche Judenschicksal der Zeit als flammenden Protest gegen das größte Unrecht der Weltgeschichte so zu gestalten, dass die Welt aufhorchte. An abseitige, unjüdische Themen vergeudeten sie ihr Talent. Asch schrieb über Jesus, Werfel über die katholische Heilige Bernadette, Stefan Zweig über die relativ idyllische Welt von gestern. Ich hatte das Empfinden, dass unsere Dichter uns verraten hatten.

Wirklich meiner eigenen Haltung entsprach eine mir teure Gabe, die ich aus Paris erhielt. Der dort lebende Bildhauer Naum Aronson, von dem die Beethovenstatue im Beethovenhaus in Bonn stammt, schickte mir einen kostbar mit Silberbeschlag gebundenen *Tanach* (Hebräische Bibel). »*Sachor* – Gedenke!«, ist eingraviert auf dem Silberblättchen des Deckels und innen steht: »Timche et Secher Amalek – Ausrotten sollst Du das Andenken Amaleks«. Und darunter: »Chassak weemaz! Sei Stark und mutig!« Aber nicht nur namhafte und unbekannte Juden aus aller Welt bekundeten mir ihre Sympathien. Es kamen oft auch Grüße von Nichtjuden. Der seltsamste war eine Weihnachtskarte aus Krefeld in Deutschland (!) abgesandt. Die Adresse lautete:

Herrn David Frankfurter
Medizinstudent
Davos
Schweiz

Ein blaues Zettelchen war angeheftet: »Wegen mangelnder Adresse bitte zustellen, da in der Schweiz bekannt.« Die Karte war datiert: Borth, den 20. Dezember 1936 und von einer Frau Helene Friedrich unterzeichnet. Der Text ist so merkwürdig, dass ich ihn hier wiedergeben will:

»Sehr geehrter Herr Frankfurter! Wie ich hoffe, voller Zuversicht, wird meine Post Sie doch erreicht haben. Das freut mich sehr. Etwas später werde ich wieder einmal von mir hören lassen, wenn Sie mir auch nicht schreiben können, aber Ihren lieben Eltern und wenn Sie Geschwister haben, werden Sie doch auf alle Fälle über Ihr Wohlergehen berichten können. Sie können sich ja auch wissenschaftlich betätigen, damit es Ihnen nicht langweilig wird. Einstweilen bitte ich um einen schönen Gruß (an) Ihren Lieben mitzuteilen. Ihnen voller Zuversicht alles Gute wünschend

Frau Helene Friedrich«

Darunter stand aber noch: »Heil Hitler«. Die Titelseite der Karte, geschmückt mit einer sentimentalen Winterlandschaft, hatte den Aufdruck: »Herzliche Weihnachtsgrüße«. In der etwas unbeholfenen Frauenhandschrift stand darunter: »wie ein gesegnetes glückliches Neues Jahr wünsche ich Ihnen, wie meine Lieben Alle«.

Ein schlichter Mensch, der kaum einwandfrei ein paar Sätze formulieren konnte, sandte mir unter Gefahr aus dem Dritten Reich diesen Gruß. Was aber hatte das offenbar nachträglich hingeschriebene »Heil Hitler« zu bedeuten? War die Karte Ironisch gemeint? Das ist nach dem Ton des Ganzen kaum anzunehmen. War den Leuten in Deutschland diese Formel »Heil Hitler« schon zur Selbstverständlichkeit geworden, so etwa wie man in Süddeutschland »Grüß Gott« sagte, auch wenn man nicht an ihn glaubt. Auch das scheint unwahrscheinlich. Näher liegt der Gedanke, dass durch den Parteigruß auf der Karte die Zensur getäuscht werden sollte. Post, Bücher und Zeitungen (die ich ja nur sehr spärlich bekam) ersetzten natürlich nicht den Kontakt mit lebendigen, mir nahestehenden Menschen. Deshalb waren die Besuche meines Vaters und meines Bruders für mich stets Lichtblicke im trüben Einerlei des Zuchthauslebens. Jeden Sommer – bis zum Jahre 1939 – besuchte mich mein Papa. Im Winter durfte ich meinen Bruder Alfons sehen. Die Behörden waren hierin durchaus entgegenkommend. Zwei Monate vor Kriegsausbruch, im Sommer 1939 sah ich meinen Vater zum letzten Male. Noch konnte ich damals nicht ahnen, dass die Nazi-Mörder mir auch diesen geliebten und verehrten Mann hinmeucheln würden, meine eigene Tat dadurch noch mehr und tiefer rechtfertigend.

Meinem Vater war es auch gelungen, beim Regierungsrat durchzusetzen, dass ich jeweils zu *Pessach* mit besonderer ritueller Kost versorgt wurde, die der einzige ortsansässige Jude in Chur lieferte. Herrn Kin[164], dem ich nicht nur wegen dieser Liebesgaben zu bleibendem Dank verpflichtet bin. Erst zu *Pessach* 1940 wurden mir Schwierigkeiten gemacht. Der Krieg war ausgebrochen und die Schweiz, bedroht von allen Seiten, wollte nicht durch irgendeine Sonderbehandlung meiner Person in Deutschland die an sich dort verbreiteten Gerüchte nähren, ich lebte im Zuchthaus wie im Sanatorium. Reichsdeutsche und österreichische Mitgefangene, die sich gerne als Spitzel zur Verfügung stellten, waren sofort nach ihrer Entlassung aus dem Gefängnis in Chur in Deutschland zu den Amtsstellen gelaufen und hatten unwahre Gerüchte über meine Bevorzugung verbreitet. Nun fürchtete man weitere Komplikationen und Herr Tuena teilte mir daher am *Erev Pessach* mit, dass ich in diesem Jahre mit der Sonderverpflegung nicht zu rechnen habe, ich könnte aber das Beste bekommen, was es in der Küche des Hauses gäbe. Natürlich ging ich auf diesen Vorschlag nicht ein, denn es ging ja nicht um besser oder schlechter, sondern um die strengen Vorschriften des *Pessach*-Festes, die ich einzuhalten fest entschlossen war. Ich drohte mit neuntägigem Hungerstreik (*Erev Pessach* und acht Tage *Pessach*). Diese Drohung nutzte, denn Tuena wusste, dass ich ernst machen würde, hatte ich doch (aus ganz anderen Gründen) schon einmal im Oktober 1937 jegliche Nahrungsaufnahme fünf Tage strikt zurückgewiesen. Tuena, der sich in dieser ganzen Angelegenheit anständig und verständnisvoll benahm, setzte sich also nochmals mit dem Regierungsrat in Verbindung und so wurde schließlich Herrn Kin gestattet, einmal täglich, und zwar bereits nach Einbruch der Dunkelheit, heimlich das *Koscher-le-Pessach* Essen ins Gefängnis zu bringen. So ängstlich war man damals in der Schweiz, die vor dem übermächtigen Nachbar zitterte.

Man wird sich vielleicht wundern, dass ich eine Sache wie die *Pessach*-Versorgung so bis zum Äußersten durchkämpfte. Aber es war mir klar, dass alles für mich davon abhing, geistig-seelisch durchzuhalten, ungebeugt und frisch zu bleiben. Nachgeben hätte Absinken in den immer drohenden Nihilismus des Zuchthauslebens bedeuten können. Jeder Fußbreit der heiligen Erde der eigenen

Verantwortung musste zäh gehalten werden. Es versteht sich, dass die Nachrichten, die im November 1938 selbst in meine Zelle drangen, gerade für mich von größter und aufrüttelnder Bedeutung waren. In Paris hatte der jüdische Knabe Herschel Grünspan[165] den deutschen Botschaftsrat vom Rath erschossen. So wie Schwarzbard von mir sagte »Noch ein *Talmid* (Schüler)«, war ich versucht und geneigt, dasselbe nun von Grünspan zu sagen, der gewissermaßen in meinen Fußspuren ging. Fast drei Jahre nach meinen Schüssen in Davos – wie viel jüdisches Blut war inzwischen von Nazimörderhand vergossen worden! – hatte endlich wieder ein Jude zur Waffe gegriffen, um die Überfrechen zu züchtigen. Aber das Objekt war zu gering. Ich selbst hatte ja ursprünglich an Hitler – oder wenigstens an Göring oder Goebbels – gedacht und musste mich mit Gustloff begnügen. Aber Gustloff war ein sichtbarer Repräsentant der Nazis und eine Gefahr für die Schweiz gewesen. Der Pariser Botschaftssekretär aber galt nicht einmal als wirklicher Nazi. So kamen mir später Bedenken, ob Grünspan nicht unbewusst das Opfer nazistischer Provokateure geworden war, die zweierlei wünschten: den katholischen Aristokraten beseitigen und zugleich einen Vorwand für den furchtbaren Pogrom zu haben, der dann wohl vorbereitet am 10. November[166] in Szene gesetzt wurde. Die Gotteshäuser flammten allenthalben in Deutschland auf, jüdische Geschäfte und Wohnungen wurden demoliert, die Mehrzahl der jüdischen Männer in die Konzentrationslager verschleppt.

Obwohl ich die Tat Grünspans im Herzen segnete als die eines Genossen und wünschte, wir hätten Tausende von Grünspans, die aufstünden, um den Nazis die Faust ins Gesicht zu schmettern, so litt ich doch mit den Verfolgten nicht minder. Jedes zerstörte jüdische Menschenleben, im Gefolge der Schüsse von Paris, war mir, als hätte ich selbst einen Angehörigen verloren. Auch die Schändung der *Tora*-Rollen empfand ich als etwas Entsetzliches. Nicht aber eigentlich die Zerstörung der Prunksynagogen, welche ein Judentum in Deutschland errichtet hatte, das seine innere Leere durch äußeren Glanz zu verdecken suchte. Ich habe immer das ganz einfache ostdeutsche Stübel und *Beth-Hamidrasch* (Lehrhaus) der herrlichsten modernen Synagoge vorgezogen. Es kam mir fast wie ein Gericht über den Prunkwillen des deutschen Judentums vor, als diese Fassadenbauten zusammenstürzten. Juden, die wussten, dass sie in der *Galut* leben, bauten nicht solche Synagogen. Wer im Aufbruch nach *Erez-Israel* lebt – und das allein ist die legitime Haltung gerade des gläubigen Juden in der *Golah* – ist sich bewusst, dass jede Betstätte außerhalb des Heiligen Landes nur ein Provisorium sein kann. Die brennenden Synagogen vom November 1938 waren aber in Wirklichkeit bereits die Flammenzeichen des weit größeren Weltbrandes, den die Nazis nun im September 1939 entfesselten. Der Krieg brach aus! Wie soll ich schildern, was bei dieser Meldung, die der aufgeregte Wärter mir zubrachte, der bereits von einem bevorstehenden Grenzübertritt der Deutschen bei Schaffhausen faselte, alles in mir aufbrachte. Hoffnung und Verzweiflung, Freude und Trauer. Beides war gemischt in das Wort, vor dem wir seit Jahren gebangt und auf das wir doch wieder gehofft hatten: KRIEG. Furchtbar ist und erbarmungslos der Krieg, aber er war der einzige Weg zur Vernichtung des Nazismus, der im Begriff stand, die ganze Welt in ein einziges Konzentrationslager mit den Deutschen als Wärtern zu verwandeln.

Drei Tage vor Ausbruch des Krieges hatte mich Linny Steffen besucht. Ich war froh, die treue Freundin wiederzusehen, die auch späterhin in all den Jahren meiner Haft nie meinen Geburtstag vergessen hatte und stets fest zu mir stand. Als die Schweiz während des Krieges ernstlich bedroht war, schlossen sich Linny Steffen und meine anderen Berner Freunde – auch Unbekannte stießen dazu – zu einem Zirkel zusammen, der sich meinen Namen gab und sich mit Waffen versah, um nicht widerstandslos den Nazis in die Hände zu fallen. Auch für mich selbst stand es fest, dass ich unter keinen Umständen lebend in die Gewalt der Nazis geraten durfte. Ich hatte mir Rasierklingen und ein Taschenmesser beschafft und war fest entschlossen, mir damit die Pulsadern zu öffnen, oder sonst meinem Leben ein Ende zu machen, wenn die Nazis in Chur eindringen würden. Solle ich endlosen Martern und dem Triumph der Todfeinde mich aussetzen? Nein, lieber schied ich freiwillig aus dem Leben, das nicht schwer in meiner Hand wog.

Lieber freilich wäre ich aktiv gegen den Feind vorgegangen. Ich machte dem Regierungsrat den Vorschlag, mich im gegebenen Falle mit einer Spezialmission zu betrauen, die nur von einem Mann ausgeführt werden konnte, der bereit war, sein Leben zu riskieren. Etwa die Sprengung einer Brücke im Augenblick des deutschen Einmarsches, mit dem man gerade zu Beginn des Krieges rechnete. Natürlich lehnte Dr. Albrecht ab, da eine derartige Handlung seine Befugnisse überschritten hätte. Noch spürte man nicht, dass die außergewöhnliche Situation jedes Schema über den Haufen warf. Wollte man mich aber nicht aktiv in der Verteidigung gegen die Nazis, die nun für jeden Schweizer Pflicht war, einsetzen, so verlangte ich wenigstens aus der besonders gefährdeten deutschen Schweiz evakuiert zu werden. Hierüber sprach ich mit meinem Vormund, dem Armenpfleger von Chur, Herrn Conrad, der meine Bitte an den Regierungsrat weiterleitete, welcher auch zusagte, man würde meiner nicht vergessen. Er hat sein Versprechen gehalten. Es muss hier in Kürze nachgetragen werden, wer Conrad war und wie er zu meinem Vormund bestellt wurde. Ich hatte das Recht, ja die Pflicht, einen Vormund zu bekommen, der meine Interessen wahrte. Zunächst dachte ich an Herrn David Kin in Chur oder an Dr. Wyler in Zürich. Gerade er, als derjenige Jurist, der meinen Prozess von Seiten der Verteidigung vorbereitet hatte, schien mir als Vormund geeignet, hatte ich doch nie den Gedanken aufgegeben, nochmals vor Gericht zu erscheinen. Auf mein Drängen hin entschlossen sich die zuständigen Kreise endlich mir einen Vormund zu gewähren, aber sie bestellten ihn, eben in der Person Conrads, eines arbeitsüberlasteten, durch häusliche Zerwürfnisse und Alkoholgenuss geschwächten Mannes, der mit der Sozialpflege in Chur beauftragt, mich nur als eine Nummer unter hundert anderen »sozialen Fällen« behandelte, ohne tieferes Interesse an meinem Schicksal zu nehmen.

Aber mit Dr. Albrecht hatte er gesprochen und dieser stand zu seinem Wort. Am 27. Mai 1941[167] kam der Regierungsrat zu mir und sagte mir: »David, wir haben Ihrer nicht vergessen. Die Deutschen kommen näher und näher – wir müssen uns auf eine Invasion gefasst machen. Morgen reisen Sie in Begleitung eines Beamten in die Westschweiz, wo Sie sicherer sein werden. Schweigen Sie – und damit Gott befohlen.« Trotz der Verwirrung und Angst, die in diesen Tagen alle Bewohner der deutschen Schweiz befallen hatte, trotz eines Höchstmaßes an militärischer Verteidigungsbereitschaft, hatte man meiner nicht vergessen. Am 28. Mai, 5 Uhr morgens ging mein Zug ab, der mich nach Orbe in Sicherheit bringen sollte. Es war der Tag der Kapitulation Belgiens.

Orbe

Mit leichtem Gepäck trat ich an einem frischen Maimorgen aus der Strafanstalt in Chur. Ein Landjäger in Zivil begleitete mich und wir reisten über Zürich meinem neuen Bestimmungsort entgegen. Ich hatte ein kleines Köfferchen mit dem Nötigsten bei mir. Bücher und Schriften waren in Chur geblieben. Ein ungeheures Glücksgefühl überkam mich als ich – in bürgerlichem Anzug – eine Mütze auf dem sträflingsmäßig kahl geschorenen Kopfe, der Bahnstation zuschritt. Viereinhalb Jahre war ich hinter Kerkermauern gewesen – höchstens, dass ich (von der Fahrt zur Gerichtsverhandlung abgesehen) einmal zum Zahnarzt geführt worden war. Jetzt aber – auf der Fahrt von Zuchthaus zu Zuchthaus – sollte ich doch wenigstens einige Stunden die Illusion der Freiheit genießen. Wer nie das drückend-entwürdigende Gefühl des Eingesperrtseins gekannt hat, kann kaum ermessen, was auch nur wenige Stunden der Freiheit bedeuten können, noch dazu in einem Eisenbahnabteil, an dessen Fenstern die Herrlichkeit der Gotteswelt, die Berge und Seen der Schweiz vorbeifliegen. Ich muss es dankbar vermerken, dass mich das Taktgefühl der Schweizer Behörde auf dieser Reise durchaus nicht meine Situation fühlen ließ. Niemand von den politisierenden und schwatzenden Mitreisenden konnte ahnen, dass hier ein »Sträfling« in Polizeibegleitung reist. Keine Gefängniskleidung oder gar Handschellen behinderten mich – ich machte den Eindruck eines Reisenden unter anderen Passagieren, durch nichts von ihnen unterschieden. In Yverdon-les-Bains am Westende des Neuenburger Sees hatten wir zwei Stunden Aufenthalt. Eine kleine Nebenbahn sollte uns später nach Orbe im Kanton Waadt bringen, dessen Hauptstadt Lausanne ist.

Da wir gerade um die Mittagszeit in Yverdone ankamen, bestellte mein freundlicher Landjäger im Bahnhofsrestaurant ein gutes Mittagessen für uns beide, und wie um den Tag meiner Scheinfreiheit noch besonders zu feiern, dazu eine Flasche Wein, die wir gemeinsam leerten. Mein »Wächter« stieß mit mir auf eine frohere Zukunft an. Wir saßen unter den alten Bäumen des Wirtshausgartens in der blauen Mailuft und die Vögel zwitscherten in den Ästen, als ob eitel Friede in der Welt wäre und nicht der böse Würger Krieg allenthalben umginge. Wie vertrauensvoll mein Begleiter war, geht wohl daraus hervor, dass er mich ruhig alleine am Tische sitzen ließ, als er sich einmal auf einige Zeit empfahl, um ein Bedürfnis zu verrichten. Da saß ich nun direkt am D-Zug, der mich in einer Viertelstunde nach Lausanne gebracht hätte, 40–50 Kilometer entfernt von der französischen Grenze. Es wäre ein Leichtes gewesen, zu entkommen. Antifaschisten und Sozialisten im Lande hätten mich sicher verborgen und hinüber geleitet in die Freiheit. Aber ich lehnte diesen Gedanken ab. Sollte ich das Wort, das ich meinem Vater und mir selber gegeben hatte, brechen? Sollte ich das Vertrauen, das man in mich setzte, enttäuschen? Nein! Ich wollte bleiben und weiter freiwillig mein Schicksal auf mich nehmen. Meine Mitgefangenen, denen ich später von diesem zehn Minuten erzählte, in denen ich mit Leichtigkeit hätte entkommen können, schimpften mich einen Narren und Tölpel, ja, einen Verräter, der sozusagen die »Berufsehre« der Zuchthäusler angetastet hat, indem er da nicht entwich, wo man es ihm so leichtmachte.

Am Nachmittag kamen wir in Orbe an, einem alten, romantischen Städtchen, durch das wir mit einer kleinen Straßenbahn fuhren. Am Ende der Stadt hatten wir noch einen Fußweg von etwa zehn Minuten und dann standen wir vor einem großen, weißen Gebäude, das in modernstem Stil ausgeführt, mehr an eine großzügige Fabrikanlage, ein Bürohaus oder eine Kaserne als an ein Zuchthaus gemahnte. Mit seiner weit ausladenden Fassade, hellen Glastüren und einem gepflegten Garten unterschied sich dieses nach neuartigen Gesichtspunkten gebaute und geleitete Gefängnis wohltuend von dem alten düsteren Bau in Chur, in dem ich jahrelang gefangen gehalten worden war. Es wehte auch ein ganz anderer Geist in diesen Mauern von Orbe, zwölf Kilometer entfernt von der französischen Grenze. Etwas von der französischen Liberalität war hier zu spüren. Um den Ehrgeiz der Häftlinge – meist schwere Jungs, die längere Strafen abzubüßen hatten, während in Chur sozusagen auch »Eintagsfliegen« im Arrest saßen – anzustacheln, war das Haus in drei Klassen eingeteilt. Man begann gemeinhin mit der ersten Klasse, in der die Bestimmungen am strengsten waren und die Zellen am kärglichsten, und konnte sich durch gute Führung bis zur dritten Klasse hinaufarbeiten, in welcher es statt Pritschen ordentliche Betten gab, ein Mehr an Freizeit und Bewegungsfreiheit jedem zugemessen war und man in allem Vorzüge genoss. Durch dieses Dreiklassensystem konnte der Nihilismus des Zuchthauses gesteuert werden, der so verhängnisvoll sich auf die psychische und moralische Konstitution der Häftlinge auswirkt, die ganz hoffnungslos in den Tag hineinleben, da ihnen ja eine veraltete Gefängnisordnung im allgemeinen keine Möglichkeit des Aufstiegs mehr bietet.

Der französischsprechende Oberaufseher, der meine Personalien aufnahm, überwies mich sofort in die zweite Klasse. Ich wurde wiederum in Gefängniskleidung gesteckt, aber auch diese war hier weniger auffallend und lächerlich und erinnerte mehr an das übliche Zivil. Einer der etwa 160 Mitgefangenen führte mich ins Bad, wo ich mich von der Reise säubern konnte und erzählte mir ein wenig vom Leben hier in meinem neuen Aufenthaltsort. Die Mitgefangenen waren zumeist Westschweizer, Franzosen oder Italiener. Es gab aber auch einen »Deutschen Club« von circa 25 Nazis, die sich als »Herrenmenschen« sogar im Zuchthaus von ihren Leidensgefährten hochmütig distanzierten und eifrig die Nazipresse lasen, insbesondere *Das Reich*[168] von Goebbels, das ihnen erlaubt war. Internationale Fassadenkletterer, Zuhälter, Raubmörder, Lustmörder, Einbrecher und Gewohnheitsverbrecher aller Art, das waren meine neuen Hausgenossen – ein anderer Typ als der in Chur vorherrschende, wo meist kleine Diebe und Betrüger oder halb imbezille Dorftrottel logierten, die irgendwo in ihren Einöden der Blutschande verfallen waren. Typisch für die Burschen, mit denen man es in Orbe zu tun hatte, war ein Gewohnheitsverbrecher, der zufällig gerade in Freiheit, in einen amtlichen Meldebogen die Frage nach dem Wohnort mit »meistens im Zuchthaus« beantwortete. Obwohl man auch in Orbe – wenigstens in der ersten und zweiten Klasse – die Haare kurz geschoren bekam, wurde mir schon nach zwei Monaten gestattet, das Haar in üblicher Länge zu tragen, da ich durch meine Operation hinterm Ohr leicht an neuralgischen Schmerzen litt. Der Anstaltsarzt genehmigte mir sofort, was ich in Chur nie hatte erreichen können. Da die Nazis, (der »Deutsche Club«) gerade in der Weberei arbeiteten, wurde ich einer anderen Abteilung zugewiesen. Ich kam in die Schneiderei und hatte dort Hosen für die Häftlinge anzufertigen. Vor allem am Anfang war ich nicht sehr geschickt in dieser mir neuen Arbeit, die mich auch nicht sonderlich interessierte. So brauchte ich etwa fünf Tage für ein Paar Hosen, aber man ließ mich diese Langsamkeit nicht entgelten. In den Arbeitspausen durfte man hier sogar Schach oder Karten (!) spielen, woran in Chur ebenso wenig zu denken war, wie an tägliche Spaziergänge von je einer halben Stunde vormittags und nachmittags, während man in Chur nur am Sonntag eine halbe Stunde ins Freie kam, ja in der rauen Winterzeit oft drei bis vier Wochen von jeder frischen Luft abgeschnitten war.

Ein großer Hof mit angrenzendem Gemüsegarten war der Platz unserer Spaziergänge. Wir durften Zeitschriften und Illustrierte abonnieren, nur die Lektüre politischer Tageszeitungen war untersagt. Da aber niemand Jugoslawisch verstand, ließ man auch Tageszeitungen in dieser Sprache passieren, die ich aus meiner Heimat erhielt. Ich war also immer einigermaßen auf dem Laufenden. Auch die Quälerei mit dem Nachtgeschirr gab es hier nicht. Man konnte es je nachdem drei bis vier Mal am Tage leeren und durfte sich in der Zelle waschen. Gewiss sind das alles Kleinigkeiten, aber wo sie fehlen (wie in Chur), da wird das an sich so trübe Dasein im Gefängnis noch unnötig erschwert. Als ich darauf hinwies, dass ich aus religiösen Gründen kein Fleisch essen wollte, hatte man auch dafür Verständnis und ich erhielt stets ein Stück Käse als Ersatz für das Fleisch, auf das ich freiwillig verzichtet hatte. Der Mann, der diese Strafanstalt mit seinem klugen humanen Wesen durchdrängte, war Direktor Nicod[169], ein ehemaliger Notar in der französischen Schweiz, der mich ruhig und höflich behandelte und stets in offener Weise auf die Bedürfnisse und Nöte der Gefangenen einging. Da die Umgangssprache natürlich Französisch war, gestattete mir Direktor Nicod, dass ich französischen Unterricht nahm. Zu meinem Lehrer wurde ein Mitgefangener bestimmt, Gr. Trösch, der ein hochintelligenter und gebildeter Mann war. Ein dunkles Schicksal hatte ihn schon als Neunzehnjährigen ins

Zuchthaus geführt – lebenslänglich. Er war des Mordes an einem Chauffeur für schuldig befunden, den er in grausamer Weise – wahrscheinlich aus Eifersucht – umgebracht hatte. Nun aber, 20 Jahre später, hatte dieser Mann die grässliche Sünde seiner Jugend innerlich überwunden. Er war ein gläubiger Protestant und ein geistig überaus aktiver, ernster Mann geworden. In seiner Zelle hatte er eine Schreibmaschine und eine hübsche Bibliothek (die er zum größten Teil von dem früheren Direktor des Gefängnisses erworben hatte). Für namhafte Verleger übersetzte Trösch Bücher aus dem Französischen ins Deutsche, er schrieb Erzählungen für Schweizer Zeitungen und fertigte hübsche Schattenbilder an, die in Illustrierten reproduziert wurden. Tagsüber war er im Blumengarten beschäftigt, aber in den Abendstunden durfte so lange Licht in seiner Zelle brennen, wie er wollte, und so las und schrieb und zeichnete er dann, seine mannigfaltigen Talente produktiv erhaltend. Der Fall Trösch zeigt, wie eine humane Gefängnisführung aus der Strafanstalt tatsächlich eine Besserungsanstalt machen kann. Trösch wurde übrigens später begnadigt und ergriff dann selbst den Beruf eines Gefängniswärters, zu dem er ja durch seine eigenen jahrzehntelangen Erfahrungen im Zuchthaus geradezu prädestiniert war.

In unserer Freizeit, in der man sogar rauchen durfte, war aber auch für unsere Belehrung gesorgt. Es gab Kino und Vorträge. Hier ist vor allem der protestantische Anstaltsgeistliche Pastor Ledermann zu nennen, der sich um die Hebung des kulturellen Niveaus verdient machte. Als ich in Orbe eingeliefert wurde, war er gerade beim Militärdienst. Sofort nach seiner Rückkehr ließ er mich aber rufen und ohne, dass ich ihn danach gefragt hätte, begann er von sich aus mir zu sagen, dass im Moment meine Begnadigung noch nicht möglich sei, da die politische Lage noch zu ungeklärt wäre. Ledermann forderte mich auf, an seinen Sonntagsgottesdiensten teilzunehmen. Ich folgte (jüdischer Gottesdienst war ja nicht möglich in diesem Milieu, in dem es nur noch einen Juden außer mir gab) seiner Einladung und war angenehm berührt von der sachlichen und innigen Art dieser Gebetsstunden, die stets mit unserem Priestersegen schlossen: »Der Herr segne und behüte Dich, der Herr lasse sein Antlitz Dir leuchten und sei Dir gnädig, der Herr wende sein Antlitz Dir zu und gebe Dir Frieden.« Ich hatte in Chur auch öfters den katholischen Gottesdienst besucht, aber die schmucklose Ehrlichkeit der stark auf unsere Bibel gegründeten kalvinistischen Andachten lag meinem jüdischen Empfinden viel näher.

Pastor Ledermann verschaffte mir übrigens auch die Bekanntschaft des einzigen jüdischen Mitgefangenen Bernhard Rosner[170], eines kommunistischen Spanienkämpfers, der eigentlich nur wegen illegalen Grenzübertritts und weil man seine politische Betätigung in der Schweiz befürchtete, hier gefangen gehalten wurde. Später ging Rosner nach Frankreich und spielte im Maquis[171], der französischen Untergrundbewegung gegen die Nazis, eine bedeutende Rolle. In unseren Gesprächen versuchte ich Rosner, der ganz in der kommunistischen Doktrin gefangen war, stärker im jüdisch-zionistischen Sinne zu beeinflussen. Natürlich stellte er meinen Argumenten die seinigen gegenüber, aber gerade solche Gespräche ideologisch-systematischen Charakters waren für mich damals eine Wohltat. Die meisten anderen Leidensgefährten waren ganz außerstande, ein geistiges Gespräch zu führen. Auch dort, wo Rosner und ich nicht harmonierten, verband uns doch der klare Wille, größere Zusammenhänge zu erkennen und zu durchdenken. Ich bewahre ein hübsches Andenken an diesen Mann, der früher Verleger war und nun im Gefängnis ein kleines Büchlein handschriftlich im so genannten »Gitter-Verlag« herausgab. Es war reizend ausgestattet und nannte sich: »Der Zauberer«. Ein politisches Märchen erzählte da Rosner, dessen Held Barbario hieß und offensichtlich die Züge Hitlers und Mussolinis trug. Alte Märchenmotive wie Andersens Geschichte von des Kaisers neuen Kleidern, die niemand sehen konnte und vom Dornröschen, das mit allem Hofgesinde in tiefen Schlaf versank, waren geschickt zu einer Zeitsatire verwoben. Es ist bewundernswert, dass Rosner in seiner traurigen Lage Humor und Konzentration genug aufbrachte, um dieses hübsche Bändchen zu schaffen.

Rosner nun war es, der mir zu einem Radioapparat verhalf, der allerdings mein Verhängnis werden sollte. Es war dies ein ganz kleiner Detektor, der in einer Ovomaltine-Konservenbüchse untergebracht war und zwanzig Schweizer Franken gekostet hatte. Mittels Kopfhörer konnte ich den Westschweizer Sender hier abhören. Einen Draht befestigte ich als Erdung an meiner eisernen Bettstelle, den anderen als Antenne an der Glühbirne der Deckenbeleuchtung. Wenn man die Decke über den Kopf gezogen im Bette lag, war es möglich, unbemerkt Radio zu hören. Im Übrigen drückten die Wärter aber auch ein Auge zu, denn ich war nicht der Einzige der hier einen derartigen Apparat hatte. Um sich zu vergegenwärtigen, wie wichtig für mich gerade in dieser Zeit der Apparat war, muss ich kurz auf die politische Lage zu sprechen kommen. Schon hatte die Welt die furchtbare Enttäuschung des französischen Zusammenbruchs erlebt. Frankreich, das wir für das Bollwerk der westlichen Demokratie gehalten hatten, war – ausgehöhlt durch Korruption und Verrat – zusammengebrochen. Am Karfreitag (!) 1940 überfiel das »christliche« Italien Albanien – und im Hintergrunde aller Überfälle, Invasionen und Annexionen stand die große ungelöste Frage der Beziehungen von Deutschland und Russland, das ein Bündnis mit dem Nazireiche[172] geschlossen hatte. Nur England, auf das wir damals mit Bewunderung blickten, das England Winston Churchills stand wie ein Fels inmitten des allgemeinen Zusammenbruchs. Es fiel mir, der ich aus der Abgeschlossenheit meiner Zelle die Zeitereignisse mit brennender Sorge verfolgte, auf (entsetzt vor allem durch die furchtbaren Nachrichten, die nun aus Polen, Österreich und Deutschland über das grauenvolle Schicksal der Juden zu uns drangen), dass alle Raubzüge Hitlers vor jüdischen Feiertagen begonnen. Bei der astrologisch-magischen Einstellung dieses Halb-Wahnsinnigen ist es ja keineswegs ausgeschlossen, dass in der Wahl dieser Zeitpunkte eine Absicht lag. Der »Anschluss« Österreichs erfolgte kurz vor *Pessach*, der Überfall auf Polen und damit der Krieg selbst begann vor *Rosch HaSchana* – nun aber, kurz vor *Pessach* 1941, erfolgte der Überfall auf Jugoslawien.[173]

Die regierenden Kreise meiner Heimat hatten den Anschluss an die Achse gesucht, aber das Volk widersetzte sich spontan dieser Preisgabe der Freiheit. Die Antwort war der grausame Überfall auf Belgrad, das obwohl zur »offenen Stadt« erklärt, entsetzlich bombardiert wurde. Ich wusste, dass mein Vater sich gerade um diese Zeit zu einer Vorstandssitzung des jüdischen Gemeindebundes in der gefährdeten Stadt befand, und ich zitterte daher um sein Leben. Mein Bruder war sofort als Militärarzt zur Armee eingerückt. Später geriet er in Kriegsgefangenschaft. Die Zeitungen aus Jugoslawien trafen nun natürlich nicht mehr ein. Alle Verbindungen waren abgebrochen. Schweizerische politische Blätter durfte ich nicht ins Gefängnis bekommen – so war mein kleiner Radioapparat in der Konservenbüchse die einzige (freilich verbotene) Verbindung mit der Außenwelt. Mit fiebernden Wangen hörte ich die Nachrichten über Jugoslawien, die mich unmittelbarer noch als alles andere betrafen. Und gerade um diese Zeit wurde mir der Apparat gestohlen. Ich war verzweifelt. Ich ging so weit, sogar dem Wärter mein Leid zu klagen und dieser versicherte mir, dass der Apparat keineswegs konfisziert worden war. Es stand fest, dass es mein Zellennachbar, ein alter Verbrecher, der schon 22 Jahre Zuchthaus hinter sich hatte, der Dieb war. Ob er den Apparat für sich selbst verwenden wollte, oder ihn weiter »verkauft« hatte, war für mich einerlei. Ich konnte ihn nicht mehr zurückbekommen, und brannte doch darauf, wenigstens diese eine, letzte Verbindung mit der Welt im Allgemeinen und mit Jugoslawien im Besonderen aufrechtzuerhalten. Durch Rosner kannte ich einige politische Häftlinge, die größere Freiheiten als andere genossen. An einen von ihnen wandte ich mich mit der Bitte, einen Brief seiner Mutter zu übergeben, die am Sonntag zu ihm kam und ihm frische Wäsche brachte. Diese Frau sollte mein Schreiben herausschmuggeln. Ich bat darin meine Freunde, mir 20 Franken zu schicken, damit ich mir einen neuen Apparat anschaffen konnte.

Man schrieb Mai 1941. Seit Februar war ich in der Kleiderausgabestelle beschäftigt. Dort hatte ich Gelegenheit, einem dieser politischen Häftlinge meinen Brief auszuhändigen, aber das Unglück wollte es, dass der Brief abgefangen wurde. Direktor Nicod ließ mich zu sich rufen. Er blieb auch in dieser Situation sachlich und gerecht: »Sie haben mich tief enttäuscht«, sagte Nicod. »Ich hatte Vertrauen zu Ihnen und nun sehe ich, dass Sie uns hintergehen wollten. Sie haben versucht, einen Brief herauszuschmuggeln, um sich einen Radioapparat anzuschaffen, obwohl Sie wissen, dass das streng verboten ist.«

Ich versuchte, ihm meine seelische Bedrängnis verständlich zu machen. Vater und Bruder schwebten in

Gefahr und ich war (wenn ich kein Radio hatte) von allen Nachrichten abgeschnitten. Er verstand das, aber er konnte und durfte es nicht billigen. »Ich habe dem Manne, der den Brief weiterleiten sollte, fünf Tage Dunkelarrest aufbrummen müssen«, sagte Nicod ernst. »Sie sind mindestens so schuldig wie er, was soll ich nun mit Ihnen tun?« »Geben Sie mir dieselbe Strafe«, entgegnete ich. »Ich werde sie ohne Widerstand auf mich nehmen.« Und so ging es wiederum in den grausamen Dunkelarrest, der hier noch strenger war als in Chur, bekam man doch nicht einmal Brot, sondern täglich nur zweimal einen halben Topf Suppe. Zu Dunkelheit und Einsamkeit, erzwungener Untätigkeit und dem Schlafen auf der nackten Erde, kam so noch der bittere Hunger hinzu. Ich habe einmal einen Häftling gesehen, der das Höchstmaß dieser drakonischen Strafe erdulden musste: 21 Tage (!), er war fast zum Skelett abgemagert. Aber auch diese Zeit ging vorüber. Schlimmer war für mich, dass ich von der dritten Klasse, zu der ich bereits avanciert war, in die erste versetzt wurde. Der Tabak wurde mir entzogen und das Haar wieder nach Sträflingsart geschoren.

Einen gewissen Trost in dieser unglückseligen Situation verschaffte mir das großartige Buch von Professor Édouard Claparède »Moral und Politik«[174] (in französischer Sprache, die ich inzwischen recht gut erlernt hatte), in welchem der Fall des russischen Emigranten Conradi, der in der Schweiz einen Sowjetdiplomaten erschossen hatte, mit dem meinigen verglichen wurde. Claparède zeigte auf, wie dieselbe bürgerliche Presse, die Conradi in Schutz nahm, gegen mich scharfmacherisch vorging. Conradi hatte eben einen Repräsentanten der verhassten proletarischen Revolution erschossen, indes ich die Waffe gegen einen Mann der blutigsten Reaktion gerichtet hatte. Claparède entlarvte die Hintergründe einer zwiespältigen Haltung.

Am 20. Juni 1941 ließ mich der der Direktor zu sich rufen und teilte mir mit, dass ich nach Chur zurückversetzt würde. Ich fragte ihn, ob diese Überführung mit meinem Verstoß gegen die Hausordnung zusammenhänge, was er aber bestritt. Vielmehr gab er der Sache einen rein administrativen Anstrich. Die Gefängnisverwaltung in Chur musste für meinen Aufenthalt in Orbe zahlen und war dazu nicht mehr gewillt, zumal nach dem Zusammenbruch Frankreichs in der Westschweiz für mich keine höhere Sicherheit bestand als im Kanton Graubünden. Später stellte sich freilich heraus, dass ich mit meiner Vermutung doch Recht hatte. Die unglückselige Angelegenheit mit dem Radioapparat hatte mir die Gunst Nicods verscherzt. Am 21. Juni (es war ein *Schabbat*) brachte mich derselbe Landjäger wieder zurück in meine düstere »Heimat«, das Zuchthaus von Chur. Am Tage der Kapitulation Belgiens war ich abgereist – am Tage des deutschen Überfalls auf Russland kehrte ich zurück. Der letzte, blutigste Akt des Zweiten Weltkrieges hatte begonnen.

Wieder in Chur

Ein beklemmendes Gefühl beherrschte mich bei meiner »Heimkehr« in den düsteren Sennhof von Chur, wo ich sofort wieder in meine alte Zelle eingeliefert wurde, die Stätte so vieler trostloser Tage und Nächte. Direktor Tuena verneinte zwar nun auch seinerseits, dass es mein Bruch der Hausordnung in Orbe war, der mich zurück in die engeren Verhältnisse von Chur geführt hatte, aber bald erfuhr ich dennoch, dass das Justizdepartement in Lausanne – die Orbe übergeordnete Stelle also – meine Rückführung nach Chur wegen des in Orbe entstandenen Konfliktes angeordnet hatte. Weit mehr aber als mein kleines Einzelschicksal bewegte mich das große Geschehen draußen in der Welt. Endlich, endlich hatte sich Russland klar und eindeutig entschieden, oder der deutsche Angriff hatte es zur Entscheidung gezwungen. Nun stand es in der Front der antifaschistischen Mächte, die zum Entscheidungskampf gegen Hitler alle Kräfte, die nur irgend verfügbar waren, einsetzten. Wohl konnte man aufatmen, der Bann war gebrochen – das Gespenst des Verrates gebannt, die unselige Allianz zwischen Moskau und Berlin gelöst – aber wir alle, die wir mit den proletarischen Massen der Sowjetunion fühlten und Millionen jüdischer Brüder in ihrem Gebiet wussten, zitterten um den Ausgang dieser größten Entscheidung des Krieges. Wird Russland standhalten können? Das war die Frage, die alle bewegte.

Noch glaubte man in der Schweiz in weiten Kreisen an den Mythos von der Unbesiegbarkeit des deutschen Heeres. Ich aber schrieb an meinen Freund Rosner, den Meister vom »Gitter-Verlag«, der »Hitler-Krug geht so lange zum Stalin-Brunnen bis er bricht!«, und gottlob, ich sollte Recht behalten. Noch brennender aber war die Sorge um *Erez-Israel*, dem sich die Armee Rommel[175] mit Riesenschritten näherte. Sollte das Hakenkreuzbanner über Jerusalem wehen? Das wäre das Furchtbarste vom Furchtbarsten gewesen, das Ende aller unserer Hoffnungen. Nein, nein, das durfte und konnte nicht geschehen, das nicht!

Da aber kamen die drei großen Wendepunkte des Krieges, die den Blick in eine lichtere Zukunft des Sieges eröffneten. Montgomery schlug bei El Alamein das Afrikacorps Rommels[176] vernichtend, vor Stalingrad kam mit der restlosen Aufreibung der Armee Paulus[177] die deutsche Offensive im Osten Europas zum Stillstand und in Marokko und Algier landeten die Amerikaner[178] und zeigten damit, dass sie willens und fähig waren – wie im Ersten Weltkriege – die Entscheidung herbeizuführen. Der verhängnisvolle Isolationismus der USA war überwunden. In meiner Heimat hatten sich die Partisanen Jugoslawiens unter der kraftvollen Führung Titos in den Bergen und Wäldern organisiert und gingen zur Offensive gegen die Nazis vor. So blühte auch dort wieder Hoffnung, wo ich noch den Vater wusste, während meine Schwester in dem inzwischen ungarisch gewordenen Gebiet nördlich der Donau wenigstens in relativer Sicherheit war. Dort schnitt man zwar den Juden die Erwerbsmöglichkeiten ab, doch bedrohte man sie noch nicht an Leib und Leben. Im Herbst 1941, kurz nach *Sukkot*, erhielt ich die letzte Nachricht von meinem Vater, eine kurze Postkarte, in der er zwar von der Unsicherheit der Verhältnisse sprach, aber wohl doch noch nicht ahnen konnte, wie nahe das bittere Ende vor der Türe stand.

Abenteuerlich waren die Schicksale meines Bruders Alfons in dieser Zeit. In Mazedonien war er in deutsche

Kriegsgefangenschaft geraten, d.h. das ganze jugoslawische Armeecorps, dem er als Arzt angehörte, fand sich eines Tages von den Deutschen umzingelt. Alfons aber, der sich ja als Jude – und mein Bruder – weit mehr gefährdet wusste als seine Kameraden, wagte das Tollkühne: er schwang sich bei Nacht auf sein Pferd und es gelang ihm unbemerkt, den nicht ganz dicht geschlossenen deutschen Kordon zu durchbrechen. Aber die Nazis holten ihn ein. Es war ein ungleicher Wettlauf, den er an der Südspitze Griechenlands, in der Stadt Calamata, unweit der Insel Kreta, aufgeben musste. Selbstverständlich fragte der vernehmende Offizier meinen Bruder, ob er mit David Frankfurter, dem Mörder Gustloffs verwandt sei. Es war das Gebot nackter Selbsterhaltung, dass Alfons dies leugnete, und der Nazi dumm-stolz auf die Allwissenheit der Gestapo, die keinen entgegensetzten Rapport erstattet hatte, gab sich mit dieser Antwort zufrieden. Das Beste war, dass mein Bruder und ich während seiner Gefangenschaft in postaler Verbindung blieben. In Chur war ein polnisch-jüdischer Soldat, David Finkelstein, über dessen Adresse unserer Korrespondenz geführt wurde. Statt an David Frankfurter schrieb Alfons eben an seinen »Vetter« David Finkelstein, von der aus Frankreich in die Schweiz geflüchteten polnischen Armee und diese Briefe passierten die deutsche Militärzensur ungehindert.

Es versteht sich von selbst, dass ich angesichts der drohenden Lage in Jugoslawien und der immer schwerer und gefährlicher werdenden Zustände in Ungarn, alles daransetzen wollte, um Vater und Schwester in Sicherheit zu bringen. Ich hatte Freunde in der Welt – ich wollte sie mobilisieren, um meine Angehörigen vor der Rache der Nazis zu bewahren. Aber mir, einem Häftling im Zuchthaus, waren ja die Hände gebunden. So setzte ich wiederum meine Hoffnungen auf einen wirklich tüchtigen und aktiven Vormund, der sich meiner Sache und damit der meiner Familie annahm. Armenpfleger Konrad kam für so eine Aufgabe überhaupt nicht in Frage, zudem war er auch von Chur weggezogen. Zunächst dachte ich wiederum an Herrn David Kin und vor allem an Dr. Wyler, aber man bedeutete mir, dass die Bestellung eines jüdischen Vormundes nicht gern geduldet würde. Dennoch fiel meine Wahl zunächst wiederum auf einen jüdischen Juristen, allerdings einen Mann von so hohem Einfluss und politischer Dignität, dass gegen ihn wohl keine Schweizer Behörde Einwände gemacht hätte. Es war dies Großrat Rechtsanwalt Silberroth[179] in Davos. Er hatte selbst viel unter den Angriffen und Drohungen Gustloffs zu leiden gehabt und – Ironie des Schicksals – Frau Gustloff war früher Silberroths Sekretärin gewesen. Advokat Silberroth, Mitglied des Großen Kantonsrates von Graubünden, hatte sich in gesetzgeberischem Sinne besonders für mich eingesetzt, ja seine – schließlich angenommene – Gesetzesvorlage wurde in Juristenkreisen geradezu als »Lex Frankfurter« bezeichnet.

Im Jahre 1939 hatte der Bundesrat ein neues Eidgenössisches Strafgesetzbuch angenommen, das 1941 in Kraft trat. Dieses neue Gesetzbuch trat an Stelle der divergierenden kantonalen Rechtsordnungen und vereinheitlichte so die Rechtspflege in der ganzen Schweiz. Diese Änderung des Gesetzes brachte eine Fülle von juristischen Problemen für die Übergangszeit mit sich, unterschieden sich doch beide Rechte oft in wesentlichen Punkten. Was meinen Fall anlangte, so sah das alte Gesetz, nach dem ich abgeurteilt war, nur zwei Arten der strafbaren Tötung vor, die hier in Frage kamen: erstens Mord. Hierauf stand ein Strafmaximum von 25 Jahren, das Strafmindestmaß waren 15 Jahre. Zweitens war Totschlag vorgesehen (Tötung im Affekt, ohne planmäßige Absicht), diese Vergehen wurde mit fünf Jahren Zuchthaus geahndet. Ganz anders gestaltete sich aber nun die neue Rechtslage. Sie sah drei verschiedene Arten der Tötung vor: Mord, Totschlag und vorsätzliche Tötung (§ III). Diese unterscheidet sich vom Mord dadurch, dass das Moment der »niedrigen Gesinnung« fehlt. Politischer Mord, begangen aus unpersönlichen Motiven (mein Fall also!), fiel nach neuem Recht unter die Kategorie der Tötung. Das Gesetz sah hierfür ein Minimum von fünf Jahren Zuchthaus vor. Maximalstrafen waren im neuen Gesetz nicht vermerkt, sondern dem Ermessen des Gerichtes anheimgegeben. Wichtig war nun aber vor allem folgende juristische Sachlage: während nach altem Gesetz eine Begnadigung erst nach Verbüßung von zwei Dritteln der Strafzeit möglich war, in meinem Falle also erst nach zwölf Jahren Zuchthaus, war nach neuem Gesetz die Begnadigung jederzeit möglich, d.h. ich hätte schon um Begnadigung einkommen können.

Nun entstand aber das Problem der »Übergangszeit«. Mein Prozess hatte 1936 stattgefunden. Ich war also rechtmäßig nach altem Gesetz abgeurteilt worden. Wiederaufrollung des Prozesses nach den neuen, milderen Gesetzen, war daher nicht statthaft. Fraglich war aber, ob die Wirkung des Urteils, die Strafe nicht im Lichte der neuen Gesetzgebung zu betrachten war? Hier ist zu bemerken, dass der allgemeine Grundsatz Geltung hatte, wo immer das neue Gesetz milder urteilte als das alte, sollte man sich in Zweifelsfällen nach ihm richten. Interessant, dass der *Talmud* dieselbe Rechtsauffassung hat und daher die *Halacha*-Gesetzesentscheidung fast immer gemäß der leichteren Auffassung der Schule Hilles und gegen die härter der Schule Schammais gefällt wurde. Großrat Silberroth wandte nun diese Maxime auf das Begnadigungsrecht an und schlug – offensichtlich im Hinblick auf mich – vor, dass auch in Fällen, wo ein Verbrechen nach altem Recht ordnungsgemäß abgeurteilt war, die Begnadigungsmöglichkeit gemäß der neuen Verordnung zu handhaben sei, wenn die Strafe nach Inkrafttreten des neuen Rechts (1941) noch nicht abgebüßt war. Wenn ich auch damals noch nicht wusste, dass Rechtsanwalt Dr. Silberroth in so weitgehender Weise – und mit grundsätzlichem Erfolg – für mich (natürlich ohne meinen Namen zu nennen) eintrat, so konnte und durfte ich doch annehmen, dass ein Mann wie er, Vorkämpfer demokratischer Freiheit und eine Persönlichkeit von höchstem Rechtsempfinden, dazu ein persönlicher Gegner Gustloffs, für mich einzutreten gewillt war.

Dennoch fiel meine Wahl schließlich auf einen Nichtjuden – den Redakteur Paul Schmid-Ammann[180], der selbst in Chur lebte. Er versah dort das Amt des außenpolitischen Redakteurs der *Neuen Bündner Zeitung* und gehörte zu den Mitgründern der verbreiteten Wochenschrift *Die Nation.* Schmid-Ammann war ein linksgerichteter Publizist, dem Kreis um Ragaz nahestehend, und ein aufrichtiger Freund des jüdischen Volkes. Ich hatte sein Büchlein »Das Rätsel Deutschland« (1933[181]) gelesen, in dem er scharf gegen Preußentum, Militarismus, Nazismus und Antisemitismus zu Felde zog. Unvergesslich blieb mir darin die Wendung: »Wer um die jüdische Sache bangt, der wird sich gegen den Nazismus stellen.« Wer um die jüdische Sache bangt! So schrieb ein Schweizer, ein Protestant, ein Nichtjude! Das war mein Mann, an den ich mich wenden wollte, um ihm das Geschick der Meinen anzuvertrauen.

Ich sprach mit dem neuen evangelischen Gefängnisgeistlichen Pfarrer Caprez über den Plan, Redakteur Schmid-Ammann zu bitten, meine Vormundschaft zu übernehmen. Er riet mir durchaus zu und wandte sich direkt an Schmid-Ammann, der gerne und freudig einwilligte. Zwei Wochen später bestätigte die Behörde die Bestellung Schmid-Ammans zu meinem Vormund. Ich habe mich nicht geirrt und keinem Unwürdigen mein Vertrauen geschenkt. Stets aufgeschlossen und hilfsbereit, besuchte mich mein neuer Vormund, so oft es erforderlich war und es seine Zeit zuließ. Er leitete meine Wünsche und Vorschläge zumeist an Dr. Wyler weiter, kurz; er half, wo er konnte. Wenn es dennoch nicht gelang, meinen Vater zu retten und meine Schwester mit ihrer Familie aus Ungarn zu befreien, so war es nicht seine Schuld. Die Verhältnisse waren stärker als meine und seine Möglichkeiten. Mit der Änderung der Weltlage (das Kriegsglück begann sich ab 1942 langsam von den Nazis abzuwenden), wurde meine Lage etwas leichter. Im Verhalten zu mir spiegelte sich in winzigem Maßstabe immer die politische Situation. Man gestattete mir nun z.B. am *Schabbat* die Weberei zu verlassen und dafür in der Bibliothek zu arbeiten, d.h. Bücher an die Gefangenen auszugeben und gelesene Bücher wieder einzuordnen. Ich selbst war allerdings auf die sehr bescheidene Anstaltsbibliothek nicht angewiesen. Freunde aus aller Welt sandten mir Bücher und die jüdische Bibliothek in Zürich[182] belieferte mich auch weiterhin. Von besonderem Interesse war für mich das 1941 bei Victor Gollanz in London erschienene Tagebuch des amerikanischen Gesandten Dodd[183], der in den Jahren 1933 bis 1938 die Vereinigten Staaten in Berlin vertrat.

An mehreren Stellen seiner Aufzeichnungen kommt Botschafter Dodd auf meinen Fall zu sprechen und ich konnte aus diesen Notizen manches über die Wirkung und Darstellung des Attentats erfahren. Am Mittwoch, den 19. Februar 1936 vermerkt Dodd:

»Vor einer Woche wurde ein Nazipropagandist in der Schweiz, namens Gustloff, von einem deutschen Juden (!), der jugoslawischer Bürger geworden war, ermordet. Gustloff beunruhigte das Schweizer Volk jahrelang und der hiesige Gesandte hat mehr als einmal dagegen protestiert, so wie ich es 1934 in Amerika gegen ähnliche Propaganda tat. Als der Mord hier bekannt wurde, wurden alle Fahnen auf Halbmast gezogen. Nicht einmal Hindenburgs Tod wurde mit mehr öffentlicher Aufmerksamkeit begangen. Hitler machte einen erstaunlich wilden Angriff (attack) auf alle Juden… Die Presse meldet, dass die Schweiz dem Mörder des Gustloff ein Denkmal setzen will.«

Ich musste hell auflachen. Weiß Gott, es sah hier nicht so aus, als ob ich bereits denkmalreif geworden wäre. Ich hätte in meiner gestreiften Sträflingsjacke mit kahl geschorenem Kopf auch kein imponierendes Denkmal abgegeben. Am 3. November 1937 besuchte der schweizerische Gesandte seinen amerikanischen Kollegen und sprach ihm von den Befürchtungen einer deutschen Invasion, vor der sich »sein kleines Land« bedroht fühlte. Jetzt, im Sommer 1943, schien diese Gefahr aber, wenn auch noch keineswegs überwunden, so doch geringer geworden zu sein.

Ich hätte mich der kleinen Verbesserungen meines Loses erfreuen können, wenn nicht zu der steten Sorge um meine Angehörigen die Schikanen eines neuen Gefängniswärters getreten wären, eines jüngeren Mannes von etwa 28 Jahren, der sich Bruderer nannte und ein fanatischer Protestant war. Er gab sich mir gegenüber zunächst als »Judenfreund« aus und traktierte mich mit den Missionsschriften der »Freunde Israels« in aufdringlichster und primitivster Weise. Als er aber sah, dass seine Bekehrungsversuche bei mir nichts fruchteten, schlug sein anfängliches Interesse in grimmigen Hass um und er beschimpfte mich in der rüdesten Weise als den »schlimmsten Saujuden«, der wie alle Juden an den Galgen gehöre. Im Kleinen wiederholte sich hier eigentlich dasselbe Phänomen, das im Anfang der Reformation zu beobachten war. Luther hatte sich bekanntlich zunächst um die Juden mit seiner Schrift »Dass Jesus Christus ein geborener Jude sei« bemüht und war dann enttäuscht, ein Judenfresser bösartigster Sorte geworden, wovon sein Pamphlet »Von den Juden und ihren Lügen« Kenntnis gibt, eine Schmutzschrift, die oft die gemeinsten Verleumdungen und Drohungen des *Stürmer* vorwegnimmt!

Ich war fest entschlossen, mir die Gemeinheiten eines rohen Kerls wie Bruderer nicht mehr bieten zu lassen und als ich auch bei Tuena hier nicht zu meinem Recht kam, trat ich einfach in den Streik. Ich war nicht mehr bereit, unter der Aufsicht eines Mannes zu arbeiten, der sich antisemitische Schmähungen mir gegenüber zu Schulden kommen ließ. Ich wandte mich mit einem Beschwerdebrief an Regierungsrat Albrecht und als dieser nicht antwortete, griff ich zum letzten Mittel, das dem Gefangenen bleibt, zum Hungerstreik. Vier Monate lang verweigerte ich die Arbeit und saß zuerst einen Monat lang ohne Bücher (Bibel und Gebetbuch ausgenommen, ebenso einige Zeitungen, die ich freilich illegal besaß) in meiner Zelle, schließlich durfte ich doch wenigstens lesen, was ich wollte. Nachdem ich meinen Streik durch siebentägiges Fasten verschärft hatte, lenkte Regierungsrat Albrecht ein.[184] Er besuchte mich und versprach mir baldige Versetzung in eine andere Abteilung, in der ich mit Bruderer nichts zu tun hatte. Diesem wurde es streng untersagt, sich weiter unflätig gegen mich zu äußern.

Ich ging – halben Herzens – auf diesen Kompromiss ein. Eigentlich hatte ich Bruderers Entfernung von der Anstalt verlangt. Durch diese Nachgiebigkeit konnte ich wenigstens eine alte Freundin aus meiner Heimat sehen, die zufällig am selben Tage wie ich geboren war, und nun unseren gemeinsamen 34. Geburtstag zum Anlass eines Besuches im Gefängnis nahm. Sie lebte schon seit zwei Jahren in der Schweiz, aber dennoch war sie für mich ein Gruß aus dem Lande, in dem ich meinen Vater unter den entsetzlichen Verhältnissen, der Nazi-Invasion, wusste. Aufseher Bruderer war inzwischen zum Militärdienst eingezogen worden, als er jedoch wieder nach Chur kam, wurde ich nach kurzer Zeit aus der Weberei in die Küche versetzt. Dort hatte er nichts zu suchen, und ich konnte zusammen mit der Frau des Verwalters, eine friedliche, gutmutige Person, und einigen weiblichen Mitgefangenen ungestört arbeiten. Auch in der Wäscherei half ich zuweilen aus.

Diese neue Arbeit brachte mich, wie gesagt, mit Frauen und Mädchen in Verbindung, was für einen jungen Mann, der durch Jahre von allem Weiblichen ganz unnatürlich ferngehalten worden war, geradezu eine kleine Sensation bedeutete. Man macht sich ja nur schwer eine Vorstellung von der dumpf schwelenden Erotik, die das Zuchthausleben beherrscht. Nicht nur, dass es ganz ausgeschlossen ist, die natürlichen Triebe irgendwie zu befriedigen, das Abgeschlossensein und der Mangel an Bewegung und frischer Luft, das Fehlen fast jeder Freude steigert die sexuelle Begierde ins Krankhafte. Der Gefangene, der sich am Abend ruhelos auf seiner Pritsche wälzt, wird von den wildesten Gelüsten bedrängt, seine Fantasie übersteigert sich und nichts entspricht ihr in der kahlen, trostlosen Wirklichkeit eines Gefängnistages. So genügt oft nur eine winzige Berührung, ja ein Blick, um alle aufgestauten Leidenschaften jäh zu entfesseln. Keine Möglichkeit der Sublimierung verfeinert hier den zurückgehaltenen

Instinkt. So erinnere ich mich eines jungen Mädchens, das ich vom Treppenflur des Gefängnisses aus im gegenüberliegenden Trakt des Frauengefängnisses für einen Augenblick sah. Ich lächelte der Gefangenen zu und winkte ihr. Sie erwiderte meinen Blick mit ungestümer Heftigkeit, riss sich das grobe Kleid vom Leibe und zeigte mir die weißen Brüste. Dann war sie verschwunden, ehe die Wärterin sie ertappen konnte.

Aber auch eine junge Wärterin selbst schrieb mir damals glühende Liebesbriefe, die rührend und komisch zugleich sind. Die Unmöglichkeit einer freien Liebesbeziehung, das Verbotene jeder Berührung lässt alle Nuancen der Liebe verschwinden, übrig bleibt der Brunstschrei der gequälten Kreatur. Ich habe hier auf wenigen Seiten ein paar Episoden festgehalten aus einem Zeitraum von Jahren: genauer Sommer 1941 bis zum Herbst 1944. Wie rasch schreibt sich das hin, wie viel rascher noch liest es sich und welche Ewigkeit waren diese Jahre. Acht Jahre Zuchthaus hatte ich nun hinter mir. Acht Jahre der Eintönigkeit und Unfreiheit, der Demütigung und Entbehrung. Worte reichen nicht aus, um das grauenvolle Einerlei dieser Zeit zu schildern. Im Herbst 1943 aber sah ich die Zeit gekommen, mit meinem Vormund Schmid-Ammann die Möglichkeit einer abermaligen Revision meines Prozesses zu erörtern. In einer politischen Atmosphäre, in welcher die Schweiz vor dem mächtigen Dritten Reiche zitterte, war ich verurteilt worden. Jetzt, da dieses »tausendjährige Reich« begann in rauchende Trümmer zu zerfallen, war der Augenblick gekommen, nochmals an das Recht zu appellieren.

Begnadigung

»Erbarmen – weig're ich!
Fordere Du – Dein Recht!«
Richard Beer-Hoffmann,
Jaakobs Traum II, 1445

Schon im September 1943 hatte mich der junge Rabbiner Dr. Eugen Messinger besucht, um mir anzukündigen, dass seiner Ansicht nach jetzt der Zeitpunkt der Begnadigung für mich nicht mehr allzu fern sein möchte. Ich aber wollte damals nichts von Gnade hören, mir ging es um mein Recht. Gerade die widerwärtigen Erfahrungen der letzten Zeit mit dem sadistischen Wärter Bruderer hatten mein Rechtsempfinden noch mehr aufgestachelt. Ich hieb zornig mit der Faust auf den Tisch und fuhr den guten Dr. Messinger (der doch in der besten Absicht zu mir gekommen war) an: »Keine Gnade erflehe ich – mein Recht will ich haben! Ich nehme nicht geschenkt, was mir von Rechts wegen zukommt!«

Was mir vorschwebte, war zweierlei: Erstens wollte ich durch ein Wiederaufrollen des Prozesses die verpassten Gelegenheiten nachholen. Diesmal würde ich mir kein Schlusswort mehr entziehen lassen, diesmal wollte ich selbst den ganzen Komplex des Nazismus aus dem Gesichtswinkel meines eigenen Erlebens darstellen, um den Richtern und der Öffentlichkeit, ob sie hören wollten oder nicht, klipp und klar darzulegen, dass es für mich gar keine Konsequenz geben konnte als die Schüsse von Davos, die man so heuchlerisch im ersten Prozess umgedeutet hatte als die Reaktion eines am Leben gescheiterten, verbummelten Studenten. Nein, so billig wollte ich es nicht noch einmal geben: Die ganze Schwere der rein politischen Motivierung meiner Tat sollte klar zutage treten, ob es den Herren passte oder nicht. Zweitens sollte die Wiederaufrollung des Verfahrens zeigen, dass die Naziwühltätigkeit auch heute – 1943 – in der Schweiz noch nicht aufgehört hatte, ja, dass zu der politischen Spitzeltätigkeit sogar noch die gefährlichere militärische Spionage getreten war. Der Prozess Frankfurter in zweiter Instanz sollte die Schweiz abermals aufrütteln und ihr zeigen: Die Hydra ist nicht damit erledigt worden, dass ihr ein Haupt abgeschlagen wurde. Gustloff lebt noch in seinen Spießgesellen fort, die seine Unterminierungsarbeit fortführen.

Dr. Messinger ging auf meine Ideen soweit ein, dass er sich mit dem Präsidenten der Jüdischen Gemeinde in Bern, dem Rechtsanwalt Dr. Brunschvig in Verbindung setzte und ihn als Fachmann zu Rate zog. Dr. Brunschvig besuchte mich dann auch später selbst. Zur Vorbereitung einer Revision des Prozesses wurden nun auf Dr. Brunschvigs Anregung zwei Gutachten ausgearbeitet, ein juristisches und ein psychiatrisches, die ich freilich nie zu Gesicht bekam. Es ist mir bis heute nicht ganz klar, warum man – selbst nach meiner Entlassung aus dem Gefängnis – diese Dinge mit dem Schleier des undurchdringbaren Geheimnisses umgab. Schließlich war ich erwachsen und erfahren genug, um in Dokumente Einblick zu nehmen, die keinen andern als mich selbst betrafen.

Ende Oktober 1943 suchte mich der Zürcher Psychoanalytiker Dr. Kroll[185] auf, ein jüdischer Arzt, um im Gespräch mit mir die Unterlagen für sein Gutachten zu sammeln, das die Affektseite meiner Tat herausarbeiten sollte. Der Kontakt zwischen mir und Dr. Kroll war aber nur ein überaus loser. Nicht nur, dass wir einander kaum kannten (und gerade die psychoanalytische Methode setzt ja ein tiefes und gründliches Sich-Kennen-Lernen von Arzt und Patient voraus), wir harmonierten auch kaum. Dr. Kroll betonte, dass er Arzt sei und trieb seine Berufsobjektivität so weit, dass er sich zu der Behauptung verstieg, er würde selbst einen Hitler zu heilen versuchen, wenn dieser sein Patient wäre. Nein, nein – gegen dieses für einen *Galut*-Juden typische Übermaß an Objektivität hatte ich kein Verständnis. Gerade weil es mich von Jugend an zum ärztlichen Beruf hingezogen hatte, konnte ich es nicht billigen, dass ein Seelenarzt bereit war, einen Pestbazillus in Menschengestalt, wie es Hitler und die Seinen waren, zu betrachten wie hilfsbedürftige, kranke Menschen, die unseres Erbarmens und unserer Hilfe wert sind.

Das juristische Gutachten wurde hingegen von einem nichtjüdischen Dozenten für Strafrecht an der Berner Universität, dem Staatsanwalt Dr. Weiblinger[186] ausgearbeitet, der sich insofern meiner Grundthese anschloss, als er – gerade im Lichte der neuen Gesetzgebung – sich von einer Prozessrevision mehr versprach als von einem Gnadengesuch. Inzwischen hatte ich nun durch meinen Vormund, Herrn Schmid-Ammann, Dr. Brunschvig zu meinem Rechtsvertreter bestimmen lassen. Das kostete mich freilich manche Überwindung, denn wenn es einen Anwalt gab, in dessen Hände ich wirklich vertrauensvoll mein Schicksal hätte legen wollen, so wäre es natürlich mein Freund Dr. Wyler gewesen, der so viel für mich getan hatte, und nie müde wurde, weiter für mich einzutreten. Aber eben dadurch hatte er sich so weit exponiert, dass er gewissermaßen *persona ingrata* bei den Behörden geworden war, und es also ein Gebot der Klugheit schien, einen neuen, noch ganz unbelasteten Anwalt mit dem Mandat zu betrauen. Eine Zusammenarbeit zwischen Dr. Brunschvig und Dr. Wyler war kaum möglich, da die beiden Herren persönlich und weltanschaulich wenig

Gemeinsames hatten. War Dr. Wyler ein glühender Zionist und bewusster Nationaljude, so vertrat Dr. Brunschvig mehr den bürgerlich-assimilatorischen Standpunkt. Mein eigentlicher Anwalt aus dem ersten Prozess Dr. Curti schied ohnedies aus, da ich ja gar keinen Kontakt mehr mit ihm hatte.

Die vom Juristen und vom Psychiater ausgearbeiteten Gutachten sollten von meinem neuen Anwalt der Anklagekammer in Chur vorgelegt werden. Als formaljuristische Argumente für die Wiederaufnahme des Verfahrens kamen u.a. folgende Punkte in Frage: Erstens die falsche Zeugenaussage von Rudi Haas (welcher behauptet hatte, ich sei in knabenhaftem Stolz nur mit einer Schreckschusspistole in der Zeit vor dem Attentat umgegangen) und die des Korporal Spinas (der mich auf Gustloff lauernd wie eine Spinne am Fenster eines Caféhauses schilderte), die beide der Wahrheit nicht entsprachen. Zu diesen unrichtigen Zeugenaussagen, auf die sich das Gericht gestützt hatte, kam der regelwidrige Entzug des Schlusswortes durch den Vorsitzenden hinzu und endlich Inkorrektheiten in der Voruntersuchung, in welcher meine Aussagen oft nur allzu summarisch zu Protokoll genommen worden waren. Das bereits erwähnte neue Gesetz sollte fernerhin eine Handhabe bieten für ein zweites, gerechteres und besseres Verfahren.

Wenn es trotz alledem nicht einmal zum Versuch einer Prozessrevision kam, sondern ganz entgegen meiner ursprünglichen Intention, zum Gnadengesuch, so hat dies einen (gewichtigen) Grund, der an sich ganz außerhalb des Konfliktes von Recht und Gnade lag, ja außerhalb der Interessen meiner eigenen Person. Im Frühjahr 1944 hatten die Nazis nun auch Ungarn überfallen, das angesichts der drohenden deutschen Niederlage im letzten Augenblick die Todesfahrt der »Achse« verlassen wollte.

Die entsetzlichen Nachrichten von der Deportation hunderttausender ungarischer Juden in die Todeslager von Polen erreichten mich.[187] Von meiner Schwester Ruth und ihrer Familie war nichts mehr zu hören. Im Sommer 1944 hörte auch die Korrespondenz mit meinem Bruder Alfons auf. Furchtbar still war es um mich geworden: Vater, Bruder, Schwester in der Gewalt der Nazis und ich ein Gefangener im freien Lande. Wenn mein Leben, das ich ja wider Willen behalten hatte, einen Sinn haben sollte, so lag er für mich jetzt deutlich erkennbar darin, dass ich mein Letztes dafür aufbot, die Meinen aus der Hölle der Naziokkupation zu befreien. Hier aber, hinter den Kerkermauern von Chur, war ich völlig machtlos. Freilich, gute Freund wie Dr. Wyler und David Kin versuchten zu helfen, aber ich wusste, dass nur ich selbst noch in der Lage war, vielleicht rettend eingreifen zu können, wenn ich in Freiheit war. Deshalb gab ich allmählich dem Drängen meines Vormundes und jüdischer Kreise um Altprediger Messinger nach und willigte in ein Gnadengesuch ein, das eben den Vorzug hatte, rascher zum Ziel zu führen als es eine Neuaufnahme des Prozesses versprach. Diese hätte ja neben den bereits vorliegenden Gutachten eine weitere Oberexpertise juristischer und psychiatrischer Art erfordert und endlich wäre dieses ganze (zeitraubende) Material einem Manne wie Dr. Jörimann[188] vorgelegt worden, dem amtierenden Gerichtspräsidenten von Graubünden, der als Freund der Nazis (auch damals noch!) bekannt war. Wäre es nur um mich allein gegangen, so hätte ich auch vor einem solchen Manne und gerade vor ihm das Äußerste gewagt, angesichts der Tragödie meiner Familie aber musste ich so klug wie möglich handeln.

Am 31. Oktober 1944 besuchte mich ein mir vorher ganz unbekannter Schweizer namens Egg, der mir im Auftrag des »Eidgenössischen Wehrbundes«, einer demokratischen Organisation mitteilte, dass er und seine Freunde sich für meine Befreiung einsetzen wollten.[189] Er veröffentlichte dann im *Volksrecht* ein Interview mit mir[190], das wirklich dazu angetan war, Interesse für diesen Plan in weitesten Schichten des Schweizer Volkes zu erwecken. Die Presse brachte meine Tat in Verbindung mit einer neuen Affäre von Nazispionage in der Schweiz, in deren Mittelpunkt ein gewisser Spörri-Häfele stand. Diese Affäre, bei der drei junge Schweizer wegen Landesverrates zum Tode verurteilt wurden, die Frau des Spörri-Häfele Selbstmord verübte und dieser selbst auf 20 Jahre ins Zuchthaus geschickt wurde, hatte den Schweizern die Augen geöffnet für die ungeheure Gefahr, die ihnen von Männern wie Gustloff und Konsorten drohte. Egg und seine Freunde wollten so ihrem Volke zeigen, dass ich der Schweiz durch Beseitigung des Obernazis einen Dienst erwiesen hatte.

Noch weit wirksamer war der Artikel von Hans Schwarz in der weit verbreiteten Wochenschrift *Die Nation* vom 4. Oktober 1944 »Gustloff, der Diktator von Davos«[191]. Er entrollte das Bild der Intrigen und Wühlereien Gustloffs, zeigte ungeschminkt die Gemeingefährlichkeit dieses düsteren Gesellen und seiner Hintermänner. Dieser Artikel, ein Stück klassischer Journalismus, schließt mit den Worten: »Frankfurter kam vor das bündnerische Kantonsgericht. Er wurde zu 18 Jahren Zuchthaus verurteilt. Vielleicht wird man auch einmal diesen politischen Prozess revidieren, weil nun das Gericht die Milderungsgründe schwerer werten wird als damals, als unser Land unter dem unheimlichen Druck ausländischer politischer Organisationen lag.«

War der Druck wirklich schon ganz gewichen? Hatte sich die Atmosphäre schon so weit gereinigt, dass an eine freiere Beurteilung meiner Tat gedacht werden konnte?

Eine kleine Episode, die sich um die *Jamim Noraim* (jüdische Herbstfeiertage) 1944 abspielte, mochte mich skeptisch stimmen. Ich hatte gerade an einem *Schabbat*-Nachmittag wieder in der Bibliothek gearbeitet, als mir ein alter, vergrämter Mann auffiel, den ich bisher noch nie im Gefängnis gesehen hatte. Ich sprach ihn an und er antwortete mir: Jiddisch. Es handelte sich um einen hilflosen, krebskranken Flüchtling, den die Fremdenpolizei einfach von einem Transport[192] weg ins Gefängnis gesteckt hatte. Ich war entschlossen, dem armen Alten zu helfen und schrieb für ihn sofort an Prediger Messinger, der sich auch für ihn einsetzte, sodass der Flüchtling das Zuchthaus verlassen durfte und in ein jüdisches Erholungslager nach Churwalden[193] kam. Dort erzählte er seinen Kameraden, dass ich ihm geholfen hatte und die Flüchtlinge wollten von ihren geringen Geldmitteln zusammenlegen, um mir zu *Chanukka* eine Freude zu machen. Ich erfuhr durch Herrn David Kin von diesem rührenden Plan. Selbstverständlich willigte ich nicht ein, dass diese Ärmsten der Armen mir noch etwas kaufen sollten, aber nicht darum ging es. Der zuständige Polizeihauptmann in Chur, ein gewisser Kadonau, nahm die liebevolle Absicht der Flüchtlinge zum Anlass, sie in brutalster Weise zu bedrohen: Wenn sie es wagen sollten, mir ein Geschenk zu schicken, drohte der Nazi in der schweizerischen Uniform, würden sie aus Churwalden verjagt und an die Grenze zurückgeschoben! So geschehen im Spätherbst 1944 in der freien Schweiz!

War das die Luft, in der ich hoffen durfte, freier atmen zu können? War das die Umgebung, in der ich auf Recht oder auch nur auf Gnade rechnen konnte? Dennoch willigte ich, getrieben von der Sorge um meine Familie, Anfang 1945 in ein Gnadengesuch ein. Schließlich gab es in der Schweiz ja nicht nur Kadonaus und Jörimanns: Freie demokratische Stimmen wie die von Hans Schwarz und vielen anderen durften sich dennoch erheben. Auf ihre Hilfe konnte ich rechnen. Einer dieser Männer, die mir Mut und Zuversicht einflößten, war der neue Regierungsrat Dr. Darms[194], welcher Dr. Albrecht im Amte nachgefolgt war. Wiewohl auch Dr. Darms der katholisch-konservativen Partei angehörte, war er ein aufgeschlossener, liberal denkender Mann, der schon früher als Staatsanwalt den besten Ruf genossen hatte und selbst von den Männern, die durch seine Anklage vor Gericht verurteilt worden waren, als ein gerechter und gütiger Mensch anerkannt wurde. An ihn nun wandte ich mich – über meinen Vormund – mit der Bitte, mir die Lektüre einer Tageszeitung zu gestatten. Ich fieberte nach jeder Nachricht aus Ungarn, Jugoslawien und anderen von Deutschland besetzten Ländern. Die Möglichkeiten über das Rote Kreuz oder den Vatikan mit den Meinen in Verbindung zu treten, verfolgte ich mit Argusaugen. Es war geradezu eine Folter für mich, in diesen bewegten Tagen ohne Zeitung zu sein – angewiesen auf gelegentlich von mitleidigen Seelen herein geschmuggelte Blätter. Dr. Darms gewährte sofort meine Bitte, er billigte mir damit etwas für mich Hochwichtiges zu, was ich bei Dr. Albrecht niemals hatte erreichen können.

Aber Verwalter Tuena machte nun seinerseits wieder Schwierigkeiten. Er folgte mir die Zeitungen nicht täglich aus, sondern nur zwei höchstens drei Mal in der Woche ließ er sich dazu herbei. Dadurch fehlte mir natürlich wieder der so nötige Überblick. Ich verweigerte daher schließlich die Annahme der Zeitungen und ließ durch Schmid-Ammann (der als Journalist wohl am besten meinen Zeitungshunger verstand!) nochmals beim Regierungsrat intervenieren. Und nun ließ er mir weit mehr zukommen, als ich überhaupt gefordert hatte: ich bekam von nun an täglich vier Zeitungen: Die *Neue*

Zürcher Zeitung, die *Basler Nationalzeitung*, die *Basler Nachrichten* und endlich die lokale von Schmid-Ammann als Außenredakteur selbst geleitete *Neue Bündner Zeitung*. Die Freizeit reichte kaum aus, um diesen Lesestoff zu bewältigten. Ich stellte die Lektüre von Büchern fast zur Gänze ein, denn das glühende Interesse am Zeitgeschehen überwog in diesen Wochen und Monaten der weltgeschichtlichen Entscheidung (der Krieg ging ja seinem Ende entgegen!) alle literarischen und philosophischen Neigungen.

Im Herbst 1944 wandte ich mich nochmals mit einer Bitte an Dr. Darms. Ich wollte endlich wieder einmal an den Hohen Feiertagen einen jüdischen Gottesdienst besuchen. Verwalter Tuena, der gerade in dieser Zeit sonst recht gutartig und freundlich zu mir war, fürchtete, dass ein derartiger Ausgang zu viel unliebsames Aufsehen erregen würde. So hatte ich den Plan schon fast wieder aufgegeben, als am *Jom Kippur*, morgens gegen neun Uhr – ich hatte mich schon allein zum Beten entschlossen – mir der Verwalter die Erlaubnis von Dr. Darms überbrachte, auf eineinhalb Stunden ins Volkshaus zu gehen, wo ein Gottesdienst für über hundert Juden (zumeist Flüchtlinge) von Herrn David Kin organisiert worden war.[195] In Zivilkleidern, nur von einem Polizisten (ebenfalls in Zivil) begleitet, ging ich also am *Jom Kippur* – zum ersten Male wieder nach neun Jahren! – zum Gottesdienst. Vor dem Volkshaus erwartete mich David Finkelstein, der so lange die Post zwischen Alfons und mir vermittelt hatte, und führte mich an meinen Platz. Es wurde gerade die *Tora* ausgehoben als ich den Saal betrat. Die alt vertrauten Melodien der *Jamim Noraim* schlugen wieder an mein Ohr, der Anblick der betenden Gemeinde in weißen Kitteln und Gebetsmänteln hat mich kaum je vorher so tief erschüttert wie an diesem Versöhnungstag. Die betende Gemeinschaft: Hier wurde sie mir nach vielen Jahren der Einsamkeit zum Erlebnis, zum tiefen jüdischen Erlebnis, denn der Jude steht ja eigentlich an seinen Festen und *Schabbat*-Tagen nicht als Einzelner vor Gott, sondern als ein Glied der Gemeinschaft Israel, des Volkes Gottes, das seinen Vater und König – *Awinu Malkenu*! – in seinen Versammlungen anbetet. Man rief mich als Dritten zur *Tora* auf. Wie lange war es her, dass ich die Gesetzesrolle geküsst hatte, die heilige Lehre, die mir der Vater schon in frühester Jugend nahegebracht hatte.

Und dann kam das Gebet um die Toten *Jiskor Elohim* – Gott gedenke der Millionen Erschlagenen Israels, die der furchtbarste Feind der Menschheit in diesen Jahren des allgemeinen Massenmordes hingeschlachtet hat. Mein Begleiter, der Schweizer Polizist, folgte mit Interesse dem fremden Kult und störte mit keinem Wort und keiner Geste. Ja, als Her Kin ihn ersuchte, ob ich nicht etwas länger bleiben dürfte, meinte er respektvoll: »Gewiss, wir bleiben bis zum Ende der Messe!« So betete ich noch *Mussaf* mit der Gemeinde und kehrte erst dann ins Gefängnis zurück. Gottlob, es sollten die letzten *Jamim Noraim* sein, die ich in der Gefangenschaft verbrachte. Dieser Auszug aus dem Gefängnis bringt mir einen anderen, profanen Moment in Erinnerung, der ebenfalls typisch ist für die Haltung vieler Schweizer in dieser Zeit. Begleitet von demselben Polizisten wurde ich eines Tages zum Zahnarzt geführt. Auf dem Rückweg blieben wir ein paar Minuten vor dem Schaufenster eines Herren-Konfektionsgeschäftes stehen und ich begann im Scherz ein Gespräch mit einem etwas angeheiterten Eidgenossen: »Sehen Sie den schönen braunen Anzug dort«, bemerkte ich, »der würde Ihnen doch passen. Und die hübsche Farbe, die an unsere lieben Nachbarn im Dritten Reich erinnert.« »Die gehören alle aufgehängt, diese Halunken!«, erwiderte der Schweizer und wollte durchaus nichts von einem braunen

Anzug wissen. Eine winzige Episode, aber in ihr spiegelt sich die Stimmung des Volkes.

Der Herbst des Jahre 1944 verging, ohne dass sich in meiner Sache Entscheidendes zugetragen hätte. Aber zu Beginn des neuen Jahres, am 15. Februar 1945 besuchte mich Dr. Brunschvig und konnte mir mitteilen, dass nun nach Fertigstellung der Gutachten, in etwa drei bis vier Wochen, das Revisionsgesuch eingereicht werden könne. So standen die Dinge, als gerade am *Purimfest*[196] mein Vormund, Redakteur Schmid-Ammann, mich aufsuchte und mir in beredten Worten auseinandersetzte, dass der Weg der Begnadigung der einzig vernünftige sei, ja dass er, Schmid-Ammann, mir geradezu für den Erfolg eines Gnadengesuchs garantieren könne. Es stünde außer Zweifel, dass Demokraten und Sozialdemokraten (die zusammen ohnedies schon die Parlamentsmajorität bildeten) sich für die Annahme des Gesuches aussprechen würden und damit war es schließlich schon entschieden. Die bekannten Gründe bewogen mich schließlich, nachzugeben und so ermächtigte ich meinen Vormund am 27. Februar das Gnadengesuch der Regierung zu übermitteln. Als Mitte März Dr. Wyler (er war in Uniform, da er gerade Felddienst machen musste) und Schmid-Ammann mich wieder besuchten, bestätigten sie mir beide, dass wir den richtigen Weg beschritten hatten und die Dinge nun äußert aussichtsreich stünden. Die Regierung oder der Kleine Rat, wie es in Graubünden hieß, die aus fünf Regierungsräten (Ministern) bestand, darunter der Verwalter des Justizdepartements Dr. Darms, hatte nun also das Gnadengesuch zu prüfen und positiven Falles mit Empfehlung an den Großen Rat weiterzuleiten. Die beiden Gutachten lagen dem Gesuch bei – sie waren also nicht umsonst verfasst worden – und bekräftigten den Antrag nach der juristischen und der psychiatrischen Seite hin. Wie nicht anders zu erwarten war, leitete die Regierung das Gesuch tatsächlich mit einer Empfehlung an das Parlament, oder den Großen Rat weiter, der aus 98 Abgeordneten besteht und zweimal im Jahre – zu Pfingsten und im Herbst – zusammentritt. Zur Pfingstsession wurde nun also mein Gnadengesuch eingereicht und das Parlament wählte eine aus sieben Mitgliedern bestehende Begnadigungskommission, welche meinen Fall nochmals genau zu prüfen hatte.

Als ich diese Parlamentskommission am Dienstag, den 29. Mai unter dem Vorsitz ihres demokratischen Präsidenten Landammann Konrad Bärtsch[197], einem urwüchsigen Lehrer vom Lande, im Großen Saal des Polizeigebäudes zu Chur, um den Verhandlungstisch versammelte, um mich zu vernehmen, war die Welt bereits verändert. Ein neuer lichterer Tag war angebrochen: Es war FRIEDE! Die Nazibestie lag zerschmettert auf der Erde. Hitlers verkohlte Leiche konnte nicht mehr identifiziert werden. Himmler und Goebbels hatten sich umgebracht. Die Weltgeschichte war vor aller Augen als das Weltgericht offenbar geworden. Als ich am Dienstag, den 8. Mai die frohe Botschaft vom Zusammenbruch Deutschlands erfuhr, arbeitete ich gerade in der Küche! Ich konnte mich nicht halten. Die Freudentränen stiegen mir in die Augen und ich tanzte halb verrückt vor Freude durch den Raum und im Herzen stieg mir unser alter Zeitsegen auf, den man beim Anbruch der großen Feste spricht: »*Schehechejanu, wekijemanu, wehigijanu laseman haseh!*«

Jetzt aber stand ich – zum letzten Male! – vor einem richterartigen Kollegium, um über meine Tat und ihre Hintergründe Rechenschaft abzulegen. Aber wie verändert war die Luft, in der ich sprach. Wohlwollen und Vertrauen schlugen mir entgegen. Bitter war für mich nur der Hinweis eines sozialistischen Mitgliedes der Kommission, das mich fragte, ob es mir bewusst sei, dass ich im Falle der Begnadigung die Schweiz sofort verlassen müsste. Das bittere und entehrende dieses Umstandes kam mir erst in diesem Augenblick zum Bewusstsein und ich betonte, dass es überaus betrüblich für mich wäre, wenn ich durch ein derartiges Verdikt den Nazis gleichgestellt würde, die man jetzt nach dem Zusammenbruch des Hitlerreiches schonungslos aus der Schweiz auswies. Aber es war zu spät um diesen neuen Gesichtspunkt im Gnadengesuch nachzutragen. Ich musste mich mit dem Gedanken fürs erste abfinden, was natürlich nicht hieß, dass ich nicht später noch Gelegenheit haben sollte, auch die Nebenstrafe, die Landesverweisung, rückgängig zu machen.

Auf eine weitere Frage: »Bereuen Sie Ihre Tat?«, war ich vorbereitet. Die seelengute Verwaltersfrau Tuena hatte mich darauf aufmerksam gemacht, dass man diese Frage an mich stellen würde. Ich sollte, so beschwor sie mich, um Himmels willen, hier nicht trotzig antworten und mich nicht vorbehaltlos zu meiner Tat bekennen. Aber wie sollte ich antworten? Sollte, konnte, durfte ich einfach lügen? Nur um mir die Freiheit, die mir von Rechts wegen zukam, zu erschleichen? Ich wählte einen Kompromiss. »Als Mensch tut es mir leid, ein menschliches Leben vernichtet zu haben«, antwortete ich. »Aber als Jude konnte ich dem Repräsentanten des Nazismus gegenüber nicht anders handeln.« Daraufhin fragte mich eines der Kommissionsmitglieder: »Was würden Sie heute tun, wenn Sie einem Nazi auf der Straße begegnen würden?« Das war eine Fangfrage, die mit Vorsicht beantwortet sein wollte. Aber der Augenblick gab mir die richtige Antwort ein: »Gar nicht beachten würde ich ihn!« Schmunzelnd nahmen die Herren diesen Bescheid zur Kenntnis. Ich hatte mir nichts vergeben, ohne gerade gegen die eigenen Interessen zu verstoßen. Endlich erkundigte sich der Vorsitzende nach meinen Zukunftsplänen. »Ich will nach Palästina gehen und Landwirtschaft treiben.«

Das Verhör – eigentlich war es mehr eine Unterhaltung – verlief in sympathischem Ton. Ich durfte, als man mich in meine Zelle zurückführte, davon überzeugt sein, dass meine Sache in den Händen von Männern ruhte, die mir nicht übelwollten. Auch Verwalter Tuena und Dr. Darms waren bei dieser Aussprache anwesend. Und hier muss ich das Bild vielleicht korrigieren, das im Laufe meiner Darstellung von Herrn Tuena entstand. Er zeugte nicht gegen mich. Er erwähnte nicht die Schwierigkeiten, die er im Laufe der neun Jahre zuweilen mit mir hatte, ja er bat sich sogar das Recht aus, dass er und kein anderer es sein sollte, der mir die Nachricht von der Begnadigung überbringen durfte. Gewiss, wir hatten nicht immer harmoniert. Es ist oft hart auf hart zwischen uns hergegangen. Aber es gab Monate und Jahre, in welchen es zu keinem Auftritt zwischen uns kam, in denen Tuena gleichmäßig ruhig und freundlich mir begegnete und mir das Leben nicht schwerer machte, als es die Gefängnisvorschrift verlangt. Man darf sich diesen Mann keineswegs als finsteren Kerkermeister vorstellen, der nur Böses gegen wehrlose Gefangene ausheckt. Herr Tuena hat oft gut und menschlich an mir gehandelt. Vor allem aber bin ich seiner Frau dankbar, die mit Güte mir über die düstersten Stunden hinweggeholfen hat.

Am Tage nach meiner Vorführung vor der Begnadigungskommission veröffentlichte Schmid-Ammann in seiner *Neuen Bündner Zeitung* einen Artikel »um die Begnadigung Frankfurters«, in welchem er mit den Männern der Reaktion abrechnete, die auch heute noch mich lieber hinter Kerkermauern als in Freiheit sahen. »Milde ist gegenüber David Frankfurter voll und ganz gerechtfertigt«, schloss Schmid-Ammann seinem temperamentvoll gehaltenen Aufsatz: »Er hat, aus innerer Not, in innerem Zwang handelnd, einen Todfeind seines Volkes erschossen. Die ganze Welt hat seither erfahren, war dieser Todfeind war. Der ganze Führerkreis des Nationalsozialismus, seine Reichskommissare und Gauleiter waren eine Bande von Verbrechern, Geisteskranken und Hochstaplern und ihre wahnwitzige Politik hat Europa in den fürchterlichsten aller Kriege und in die schändlichste Bestialität gestürzt. Es ist unmöglich, das zu übersehen und so zu tun, als wäre seit 1936 nichts geschehen und als biete sich der Fall Gustloff-Frankfurter noch im gleichen unveränderten Lichte dar. Nur seelenlose Gesetzespedanten und Paragraphenreiter können diese Auffassung vertreten. Muss nicht jeder, der erschüttert war über die fünf Millionen jüdischer Todesopfer (heute sind leider wohl schon sechs Millionen eruiert!) der Nazis, es als widersinnig empfinden, dass David Frankfurter, der ebenfalls eine Anzahl seiner Familienangehörigen als solche Naziopfer beklagen muss, auch nur noch einen Tag länger im Zuchthaus zubringen soll? Erscheint nicht seine Begnadigung als ein gerade jetzt fälliger Akt höherer Gerechtigkeit und als ein Ausdruck Schweizerischen Mitgefühls mit allen vom Nationalsozialismus zertretenen Menschen des schwer geprüften Judentums?«

Schmid-Ammann hatte nicht umsonst geschrieben. Meine Freunde und ich hatten nicht umsonst gehofft. Ja, diese waren ihrer und meiner Sache so sicher, dass schon am Dienstag, den 22. Mai David Kin mit einer großen Kartonschachtel aus seinem »Kleinen Laden mit der großen Auswahl« bei mir erschienen war, um mir einen funkelnagelneuen Anzug und Wäsche anzuprobieren. Das war ein Dienstag gewesen, der mir wirklich als Glückstag und *Ki Tov* erschien: Die neuen Sachen waren die Vorboten eines neuen Lebens gewesen. Am Freitag, den 1. Juni referierte der Vorsitzende der Begnadigungskommission Bärtsch vor dem Großen Rat über das Gnadengesuch. Aber das war nur noch eine Formsache. Man ließ mich bereits meine Sachen einpacken und Wärter und Mitgefangene kamen zu mir, um Abschied zu nehmen. Als ich einige wenige liebe Bücher auswählte, fiel mein Blick auf das schöne Exlibris, das mir ein Mitgefangener, Walter Hausmann, in Holz geschnitten hatte. Dieser Hausmann war ein Schweizer, dessen Eltern in Norwegen lebten. Unter dem Druck der Nazis, die ihm drohten, die Eltern als Geiseln zu verhaften, hatte der Grafiker Hausmann Zeichnungen von Festungsanlagen und Geschützen zu Spionagezwecken hergestellt und war dafür ins Zuchthaus gekommen. Hier zeichnete er mir, um seine Sympathie zu bekunden, dieses Exlibris, das eine flammende Sonne darstellt, unter welcher der Davidstern erstrahlt. Auf der Erde liegen zerbrochene Ketten und in hebräischen Lettern (ich hatte sie ihm vorgezeichnet) stand die Devise: »Meavdut lecheruth!«, »Von der Knechtschaft zur Freiheit!« Jetzt, jetzt sollte sich der Wahlspruch bewahrheiten.

Um drei Uhr Nachmittag sprach Bärtsch vor dem Großen Rat. Die Abstimmung erfolgte durch Skrutinium. Von 90 gültigen abgegebenen Stimmzetteln sprachen sich 78 für die Begnadigung aus, 12 nur dagegen. Ich war begnadigt, ich war FREI. Um vier Uhr stürzte Tuena zu mir in die Zelle und rief mir mit strahlendem Lächeln zu: »BEGNADIGT!« Dr. Wyler, Dr. Brunschvig, Altprediger Messinger und mein Vormund Schmid-Ammann hatten sich eingefunden, um mich abzuholen. Ein strahlender Junitag lag vor den Mauern des Gefängnisses. Ich trat in meinen neuen Kleidern über die Schwelle des Zuchthauses in die Freiheit. Ein Vertreter der *ITA* und

Pressefotografen erwarteten mich und die Leute von Chur waren zusammengelaufen, um mir Lebewohl zu sagen. Rührend war ein altes Mütterchen, das auf mich zukam, um mir die erste Schachtel Zigaretten in der Freiheit zu überreichen. »Alles Gute!« und »Viel Glück!« riefen mir die fremden Menschen zu, die es sich nicht hatten nehmen lassen, mir im Augenblick meiner Befreiung ihre Sympathie zu bezeugen. Besonders herzlich war der Abschied von Frau Tuena, die ich in den langen Jahren meiner Haft als mütterliche Freundin schätzen gelernt hatte.

Mit Prediger Messinger zusammen fuhr ich zum Bahnhof. Die Zeit drängte. Es war wieder einmal ein Freitag, der *Schabbat* stand vor der Tür. Wir mussten Chur so rasch wie möglich verlassen, denn die Arbeiterschaft wollte mich mit Pauken und Trompeten bei einer Festkundgebung feiern, und das ging den Stadtvätern dann doch zu weit. Auch jetzt noch wollten sie alles Aufsehen vermeiden. So fuhren wir nach Arosa, um dort im jüdischen Hotel[198] den *Schabbat* zu verbringen. Als der Kofferträger am Bahnsteig erfuhr, wer ich sei, streckte er mir die schwielige Rechte hin und drückte mir bewegt die Hand. Die Leute aus dem Volke hatten das Gefühl, dass ich zu ihnen gehörte, dass ich ihren Feind, der auch der meine war, bekämpft hatte. Der Zugführer gab sein Zeichen und wir dampften ab in Richtung Arosa. So kam ich also dennoch zu einer Weekend-Fahrt nach Arosa, obwohl ich seinerzeit, vor neun Jahren, kein Billett auf meinem Platz im Gerichtssaal vorgefunden hatte – im Gegenteil zu den Gästen aus Naziland. Aber die Reise nach Arosa war mir offenbar doch vom Schicksal bestimmt.

Freiheit

> *»Lass mich der neuen Freiheit genießen.«*
> Schiller, Maria Stuart.

Die Bergwelt von Arosa lag in ihrem unbeschreiblichen Glanz vor mir. Ich war frei, frei! Ich konnte tun und lassen, was mir behagte. Niemand schloss mehr meine Türe von außen ab. Wer niemals das furchtbare, entwürdigende Gefühl des Freiheitsentzuges kennengelernt hat, der kennt euch nicht, ihr himmlischen Mächte: Freiheit und Sonne und das unnennbare Glück der Ungebundenheit. Als Aufenthaltsort war mir zunächst St. Moritz angewiesen, wohin ich in Begleitung von Prediger Messinger am Sonntag weiterfuhr, um auch dort im jüdischen Hotel[199] zu logieren.

In St. Moritz herrschte im Juni noch Frühlingsstimmung. Die Triften waren von Schnee und Eis befreit und lagen nun im zarten Grün vor mir, übersät von Blumen. Tiefblau zog sich die Seenkette des Oberengadins vor meinem entzückten Blicke hin. Wie anders ging ich durch diese Alpenlandschaft als seinerzeit durch Davos. Erstarrt war dort und tot die winterliche Natur und ich nur mehr ein Toter auf Urlaub ging, die Hand um den Revolver in der Tasche gekrampft, durch die stille weiße Pracht der Wintertage. Jetzt aber, dem Leben zurückgegeben, durfte ich wieder freier atmen in einer Welt des Frühlings, der aufgegangen war nach der schier unendlich dünkenden Winternacht der Zeiten des Krieges und der Verfolgung. Und doch war diese meine Freiheit noch nicht die »Freiheit, die ich meine«. Ich empfand meinen Aufenthalt als einen goldenen Käfig, denn man hielt mich hier in St. Moritz (das ich nicht verlassen durfte) vom pulsierenden jüdischen Leben fern, nach dem ich mich sehnte. In Zürich, Genf, Basel, Lausanne, St. Gallen gab es jüdische Gemeinden, jüdische Flüchtlingslager, dort zog es mich hin. Zu den Menschen meines Blutes und Schicksals. Ich war des Alleinseins unter Fremden müde. Das jüdische Hotel war noch kaum von Gästen in dieser Vorsaison frequentiert. Ich aber hungerte nach dem lebendigen Kontakt mit meinen Brüdern.

Vor allem aber musste ich die endlich wieder gewonnene Freiheit ausnutzen, um etwa über meine Familie zu eruieren, und zu versuchen, ob ich nicht irgendwie helfen konnte. Nur diese Aufgabe hatte mir ja innerlich die Berechtigung gegeben, den Weg der Gnade zu beschreiten. Ich setzte mich also zunächst mit meinem Bruder in Verbindung, der als Arzt bei der jugoslawischen Militärmission in Paris weilte. Schon im April hatte ich erfahren, dass es ihm gelungen war, aus der deutschen Kriegsgefangenschaft in Lothringen (wohin man ihn von Griechenland aus gebracht hatte) zu entfliehen. Er hatte Beziehungen zur französischen Untergrundbewegung, den Maquis, aufnehmen können und es gelang ihm, Februar 1945 sich zu den Amerikanern durchzuschlagen. Dr. Brunschvig erwirkte bei der schweizerischen Fremdenpolizei eine Einreiseerlaubnis für Alfons und am 25. Juli traf er bei mir in St. Moritz ein. Endlich durfte ich den geliebten Bruder wieder in die Arme schließen. Aber leider, leider wusste auch er gar nichts Genaues vom Schicksal unseres Vaters und unserer Schwester Ruth. Er war fast hoffnungslos, indes ich mich standhaft weigerte, an jeder Möglichkeit einer Rettung zu zweifeln. Ich wollte und konnte es nicht glauben. Und was das Schicksal meiner Schwester anbelangte, sollte ich mit meinem Optimismus doch noch Recht behalten.

Mit vereinten Kräften gingen wir nun daran, alle Hebel in Bewegung zu setzen, um Details über das Schicksal der Unsrigen zu erkunden. Alfons reiste zu diesem Zwecke nach Genf, Zürich, und Basel, wo er bei den jüdischen Zentralstellen und zufällig nach der Schweiz geflüchteten Jugoslawen Erkundigungen einzog. Aber vorerst blieben die Bemühungen fast erfolglos. Ich aber war entschlossen nach *Erez-Israel* zu gehen: ich wollte heimkehren, wollte unter Juden für unser Volk und Land leben und arbeiten. Ich riet auch meinem Bruder aufs dringlichste dazu, mit mir nach *Erez-Israel* zu gehen. Wir wollten dort für die Unseren ein Heim vorbereiten, wenn sie noch – auf dieser Erde – eines Heims bedurften. Endlich ging Alfons zurück nach Paris und stellte von dort aus weitere Nachforschungen an nach dem Verbleib von Vater, Schwester und Schwager. In Paris entschloss er sich endlich, meinem Drängen nachzugeben und – wenn möglich – mit mir nach Palästina zu fahren.

Ich selbst hatte inzwischen ein Zertifikat erhalten. Wieder war es meinem unermüdlichen Freund Dr. Wyler zu verdanken, der sich sofort nach meiner Entlassung mit Dr. Scheps[200] vom Palästina-Amt[201] in Genf in Verbindung gesetzt hatte. Ich musste ja bei erster sich bietender Gelegenheit die Schweiz verlassen und daher war mein Fall besonders dringend. Es ist leider nur zu bekannt, dass die Zertifikate in keinem Verhältnis zu dem Andrang an den Palästina-Ämtern standen. Die unmenschlichen Bestimmungen des Weißbuches schnürten den Strom der Heimatlosen unbarmherzig ab und trieb sie auf jene elenden »illegalen« Flüchtlingsschiffe gewinnsüchtiger Freibeuter, die ihre unwillkommene Menschenfracht bei Nacht und Nebel irgendwo an der Küste Palästinas abzusetzen bemüht waren. Schließlich trat mir Dr. Wyler sein eigenes Zertifikat ab, da er – der ja in der Schweiz bleiben konnte – aus Familiengründen ohnedies nicht sofort zur *Alijah* bereit war. Als glücklicher Besitzer eines Zertifikates hatte ich nun nur noch auf einen Transport zu warten, der mich in das Land meiner Sehnsucht bringen sollte. Diese Wartezeit umfasste dann allerdings drei volle Monate.

Inzwischen war ich auf Geheiß der bündnerischen Behörden am 1. Juli nach Interlaken übergesiedelt. Der Grund hierfür lag in Differenzen, die ich nachträglich mit der Gefängnisverwaltung hatte. Es standen mir nämlich noch etwa 300 bis 400 Franken (etwa LP 25,-) Arbeitslohn aus meinen Gefängnisjahren zu. Dazu kam noch ein Betrag von ca. zehn Pfund, die mir Msr. Serapha[202] 1938 überwiesen hatte. Als ich aus dem Zuchthaus entlassen wurde, hatte man mir ein »Taschengeld« von 50 Franken ausgehändigt, nun aber wollte ich den an sich lächerlich geringen Arbeitslohn, der mir zustand. Ich benötigte etwas Geld, um mir ein paar Kleinigkeiten anzuschaffen. Wohl sorgte der Jüdische Gemeindebund der Schweiz für mich in diesen Monaten, aber ein erwachsener Mensch braucht außer Wohnen, Essen und Kleidung noch so manches.

Ich bestand also auf meinem Recht und das wollte man mir (letzter Versuch dieser Art) streitig machen. Die Gefängnisverwaltung stellte eine Gegenrechnung von 9.500 Franken auf: für Prozesskosten, Aufenthalt im Zuchthaus und Arztrechnungen. Daneben hatte sie das mich besonders kränkende Argument: »Die reichen Juden werden schon für ihren Frankfurter sorgen!« Eine derartige Rechnung war aber glatt gesetzeswidrig. Die eidgenössische Gefängnisordnung sieht in klarer sozialer Einsicht vor, dass jedem Häftling bei seiner Entlassung sein

Arbeitslohn ausgezahlt wird, gleichviel ob der Betreffende Schulden oder sonstige Verpflichtungen hat. Dadurch will das Gesetz dem entlassenen Sträfling die Möglichkeit der Wiedereinordnung in die Gesellschaft geben und ihn davor bewahren, aus nackter Armut nochmals ins Verbrechen abzusinken. Herr Schmid-Ammann stand mir auch in diesem letzten Strauß bei, den ich mit der Bürokratie auszutragen hatte und nach zwei Monaten erhielt ich endlich den schmalen Lohn von acht Arbeitsjahren. In Interlaken hatte ich mich einmal in der Woche bei der Polizei zu melden, sonst war ich praktisch frei, wenngleich ich das Gebiet von Interlaken nicht verlassen sollte, hinderte mich doch niemand daran im Lande herumzureisen, um meine alten Freunde wiederzusehen und gleichzeitig Abschied von ihnen zu nehmen.

Besonders rührend war das Wiedersehen mit Linny Steffen. Sie und die anderen Berner Freunde hatten eine riesige Torte für mich vorbereitet, auf der in Zuckerguss geschrieben stand: »Viel Glück im neuen Leben!« In Grindelwald besuchte ich meinen Verteidiger Dr. Curti in seinem Chalet. Auch dieser alte, aufrechte Demokrat war freudig bewegt, mich endlich wieder in Freiheit zu sehen. In Luzern war ich bei einer Familie Stern, die sich gerade in den letzten Jahren meiner besonders angenommen hatte, über *Schabbat* zu Gast. Überall im Lande gab es liebe Menschen, denen ich zu Dank verpflichtet war – ich fühlte mich nicht mehr allein. Auf einer dieser – nicht ganz legalen – Reisen hatte ich ein reizendes Erlebnis. Ich verlangte am Bahnhof in Interlaken eine Rundreisekarte, wozu ich mich legitimieren musste. Hinter mir stand ein Schweizer Oberleutnant in Uniform und sah mir über die Schulter in meinen Pass. Es war mir (begreiflicherweise) nicht ganz wohl, als ich bemerkte, dass mir der Offizier auf den Perron folgte und auf mich zukam. Wollte er mich bei der Polizei anzeigen, weil ich – statt in Interlaken zu bleiben – ein wenig auf eigene Faust in der Schweiz herumgondelte? »Sie sind David Frankfurter?«, fragte mich der Oberleutnant. Was blieb mir anderes übrig, als die Frage zu bejahen. Da ergriff er meine Hand, drückte sie lange und sagte: »Sie haben die Schweiz gerettet!«, drehte sich um und verschwand. Bald sollte ich auch erfahren, dass mich die Welt noch nicht vergessen hatte, trotz der furchtbaren Massenschicksale der letzten Jahre. Ein amerikanisches Blatt bat um meine Memoiren.[203] Aber ich fühlte mich damals innerlich noch nicht ruhig genug. Ich stand unmittelbar vor meiner *Alijah* und hatte die quälende Sorge um die Meinen. Alles war noch zu neu und zu erregend für mich, um jetzt schon Rückschau halten zu können. So entschloss sich denn der Zürcher Verleger Carl Posen dazu, das Buch von Emil Ludwig »Mord in Davos«, das seinerzeit in der Schweiz verboten war, nun unter dem Titel »David und Goliath« neu herauszugeben, es sollte um einen Epilog vermehrt werden und zu diesem Zweck lud mich Emil Ludwig zu sich nach Moscia bei Ascona am Lago Maggiore ein.

Die Begegnung mit diesem Manne, der mich damals vor der Welt verteidigt hatte durch seine mutige, temperamentvolle Schrift, hat mich tief beeindruckt. Im griechischen Stil erbaut, erhebt sich von schlanken Säulen getragen das Haus des Dichters inmitten eines gepflegten Gartens, den Kopien antiker Statuen schmücken. Alles hier atmet den Geist des Hellenentums, zu dem sich der Hausherr, ein fröhlicher Epikureer in der Nachfolge Goethes bekennt. In einem lose geschnittenen, ebenfalls antik wirkenden Gewand tritt mir die Dame des Hauses, eine hohe schlanke Frau mit weißen Haaren, entgegen und reicht mir lächelnd die Hand. Emil Ludwig und seine Frau und Mitarbeiterin waren aus Amerika zurückgekehrt, erst seit kurzem wieder in ihr geliebtes Heim in Moscia eingezogen, das der Dichter in seiner Autobiographie »Geschenke des Lebens« und in seinem Roman »Quartett« so anschaulich beschrieben hat. Nun saß ich vor ihm auf den Stufen der Terrasse, er hatte von seinem erlesensten Wein zu unserer Begrüßung aus dem Keller geholt, und dieser edle Saft löste mir die Zunge. Obwohl ich den um ein Menschenalter älteren, weltberühmten Mann persönlich noch nicht kannte, sprach ich frei und gelöst mit ihm wie mit einem alten Freund. Er ist ein vorzüglicher Zuhörer, der sich keine Notizen zu machen braucht und nur selten mit einer Frage, die aber dann immer ins Wesentliche, ins Allgemeine des Falles und wohl auch auf seine romantische Seite abzielt, den Fluss der Erzählung des Partners unterbricht.

Lange und ausführlich sprach ich mit Emil Ludwig, ihm die Geschichte erzählend, die diese Blätter bergen. Wenn er dann das Haupt im Zuhören neigte, erinnerte er stark an die Portraitbüste Goethes aus dessen besten Mannesjahren, die im geräumigen Arbeitszimmer Ludwigs steht, nahe der Wand, die hunderte von Exemplaren der Werke des Hausherren füllen, in allen Sprachen des Erdkreises. Grieche und Jude in einem ist dieser berühmte Schriftsteller unserer Zeit, darin nicht unähnlich seinem großen Kollegen, Flavius Josephus. »Schalom David!«, schrieb er mir auf die Rückseite eines Bildes, das ihn und mich zeigt. Nur selten hatte ja der Biograph Gelegenheit mit der handelnden Person seiner Erzählung in persönlichem Kontakt zu treten.

Als ich, müde vom vielen Berichten, mich aus dem mir angewiesenen Gästezimmer spät in der Nacht beugte, um die kühle, klare Luft einzuatmen und den Blick über den nächtlichen Spiegel des Sees schweifen zu lassen, sah ich, dass im Arbeitszimmer meines Gastgebers noch Licht brannte. Er selbst saß in gänzlich gelöster Haltung auf einem niedrigen Hocker, das Haupt zurückgeworfen, an die Wand gelehnt. Er hatte die Augen geschlossen, als träumte er. Dann aber riss er sich zusammen und schrieb mit dem Bleistift in raschen festen Zügen ein paar Worte auf den Schreibblock, den er auf den Knien hielt. Wieder versank er in den Wachtraum, wieder schrieb er die Vision nieder. So entstand in einer Nacht der zwanzig Druckseiten umfassende Epilog des Buches. Ich hatte – ohne es zu wollen – in die Werkstatt eines großen Schriftstellers geblickt, eines Mannes, der ebenso viel Bewunderung wie Anfeindung durch sein immenses Werk auslöste, das gerade dadurch vielen zum Ärgernis wurde, weil es nirgends einreihbar ist. Dichter und Historiker, exakt arbeitender Wissenschaftler (wie viel unbekanntes Material entdeckte Ludwig in seinen Biographien) und intuitiv deutender Dichter: Jude, Deutscher und Hellene, Europäer und Bewunderer Amerikas, das alles und noch viel mehr ist Ludwig, dessen gestalterisch einfühlende Kraft mir in diese Begegnung zum Erlebnis wurde. Wenige Wochen später sah ich beim Verleger Posen in Zürich das Manuskript Ludwigs durch und gerade in dieser Stunde des Epilogs erreichte mich ein telefonischer Anruf aus Genf: Ich hatte mich dort am Mittwoch, den 29. August 1945 einzufinden, um die letzten Formalitäten der Auswanderung zu erledigen, da am Donnerstag ein Spezialzug unsere ganze Gruppe nach Marseille bringen sollte, von wo aus wir nach *Erez Israel* in See stechen würden. »Vor seinem Blicke schon das Schiff, das ihn einer neuen Zukunft zuführen soll«, hatte Ludwig in seinem Epilog geschrieben. Jetzt war es soweit: Ich kannte nur noch ein Ziel: *Erez Israel.*

Aliyah

Etwa zweihundert bis dreihundert zumeist junge Juden aus den Bünden hatten sich am Mittwoch in einem Genfer Café versammelt, um uns Auswanderern einen Abschiedsabend zu geben. Mein Freund, der *Misrachist* Stern aus Luzern, hielt eine schwungvolle Rede und dabei unterließ er es nicht, darauf hinzuweisen, dass David Frankfurter, der einen Erzfeind unseres Volkes getötet hat, unter den *Olim* dieses Transportes sei. Diese besondere und namentliche Erwähnung war mir nichts weniger als angenehm. Ich hatte in einer der hintersten Reihen des Saales Platz genommen und nicht im Entferntesten daran gedacht, irgendwie hervorzutreten. Jetzt aber ging es los: »David Frankfurter soll auf die Bühne kommen und zu uns sprechen, wo ist er?« Um mich der peinlichen Aufgabe zu entziehen, beteiligte ich mich selbst an der Suche nach »David Frankfurter«, kannte mich doch fast niemand von den fremden Menschen, die um mich herumsaßen. Schließlich holte mich aber doch ein Bekannter aus meinem »Verstecke« heraus, zog mich zum Rednerpult und halb widerstrebend begann ich – sicherlich stockend – meine Ansprache vor meinen Fahrtgenossen und den jungen Zionisten Genfs. Es war eigentlich eine Selbstverständlichkeit, die ich meinen *Chawerim* zu sagen hatte: »Als aufrechte Menschen wollen wir in das Land Israel kommen, nicht als gedemütigte Flüchtlinge. Aufgrund eines Rechtes, nicht durch Duldung kehren wir heim in das Land unserer nationalen Herkunft!« Ich begann in meinem noch recht unzulänglichen Hebräisch und fuhr dann deutsch fort.

Damals konnte ich eine Erfahrung machen, die sich später oft wiederholen sollte. Mein Auftreten wirkte auf die Zuhörer wohl etwas enttäuschend. Es hatte sich so eine Art Mythos um meinen Namen gebildet, dem ich in der bescheidenen Wirklichkeit keineswegs entsprach oder entspreche. Die Leute stellten sich einen Helden und Denker vor, irgendwie eine Ausnahmeerscheinung oder Lichtgestalt und sahen nun einen ganz einfachen Juden wie es tausend andere gibt, vor sich. Die Tat weniger Minuten hatte mich herausgehoben aus einer anonymen Masse, der ich aber in Wahrheit weiter angehöre. Wahrscheinlich geht es allen Menschen so, die nicht die große Leistung eines Lebenswerkes, sondern die halb zufällige Fügung des Schicksals für eine Minute der Weltgeschichte ins Scheinwerferlicht der breitesten Öffentlichkeit stellt. Nun, ich hatte nie die Absicht, mit Heroengeste weiterzuleben und so konnte und kann ich die damit verbundene Enttäuschung niemandem ersparen. Am Donnerstagmittag fuhren wir unter dem Gesang der *Hatikwah* von Genf ab. 450 junge Menschen – aber es waren auch einige Alte unter uns – zusammengekommen aus allen Ländern der europäischen *Golah*, wie sie in den Auffanglagern der Schweiz die Jahre des Krieges und der Verfolgung zusammengetrieben hatten: Wir sollten noch am Freitag Marseille erreichen, aber durch eine Verkehrsstörung langten wir erst am *Schabbat* dort an. Nahe der altertümlichen Stadt Avignon, einst Residenz der Päpste, blieb unser Zug vor einem deutschen Gefangenenlager stehen. Wir sahen die Herren der Welt von gestern, bewacht von amerikanischen Soldaten und da war es uns doch als würde uns ein kleines Stückchen der ewigen ausgleichenden Gerechtigkeit vor Augen geführt.

Meine Fahrtgenossen, die jahrelang in Lagern gehalten wurden, durften jetzt in die Heimat fahren und ihre Verfolger und Peiniger lebten waffenlos und besiegt hinter Stacheldrähten, mussten Erdarbeit verrichten und waren dem Sieger auf Gnade und Ungnade ausgeliefert. Deutschland hatte eigentlich nicht einmal mehr kapitulieren können. Es brach zusammen, löste sich auf, Hitler, der sich angemaßt hatte, eine »neue Ordnung« in Europa aufzurichten, konnte selbst keinen geordneten Rückzug (wie seinerzeit Hindenburg) organisieren. Freilich sollten auch auf uns noch zwei Lager warten, ehe wir die wirkliche Freiheit genießen durften. Zunächst kamen wir in Marseille in ein Lager, das wir mit französischen Kriegsverbrechern, Leuten der Vichy-Richtung, zu teilen hatten. Nur eine schmale Straße, bewacht von einem schwarzen Posten, trennte uns von diesen Überläufern und Helfershelfern der Nazis. Und doch denke ich mit Beglückung an dieses Lager, denn dort erfuhr ich, dass es Alfons gelungen war, mit einem französisch-jüdischen Transport, den er als Lagerarzt begleitete, zu uns zu stoßen. Im weißen Kittel kam er mir entgegen: Wir waren endlich wiedervereinigt und durften zusammen die Reise ins Land der Väter antreten.

Von Marseille fuhren wir am Sonntag nach Toulon weiter, wo die »Mataroa«[204] vor Anker lag, um uns aufzunehmen. Die Hälfte des Schiffes musste aber im letzten Augenblick für einen britischen Truppentransport zu Verfügung gestellt werden, sodass es für uns ein wenig eng wurde. Aber was tat das? Endlich lichtete das Schiff doch die Anker, nochmals sangen wir *Hatikwah* und der Kommandant des französischen Lagers, ein jüdischer Kapitän, rief uns begeistert, Tränen in den Augen, zu: »Auch ich komme bald nach! Auf Wiedersehen in unserem Lande, *lehitraoth BeEretz Jisarel.*« In dem Augenblick, da wir schon auf dem Lastwagen saßen, um an den Hafen gefahren zu werden, schwang sich ein etwa fünfzehnjähriger Junge auf das Auto und zwängte sich zwischen uns. Da er dabei ungeschickt an mich stieß, fuhr ich ihn an: »Kannst Du

Dich nicht anständig benehmen?« Er aber legte beschwörend den Finger an die Lippen und flüsterte: »Bitte sagen Sie nichts! Ich bin illegal.« Ich weiß nicht, wie es ihm gelungen ist, aber der Junge war dann auch an Bord des Schiffes und mit uns kam er ins Land, wo ich ihn endlich aus den Augen verloren habe. Einer von Tausenden, von Zehntausenden. Kein widernatürliches Gesetz, keine Grenzbarriere, keine Bajonette und Radarstationen halten sie ab, die »Illegalen«, die getrieben vom Blutstrom der Zeit in unser Land fluten, einzig folgend dem Kompass ihres jüdischen Herzens, der immer nur eine Richtung kennt: nach *Erez Israel*.

Aber die Tragödie der Juden hat auch ihre beschämende Seite gehabt. Immer gab es, freilich nur in geringer Zahl, so genannte »Capos«[205], jüdische Kollaborateure, die sich unter Zwang und Todesdrohung bereitgefunden hatten, mit den Nazis zu arbeiten und ihnen andere Juden auszuliefern, nur um das eigene Leben, oder das ihrer Eltern, Frauen und Kinder zu retten. Meist wurden sie sogar um diesen Lohn geprellt.[206] Die Hölle hält sich an keine Verträge, die man mit ihr schließt. In Marseille wurde einer dieser »Capos« von ehemaligen Lagerinsassen erkannt und furchtbar verprügelt. Dieser Mann hatte gehofft, sich mit dem Transport unerkannt nach *Erez Israel* retten zu können. Aber soweit die Tore unseres Landes auch allen »Illegalen« vom jüdischen Volke, entgegen aller Vorschriften, geöffnet werden: Verräter haben keinen Platz unter uns. Der »Capo« wurde den französischen Behörden von den Juden ausgeliefert und vor das Kriegsgericht gestellt.

Nur fünf Tage dauerte unsere Überfahrt. Herrlich waren die Nächte auf Deck. Wir sangen und tanzten *Horra*. Menschen, die durch die Hölle von Majdanek und Auschwitz gegangen waren, die dem »Scheit gerettet aus dem

Feuerbrand« glichen, um mit dem Propheten zu sprechen, sogen die Luft der Freiheit nun fast taumelnd ein. Sie trugen die Lagernummer eingebrannt auf der Haut wie Schlachtvieh und sollten wieder freie Menschen auf eigener Erde werden. In unsichtbaren Lettern stand über ihren Häuptern: »Ich habe Dich herausgeführt aus dem Hause der Knechtschaft!«[207] Der Ring des jüdischen Jahres 5705 begann sich zu schließen. Die unnennbare Stimmung der *Jamim Noraim*, der fruchtbaren Tage, legte sich über uns. Ich dachte zurück an die Jahre im Gefängnis und an diese heiligsten Tage im Jahre einst im elterlichen Rabbinerhause. Jetzt aber, an diesem *Erev-Rosch-Haschana* drängten wir uns an Deck, um einen ganz schmalen Streifen Landes zu sehen, der unaufhaltsam näher kam, das war Haifa, das war *Erez Israel* – das Land der Verheißung. Am ersten Tage des Neuen Jahres, *Rosch Haschana* 5706[208] nachmittags drei Uhr, legten wir an, betraten wir endlich den Boden der Heimat. Eine Delegation des *Jischuw*, geführt von Rabbiner Kaniel[209] aus Haifa, war trotz des Feiertages zu uns an Bord gekommen, um uns die ersten Grüße des *Jischuw* zu überbringen. Wir waren zuhause. Man hatte uns erwartet, umringte uns und war glücklich uns zu sehen. Natürlich hatten sich auch Journalisten der hebräischen Presse eingefunden, die insbesondere mich aufs Korn nahmen. Aber das alles vollzog sich in einer Atmosphäre der Freundschaft und Freude, sodass wir wirklich das Gefühl hatten, hier endlich nicht als lästige Flüchtlinge, sondern als Heimkehrer empfangen zu werden.

Bitter war es nur für manche von uns, dass wir noch einmal hinter Stacheldraht mussten: diesmal ins Lager Atlith[210], aber nach vier Tagen war auch das überstanden. Die Tore des letzten Lagers öffneten sich – in die Freiheit. Im Autobus ging es über Haifa nach Tel Aviv, der jüdischen Großstadt. Unvergesslich ist mir diese erste Reise durchs Land. Am Rand der Straße erhielten wir einprägsamere zionistische Lektionen als es hundert Vorträge vermocht hätten. Hier blühende jüdische Siedlungen, duftende *Pardessim* (Orangengärten) und dort elende arabische Dörfer und aus Fetzen zusammengeflickte Beduinenzelte in dürrem, steppenartigem Gelände. So hatte das Land ausgesehen, ehe der Jude den Pflug darüber führte, ehe Israel heimkehrend in seine Gemarkung, das Land wieder erschloss.

Von Verwandten in Tel Aviv erfuhren wir endlich, dass meine Schwester noch am Leben war. Die Nazis hatten sie in Budapest ins Gefängnis geworfen, um ihr – als meiner Schwester und, wie sie nachweisen wollten, »Mitverschworene« – den Prozess zu machen. Es sollte ein Schauprozess werden, da sie meiner selbst nicht habhaft werden konnten, wollten sie wenigstens an meiner gänzlich unschuldigen Schwester in öffentlicher Form Vergeltung üben. Aber bis das Aktenmaterial vorbereitet war, hatten die Russen die Stadt besetzt und so war Ruth, eigentlich gerade deshalb, weil sie meine Schwester war, gerettet worden. Ihr Mann freilich und die Kinder lebten nicht mehr, Nazibestien hatten sie nach Polen, in das Land ohne Wiederkehr, deportiert. Von Tel Aviv aus reisten mein Bruder und ich weiter durchs Land. Wir sahen *Jeruschalajim* und *Galil*, die alten Heiligtümer und die neuen Siedlungen und es war uns nicht als ob wir ein neues Land bereisten, sondern als schritten wir durch längst vertraute Gegenden. Und doch war es immer wieder neu und herrlich und beglückend zu sehen, wie viel in der kurzen Zeit der jüdischen Kolonisation geschaffen worden war. Nicht lange litt es mich als Tourist im Lande. Ich wollte mit Hand anlegen an dem großen Werk des Aufbaus, und so ging ich in den Kibbuz Givath-Brenner[211], in dem ich das Leben in der Gemeinschaft kennenlernen sollte, ich, der ich neun Jahre in Einzelhaft unter fremdartigen Menschen verbracht hatte. Leider war es mir aus gesundheitlichen Gründen nicht möglich, im Kibbuz zu bleiben. Ich ging nach Jerusalem und fand dort die Arbeit, die nach der des unmittelbaren Aufbauens sicher die wichtigste in unserer neuen Gesellschaft ist: In einem Heim für Flüchtlingskinder, am Rande der Stadt, begann ich als Erzieher zu arbeiten. Es ist nicht leicht, diese jungen Seelen, die alle Not und Gemeinheit der Naziverfolgung erlitten haben, wieder zurückzuführen in ein normales, produktives Leben, und doch steht über ihnen die große Verheißung unserer Jugend:

»Rav Schalom Banajich: Al tikra Banajih –
ella BONAJIH!«

»Friede Deine Söhnen, Lies nicht: Deinen Söhnen –
sondern Deinen Erbauern!«[212]

Nachwort

In den Monaten März bis Juni 1946 ist dieses Buch in ständiger Zusammenarbeit mit David Frankfurter entstanden. Es ist sein Buch. Er hat mir die Geschichte seines Lebens erzählt und ich habe sie getreu diesem Bericht aufgezeichnet. Die hier vertretenen Ansichten sind daher die seinen: Nur Formulierung und Stilisierung waren mein Werk. Zu der Erzählung David Frankfurters kam noch das Studium der Anklageschrift und des Urteils hinzu und die Lektüre einiger im Text angeführter Bücher und Zeitungsartikel. Eigentliches Aktenmaterial stand uns hingegen leider nicht zu Verfügung. Wir hatten es aus der Schweiz angefordert, ohne es jedoch zu bekommen. Aus nicht recht erfindlichen Gründen sind die dortigen Stellen auch heute noch nicht bereit, das Material herauszugeben. So mag manche Ungenauigkeit und Subjektivität im Zuge der Darstellung mit unterlaufen sein. Das war unvermeidlich. Dafür trägt dieses Buch das Gepräge der Unmittelbarkeit, es ist seinem Wesen und seiner Form nach eine Autobiographie, wiewohl es nicht von Frankfurter selbst geschrieben wurde. Die Briefe des Anhangs[213] hingegen sind unmittelbare Äußerungen Frankfurters, die nicht durch das Medium einer fremden Hand vermittelt wurden. Indem ich von der Geschichte dieses jüdischen Lebens Abschied nehme, möchte ich eine Frage beantworten, die mir im Laufe der Arbeit von manchen Seiten gestellt wurde, die Frage, warum ich freudig und voll Begeisterung mich in den Dienst gerade dieser Aufgabe gestellt habe.

Das Leben David Frankfurter verdient es, der Vergessenheit entrissen zu werden: es ist ein Beispiel jüdischer

Aktivität in einem Geschichtsabschnitt blutigster Verfolgung Israels und einer gefährlichen, entehrenden Lethargie, die unser Volk in der *Galut* befallen hatte. Frankfurter war der Erste, der die Waffe gegen den Todfeind unseres Volkes richtete. Das soll ihm unvergessen bleiben. Später folgten andere seinem Beispiel. Grünspan in Paris, die Helden des Warschauer Ghettos, die jüdischen Partisanen in allen Ländern der Naziokkupation, die jüdischen Soldaten in den Armeen der Alliierten und unsere Kämpfer von der Jüdischen Brigade und den anderen jüdischen Truppen aus *Erez Israel*. Aber David Frankfurter war der Erste. Er hat gehandelt und gelitten und damit ist er – ohne es zu wissen und es zu wollen – ein Vorbild für uns geworden.

Jerusalem im Sommer 1946
Schalom Ben-Chorin

Rabbiner Dr. Moritz Frankfurter, Privatarchiv von Moshe Frankfurter, Jerusalem

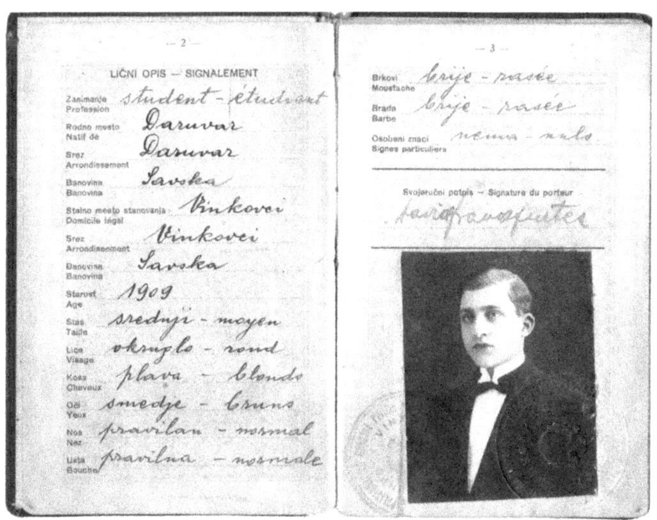

— 2 —

LIČNI OPIS — SIGNALEMENT

Zanimanje / Profession: student - étudiant
Rodno mesto / Natif de: Daruvar
Srez / Arrondissement: Daruvar
Banovina / Banovina: Savska
Stalno mesto stanovanja / Domicile légal: Vinkovci
Srez / Arrondissement: Vinkovci
Banovina / Banovina: Savska
Starost / Age: 1909
Stas / Taille: srednji - moyen
Lice / Visage: okruglo - rond
Kosa / Cheveux: plava - blonds
Oči / Yeux: smedje - bruns
Nos / Nez: pravilan - normal
Usta / Bouche: pravilna - normale

— 3 —

Brkovi / Moustache: brije - rasée
Brada / Barbe: brije - rasée
Osobeni znaci / Signes particuliers: nema - nuls

Svojeručni potpis — Signature du porteur

Jugoslawischer Reisepass von David Frankfurter, ausgestellt am 8. Oktober 1933, Privatarchiv von Miriam Gepner, Salit

Legitimationskarte von David Frankfurter der Universität Bern, 1933–1935, Staatsarchiv Graubünden, Chur, III23d2 Frankfurter

Inhaltsverzeichnis

Bild		
Bild	1	Offizielles Liederbuch eines S.A.-Sturms
„	2	Einladung der Ortsgruppe Kairo der NSDAP
„	3	Der grosse Boykott am 1. April 1933
„	4	Theodor Fritsch – Denkmal
„	5	„Schlimmer als die Syphilis"
„	6	Wandgemälde in Nürnberg
„	7	Plakatierter Aufruf der Deutschen Studentenschaft
„	8	Boykottliste medizinischer Präparate
„	9	Freigegebene medizinische Präparate der Boykottliste
„	10	Prospekt des Kurortes Wiesbaden mit Ärzteliste
„	11	Der Arierparagraph des Vereins der blinden Akademiker
„	12	Seite aus „Juden sehen Dich an" von Dr. Joh. von Leers
„	13	Mitteilungsblatt der Ortsgruppe Duisburg-Neudorf-Nord der NSDAP
„	14	Mitteilung über die Ermordung von vier jüdischen Personen
„	15	Überall verbreiteter Boykottklebezettel
„	16	Muster eines Verbotsschildes für Juden
„	17	Schild an einer Brücke
„	18	Tafel am Eingang von Hersbruck
„	19	Weiteres Muster eines Schildes
„	20	Tafel aus Oberbayern
„	21	Zwei Tafeln aus Braunschweig
„	22	Probeseite aus dem „Weltkampf" mit Boykottmitteilungen
„	23	Handzettel aus Hannover
„	24	Inschrift an einem Dampfer auf der Havel bei Berlin
„	25	Flugblatt aus Braunschweig
„	26	Probeseite einer Boykottliste des „Märkischen Adler"
„	27	Schild, das an vielen Häusern angebracht war
„	28	Muster einer amtlichen Veröffentlichung
„	29	Ein Postbeamter, der in einem jüdischen Geschäft kaufte
„	30	Proben von Boykottanzeigen
„	31	Anprangerung eines katholischen Geistlichen
„	32	Aufsatz über die Enteignung jüdischen Besitzes
„	33	Umbenennung der „Judenstrasse" in Nordhausen
Bild	34	Probe einer Ausbürgerungsliste
„	35	Gelbe Armbinde aus dem Konzentrationslager Columbia
„	36	Beispiele der „Rassenschande" aus dem „Stürmer"
„	37	Öffentliche Schilder in einer mitteldeutschen Stadt
„	38	Leitaufsatz „Geständnisse jüdischer Wüstlinge" aus der „Westfälischen Landeszeitung"
„	39	Pranger in Breslau
„	40	Jüdischer „Satan", katholische Kirche, Freudenmädchen und fromme Schwester in ihrer Stellung zur Volksgemeinschaft
„	41	Öffentliche Anzeige über die Auflösung einer Verlobung
„	42	„Ritualmord-Nummer" des „Stürmer"
„	43	Probeseite aus der „Ritualmord-Nummer" des „Stürmer"
„	44	Sonder-Nummer des „Stürmer" zum Reichsparteitag 1935
„	45	Propaganda für die Sondernummer des „Stürmer"
„	46	Verächtlichmachung der Religion
„	47	Probe des „Briefkasten" aus dem „Stürmer"
„	48	Teilnehmer an einer jüdischen Beerdigung in Northeim
„	49	Ein „Stürmer"-Kasten
„	50	Karikatur aus dem „Schwarzen Korps" zum Wehrgesetz
„	51	Die Ausstossung aus der Todeskameradschaft
„	52	Brief des Reichspräsidenten von Hindenburg an den Reichsbund Jüdischer Frontsoldaten
„	53	Brief Lord Robert Cecils an die „Times"
„	54	Friedhofschändung Trebnitz 1930
„	55	Aufruf Julius Streichers an die deutsche Jugend
„	56	Zuschrift von Kindern an den „Stürmer"
„	57	„Der Stürmer" im Schulunterricht
„	58	Vertreibung der jüdischen Kinder aus dem Mannheimer Rheinbad
„	59	Badeordnung für die Würzburger städtischen Flussbäder
„	60	Liederbuch der Hitlerjugend (Württemberg)
„	61	Jüdisches Waisenhaus in Diez an der Lahn, aus dem 50 jüdische Kinder polizeilich abgeführt wurden
„	62	Jugendschrift zur Verherrlichung der Rathenaumörder

»Photographische Dokumentensammlung über die Entrechtung, Ächtung und Vernichtung der Juden in Deutschland seit der Regierung Adolf Hitler«, vorgelegt von Eugen Curtis während des Prozesses, 1936, Staatsarchiv Graubünden, Chur, III23d2 Frankfurter

POSTKARTE CARTE POSTALE CARTOLINA POSTALE

Vorderseite der Abschiedspostkarte von David Frankfurter an seinen Vater Moritz, 4. Februar 1936, Staatsarchiv Graubünden, Chur, III23d2 Frankfurter

Rückseite der Abschiedspostkarte von David Frankfurter an seine Geschwister Alfons und Ruth, 4. Februar 1936, Staatsarchiv Graubünden, Chur, III23d2 Frankfurter

Mordfall Gustloff in Davos, Haus 'am Kurpark' Nr 3, vom 4.2.36. Täter: Frankfurter David Detlef.

Grundriss des 1. Obergeschosses, Haus am Kurpark Nr 3.

Masst. 1:100.

Erklärungen:

Rot umrandet: Der Tatort, das Büro Gustloffs.
Rot punktiert: Der Weg des Täters ins Büro, vor der Tat.
Grün punktiert: Desgleichen, nach der Tat, aus dem Büro.
Stelle im Gang wo das Telephon sich befindet.

Chur 8.2.36.

Grundriss des Tatortes, das Büro Gustloffs.

Masst. 1:30.

Erklärungen:

1. Türe vom Gang ins Büro.
2. Flügeltüren vom Büro ins Speisezimmer.
3. Büchergestelle. 4. Schreibtisch. 5. Schreibtischstuhl.
6. Diwan 7. Stuhl. 8. Tische.

Grundriss des Tatorts, Maßstab 1:30, 1936, Staatsarchiv Graubünden, Chur, III23d2 Frankfurter

David Frankfurter im Gerichtssaal in Chur, 12. Dezember 1936, Archiv für Zeitgeschichte, Zürich

David Frankfurter in Luzern, 31. August 1945, Privatarchiv von Moshe Frankfurter, Jerusalem

David Frankfurter mit seinen Geschwistern Alfons und Ruth, Tel Aviv 1948, Privatarchiv von Miriam Gepner, Salit

Bruria und David Frankfurter bei einem Besuch in der Schweiz in Emmentaler Tracht, Mai 1978, Privatarchiv von Miriam Gepner, Salit

Bild eines Banners für David Frankfurter fußläufig zum früheren Tatort, 2016, Dokumentationsbibliothek Davos, Foto: Walter Reiss

Nachwort

Der Mord in Davos und seine literarische Wirkungsgeschichte

Vorbemerkung

Aus der philosophischen Hermeneutik vor allem Hans-Georg Gadamers ist zu lernen, dass der Sinn von Kunstwerken, Texten und Handlungen niemals auf die Intentionen jener, die sie herstellen, zu reduzieren ist; mehr noch: dass sie einen eigenen, objektiven Sinn ausstrahlen, der sogar jenen, die sie herstellen, verursachen und schreiben, widersprechen können. Daher ist es Handlungen, Texten und Kunstwerken im Sinne eines – wie Gadamer es nennt – wirkungsgeschichtlichen Bewusstseins eigen, dass sich ihr vielfacher Sinn erst im Laufe ihrer geschichtlichen Rezeption und Deutung zur Gänze erschließt.

So auch das Thema jüdischer Rache, das nicht erst in der Ausstellung im Jüdischen Museum Frankfurt[1] abgehandelt wurde, sondern schon vor geraumer Zeit, als die in Yad Vashem zu Jerusalem tätige Historikerin Dina Porat ihr Buch »Nakam« vorstellte, in dem es um eine kritische Analyse der 1946 von dem überlebenden jüdischen Partisanen Abba Kovner und seinen Genossen geplanten Vergiftung eines großen Teils der deutschen Nachkriegsbevölkerung ging.[2]

Diesem letztlich nicht ausgeführten Plan ging 1938 die Erschießung des reichsdeutschen, in Paris tätigen Botschaftsrates Ernst vom Rath durch den polnischen Juden Herschel Grynszpan voraus, der den Nationalsozialisten als Vorwand für die Reichspogromnacht vom November 1938 diente – eine Tat, die wiederum ihr Vorbild in der Tötung des in Davos lebenden »Reichsgauleiters« Wilhelm Gustloff – ein Titel, der tatsächlich nicht zutraf – durch den deutschsprachigen jüdischen Studenten David Frankfurter im Februar 1936 hatte.

Der vorliegende, autobiographische Bericht David Frankfurters, Jahre nach der Tat und seiner Entlassung aus der Schweizer Haft erzählt und von Schalom Ben-Chorin aufgeschrieben, ist keineswegs das erste – im weitesten Sinne – literarische Zeugnis dieser Tat. Ihm gingen bereits die 1936 im Amsterdamer Querido Verlag erschienene, von Emil Ludwig verfasste Schrift »Der Mord in Davos«, die darauf reagierenden zwei Pamphlete des Nationalsozialisten Wolfgang Diewerge aus dem Jahr 1937[3] sowie – Jahre später – der vor allem von Peter Chotjewitz 1986 verfasste Band wiederum unter dem Titel »Der Mord in Davos« vorher.[4] Schließlich setzte sich Günter Grass mit diesen Ereignissen literarisch in seiner 2002 publizierten Novelle »Im Krebsgang«[5] auseinander. Die folgende Darstellung hält sich an diese zeitliche Abfolge.

Emil Ludwigs »Der Mord in Davos«

Emil Ludwig – er lebte von 1881 bis 1948 – war in jenen Jahren der Jahrhundertwende vor allem als Verfasser von belletristischen Biographien, etwa von Goethe, Napoleon und Lincoln, aber auch von Romanen, Dramen sowie von Gesprächsbänden mit Politikern seiner Zeit – etwa mit Masaryk oder Mussolini – höchst bekannt. Im Lexikon der Weltliteratur schreibt Gero von Wilpert über ihn:

> »Dabei ging es um die Schicksale großer Menschen auf Grund genauer Quellenstudien mit wirkungsvoller Montage von Zitaten und moderner psychologischer Analyse. Seine Biographien waren sehr erfolgreich und wurden in viele Sprachen übersetzt.«[6]

Als Jude in Breslau geboren, trat er im Alter von Anfang 20 zum Christentum über; einem Lexikoneintrag ist zu entnehmen, dass er 1906 in die Schweiz übersiedelte, 1914 Journalist in London wurde und während des Ersten Weltkriegs als Korrespondent für das *Berliner Tageblatt* in Wien und Istanbul tätig war. 1922 gab Ludwig nach der Ermordung Walther Rathenaus sein Christentum öffentlich auf und zog im selben Jahr in die Schweiz, um als freier Schriftsteller in Ascona zu wirken und 1932 das Schweizer Bürgerrecht zu erwerben. 1940 zog Ludwig in die USA, wo er in Südkalifornien lebte und in Zusammenarbeit mit der damaligen US-Regierung antifaschistische Texte publizierte. Nach Kriegsende kehrte Ludwig in die Schweiz zurück.

Im Motto sowie dem Vorwort zu seinem Buch *Der Mord in Davos*, das hier zur Gänze zitiert werden soll, sind bereits alle Leitmotive des Buches enthalten. So wird als Motto des Buches ein biblischer Text aus dem 1. Buch Samuel 17:45 angeführt:

> »David aber sprach zu dem Philister: Du kommst zu mir mit dem Schwert, Spieß und Schild. Ich aber komme zu dir im Namen des Herrn Zebaoth, des Gottes des Heeres Israel, das du gehöhnet hast.«

Auf dieses leitmotivische Motto folgt ein Vorwort, das nicht zuletzt auf die nationalsozialistischen Reaktionen auf Frankfurters Attentat reagiert:

> »Die folgende Schrift ist von keiner Gemeinschaft und in keinem Lande veranlaßt, beeinflußt oder vor Erscheinen gelesen worden. Sie wurde unmittelbar nach dem Morde im Februar geschrieben, unter dem Eindrucke der historischen Bedeutung dieser Tat, aus dem Rechtsgefühl eines privaten Einzelnen.«

Eine 1936 verfasste Vorbemerkung, die dann zu Ludwigs früheren rechtsphilosophischen Studien überleitet:

> »Vor über 30 Jahren habe ich im Berliner Seminar meines großen deutschen Lehrers Franz von Liszt über Tötung im Affekt gearbeitet und nachher meine juristische Doktor-These in Breslau hierauf gestützt; später bin ich in mehreren historischen Porträts zu dem Problem zurückgekehrt. Damals, im kaiserlichen Deutschland, lernten wir noch nicht, Recht ist, Deutschland nützt; unsere Lehrer gründeten als Weltbürger auch das Strafrecht auf die Gesetze der Moral, und Liszt erklärte in Kolleg und Lehrbuch, warum nach dem deutschen Gesetze dem schwer beleidigten Täter eine hohe Milderung der Strafe zuzuerkennen sei. Heute« – so schließt Ludwig sein Vorwort – »betrachten wir als Zeitgenossen einen solchen Fall in seiner welthistorischen Perspektive.«[7]

Die alles in allem eher kurze Schrift ist in fünf Kapitel unterteilt: während das erste Kapitel – es trägt die Überschrift »DAVID« – in eher poetischer Sprache Vater, Kindheit und Krankheit des Attentäters schildert, geht es im zweiten Kapitel – es trägt die Überschrift »ERSCHÜTTERUNG« – um den von dem Medizinstudenten Frankfurter in Deutschland erfahrenen Antisemitismus. Beides, so Ludwig, eine Kopfoperation sowie Beleidigungen führten zu einer Mischung von Depression[8] und Abscheu, die den Studenten schließlich zum

Studium in die Schweiz, nach Bern führen. Dort erfährt er über die Zeitungen – wir schreiben das Jahr 1933 – *»das ganze Bild der Katastrophe«.*[9] All dies, die Schmerzen ob seiner Knochenkrankheit, eine depressive Veranlagung sowie die Nachrichten aus Deutschland führen dann zum Entschluss, *»Wilhelm Gustloff zu töten«* – diesem Thema gilt das dritte Kapitel mit der Überschrift »TAT«. Alle Mitteilungen und Erfahrungen, der Tod seiner Mutter, die Nürnberger Gesetze sowie *»das Eindringen des Nazigeistes in die Schweiz«*[10] führten ihn zu dem Entschluss, einen Nationalsozialisten in der Schweiz zu töten, um durch diese Tat nicht die Jüdinnen und Juden im Deutschen Reich zu gefährden. Dieser *»Landesführer«* aber war Wilhelm Gustloff, der als lungenkranker Mecklenburger Bankbeamter schon während des Ersten Weltkrieges nach Davos gekommen war, dort als Gehilfe in einem Meteorologischen Institut gearbeitet hatte, um 1923 Mitglied der NSDAP zu werden:

> »Daß er von Schweizer Gelde auf Schweizer Boden lebte, hielt« – so Ludwig – »den deutschen Geist nicht ab, die neue Fahne zu beschwören, unter der der größere Teil der Schweiz erobert werden sollte.«[11]

Das dritte Kapitel schließt mit dem Eintritt David Frankfurters in Gustloffs Wohnung, in der ihm als Erstes ein Bild von Hitler in die Augen fällt:

> »Das also ist der Mann, durch dessen fixe Idee der Stamm der deutschen Juden in hundert Untaten gequält, mit tausend Worten verächtlich gemacht, das ist der Mann, durch dessen Lehren und Reden das älteste Volk des Abendlandes zu Paria erniedrigt, vor aller Welt entehrt und bespien wurde.«[12]

Und so schildert Ludwig, wie David Frankfurter nach Eintritt Gustloffs in sein eigenes Haus fünfmal auf ihn schießt, um später – so die immer wieder kolportierte Geschichte – von dessen Witwe zu hören: »*Wie konnten Sie das tun! Sie haben doch so gute Augen.*«[13]

Das vierte Kapitel nimmt dann Ludwigs frühe rechtsphilosophische Erfahrung ebenso auf wie die allgemeine Geschichte politischer Attentate. Unter dem Titel »VERGLEICHE« geht es entsprechend um die griechischen Tyrannenmörder Harmodios und Aristogeiton, um Moses, der einen Fronvogt erschlug, die biblische Judith, aber auch um Charlotte Corday, die während der Französischen Revolution Marat umgebracht hatte – sowie endlich um drei Beispiele aus dem frühen 20. Jahrhundert: so um einen Russlandschweizer namens Conradi, der 1923 in Lausanne den sowjetischen Diplomaten Wazlaw Worowski erschoss, so um den russischen Juden Scholom Schwarzbard, der 1926 in Paris den weißrussischen General Simon Petljura erschossen hatte, sowie um den armenischen Studenten Solomon Teilirian, der im März 1921 in Berlin den ehemaligen türkischen Großwesir Talaat Pascha tödlich niederstreckte. Ludwig beschließt diese Kapitel mit folgendem Resümee:

> »Ganz wie der weiß-russische Offizier in Lausanne und der jüdische Uhrmacher in Paris ist der armenische Student in Berlin freigesprochen worden. Drei Kulturstaaten Europas haben aus tiefem Gefühl für gerechte Rache drei große, mit Vorsatz und Überlegung ausgeführte Morde ohne Sühne gelassen.«[14]

Wolfgang Diewerges »Ein Jude hat geschossen«

Die nationalsozialistische Antwort auf Emil Ludwigs Buch kam vergleichsweise schnell – und zwar aus der Feder eines Mannes namens Wolfgang Diewerge, dessen Schrift »Ein Jude hat geschossen« 1937 im Verlag Franz Eher Nachf. in München – ein etwas mehr als 120 Seiten zählendes Buch, das auf der zweiten Seite folgenden Vermerk trug: »Gegen die Herausgabe dieser Schrift bestehen seitens der NSDAP keine Bedenken. Der Vorsitzende der Parteiamtlichen Prüfungskommission zum Schutze des NS.-Schrifttums. Berlin, den 25. Januar 1937.«

Aber wer war der Autor? Geboren 1906 in Stettin, legte er 1924 in Stargard sein Abitur ab, um danach in Jena und Berlin Jura zu studieren, 1929 das Erste Staatsexamen abzulegen und später einen Auslandsaufenthalt beim deutschen Konsulargericht in Kairo zu absolvieren. Schon seit 1927 als Autor völkischer Blätter aktiv, trat Diewerge 1930 in die NSDAP ein und übernahm im Folgenden diverse Parteiämter, um schließlich stellvertretender Ortsgruppenleiter zu werden. 1933 schon wurde er Reichsgeschäftsführer der »Deutschen Turnerschaft«, um 1934 in dem aus seiner Referendariatszeit bekannten »Kairoer Prozess« die Verteidigung von Wilhelm van Meeteren zu übernehmen, der 1933 dort eine antisemitische Broschüre publiziert hatte und in der Folge von einem jüdischen Geschäftsmann mit Unterstützung der *»Ligue Internationale Contre l'Antisemitisme«* wegen Beleidigung verklagt zu werden. Unter Absprache mit nationalsozialistischen Institutionen entwarf Diewerge eine das Judentum anklagende Publikationsstrategie und wurde so 1934 zum Beauftragten für die Durchführung des Prozesses ernannt. Nachdem das Kairoer Gericht die Beleidigungsklage abgewiesen hatte, wurde Diewerge im März 1934 als Regierungsassessor in Goebbels »*Reichsministerium für Volksaufklärung und Propaganda*« eingestellt, um es dort bis 1939 zum Oberregierungsrat zu bringen. Als Auslandsbevollmächtigter des Propagandaministeriums verlangte er bereits am 18. Februar 1936 vom Auswärtigen Amt alle verfügbaren Unterlagen zu Frankfurters Attentat und fertigte in Zusammenarbeit mit der Auslandsorganisation der NSDAP eine Broschüre an, die unter dem Titel »Der Fall Gustloff: Vorgeschichte und Hintergründe der Bluttat von Davos« im bereits genannten Franz Eher Verlag erschien.

1937 – nach Beginn des Prozesses gegen David Frankfurter in Chur – dann erschien eine überarbeitete Fassung dieses Textes, nun aber unter dem Titel »Ein Jude hat geschossen. Augenzeugenbericht vom Mordprozeß David Frankfurter«.[15]

Auf der ersten Seite des Textes steht unter der Überschrift »*Leitwort*« ein Zitat von Adolf Hitler:

> »Diese Tat fällt auf den Täter zurück. Nicht Deutschland wird dadurch geschwächt, sondern die Macht, die diese Tat verübte« – worunter das sog. »Weltjudentum« zu verstehen war.

Entsprechend ging es Diewerge nicht nur um einen zum Teil polemischen Überblick bezüglich der Schweizer Presse, die über den Prozess berichtete, sondern vor allem um den Nachweis, dass Frankfurters Attentat nicht die Tat eines depressiven Einzelgängers, sondern ein seit langem von jüdischen Kreisen gehegtes Komplott war. Ein Element dieser paranoiden Beweisführung war der fortwährende Hinweis auf den Umstand, dass Emil Ludwig Jude war, weshalb dieser in Diewerges Schrift ausschließlich als *Ludwig-Cohn* bezeichnet wird:

»Das Hetzbuch Ludwig-Cohns ist, abgesehen von allen Lügen, auch so dumm geschrieben, daß es sogar von vielen Juden abgelehnt wird. Auch die Schweizer liberale Presse nimmt in schärfster Weise gegen diese Veröffentlichung Stellung. Die Einfuhr des Buches wird bis zur Beendigung des Prozesses verboten.«[16]

Und blieb, so ist anzumerken, tatsächlich bis nach Kriegsende untersagt. Als schlagenden Beweis dafür, dass David Frankfurter nur ausführendes Organ einer jüdischen Verschwörung war, gilt Diewerge eine auf Kroatisch geschriebene Notiz Frankfurters auf einer bei ihm sichergestellten Zigarettenschachtel, die angeblich beweisen soll, dass Frankfurter nur dann Suizid verüben wollte, falls das Attentat misslingt.[17] Diewerge beschließt sein Buch mit folgenden Worten:

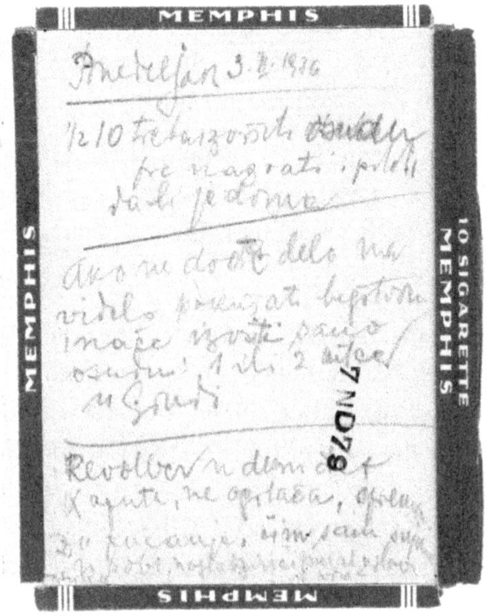

»Aktionsplan« (auf Kroatisch) von David Frankfurter, 1936, Staatsarchiv Graubünden, Chur, III23d2 Frankfurter

> »Der Mordprozeß David Frankfurter war nur ein kleiner Frontabschnitt in diesem gewaltigen Ringen. Aber in den dort handelnden Persönlichkeiten waren der Inhalt und das Wesen beider Ideen verkörpert. David Frankfurter, der Ehrenpräsident der Weltjuden, Wilhelm Gustloff, der treue Gefolgsmann seines Führers. In dem Eichenhain am Schweriner See hat Gustloffs Körper seine letzte Ruhestätte gefunden. Sein Geist ist nicht tot. Er lebt und kämpft mit uns, bis diejenigen gefunden sind, die Haß säen und an Blut verdienen. Denn die Schüsse von Davos töteten zwar einen Menschen, aber trafen nicht die Idee, für die er kämpfte. Ein Schweizer – Jakob Schaffner – sagt von Wilhelm Gustloff: ‚Der Wille, der ihm seine Wunden schlug,/er hat nicht einen stillen Mann geschaffen –/nein, Zeugnis schuf er, Predigt, Aufruf/Waffen'.«[18]

Vor diesem Hintergrund kann es nicht erstaunen, dass Diewerge nach dem tödlichen Attentat von Herschel Grynszpan auf den deutschen Legationsrat Ernst vom Rath in Paris am 7. November 1938 in gleicher Weise Stellung nahm und somit zu einem der Hauptverantwortlichen für die verharmlosend »Kristallnacht« genannte Pogromnacht vom 9. November 1938 wurde. So schrieb Diewerge am 8. November 1938 im *Völkischen Beobachter*:

> »Es ist klar, daß das deutsche Volk aus dieser neuen Tat seine Folgerungen ziehen wird. Es ist ein unmöglicher Zustand, daß in unseren Grenzen Hunderttausende von Juden noch ganze Ladenstraßen beherrschen, Vergnügungsstätten bevölkern und als ‚ausländische' Hausbesitzer das Geld deutscher Mieter einstecken, während ihre Rassegenossen draußen zum Krieg gegen Deutschland auffordern und deutsche Beamte niederschießen. Die Linie von David Frankfurter zu

> Herschel Grünspan ist klar gezeichnet. […] Wir werden uns die Namen jener merken, die sich zu dieser feigen Mordtat bekennen. […] Es sind dieselben Kräfte wie in Kairo und Davos, es sind Juden und keine Franzosen. Die Schüsse in der Deutschen Botschaft in Paris werden nicht nur den Beginn einer neuen Haltung in der Judenfrage bedeuten, sondern hoffentlich auch ein Signal für diejenigen Ausländer sein, die bisher nicht erkannten, dass zwischen der Verständigung der Völker letzten Endes nur der internationale Jude steht.«

Die folgenden Informationen über Dieweges Leben nach der NS-Zeit verdanken sich einer gemeinhin als eher unseriös betrachteten Quelle – einem entsprechenden Wikipedia-Eintrag: »Wolfgang Diewerge« vom 24.6.2022. Gleichwohl unterscheidet sich dieser Eintrag von vielen anderen Wikipedia-Einträgen durch sorgfältigste Quellenverweise und Kontextinformationen, die anderweitig nur durch wochenlanges Quellenstudium hätten besorgt werden müssen.

Daher: Vor dem mitgeteilten historischen Hintergrund ist es besonders auffällig, welchen Weg dieser notorische Antisemit und Pogromhetzer in der frühen Bundesrepublik nahm, in der zunächst ob seiner Staats- und SS-funktionen unter den Arrest der Alliierten gefallen wäre – wenn es ihm nicht gelungen wäre, unterzutauchen und in Hessen unerkannt als Bürovorsteher einer Anwaltskanzlei zu arbeiten. Freilich hatte der gelernte Jurist Diewerge einen langjährigen, ihm gut bekannten Kollegen: Friedrich Grimm – einen ebenfalls überzeugten Nationalsozialisten und Juristen.[19] Im Jahre 1951 stellte Grimm seinen Freund Diewerge dem ehemaligen Leiter der Politischen Abteilung des Dritten Reiches in Paris vor: einem Mann namens Ernst Achenbach[20], der es inzwischen zum außenpolitischen Sprecher der FDP gebracht hatte. Auf dessen Empfehlung wurde Diewerge dann beim nordrhein-westfälischen FDP-Landesvorsitzenden Friedrich Middelhauve persönlicher Sekretär – Ausdruck von Middelhauves Willen, rechts von CDU und FDP eine »Nationale Sammlung« zu begründen. Ein Zeithistoriker kommentiert das so:

> »Nicht ausgerechnet, sondern geradeder erfahrene ehemalige Goebbels-Mitarbeiter schien dafür prädestiniert, in mehrtägigen Kursen, systematisch neu und zusätzlich Redner auszubilden, die künftig als Multiplikatoren des nationalen Sammlungskurses eingesetzt werden sollten.«[21]

In seiner neuen Funktion verfasste Diewerge Materialien zur Rednerschulung und sollte zudem für die publizistische Vorbereitung von Treffen ehemaliger Waffen-SS-Angehöriger wirken. Vor allem aber wirkte Diewerge als Mittelsmann zum sogenannten »*Naumann-Kreis*«, einer Vereinigung um den ehemaligen Vorgesetzten Diewerges in Goebbels' Propagandaministerium. Es war Naumann, der versuchte, einen wie auch immer gearteten Nationalsozialismus in der FDP nach dem Krieg heimisch werden zu lassen:

> »Ob man eine liberale Partei am Ende in eine NS-Kampfgruppe umwandeln [...] kann, möchte ich bezweifeln, wir müssen es aber auf einen Versuch ankommen lassen.«[22]

Unter anderem deshalb wurden Mitte Januar 1953 Mitglieder des Naumann-Kreises von den britischen Behörden verhaftet. Das hatte zur Folge, dass die Angelegenheit Diewerge immer stärker in der FDP diskutiert wurde, was auf Middelhauves erbitterten Widerstand stieß. Diewerge aber, der sich schließlich einvernehmlich aus der FDP verabschiedete, fühlte sich tatsächlich ungerecht behandelt. In der Folge in Essen als Werbeleiter tätig, musste er sich 1966 erneut vor Gericht verantworten – hatte er doch 1959 im Prozess gegen einen Autor ausgesagt, der behauptete, dass Herschel Grynszpans Attentat auf Ernst vom Rath auf homosexuelle Beziehungen zwischen Opfer und Täter zurückzuführen sei. Bei diesem Prozess hatte Diewerge als Zeuge ausgesagt, von einem derartigen Motiv erst spät gehört zu haben, zudem habe er nie etwas davon gewusst, dass der Prozess gegen Grynszpan judenfeindliche Maßnahmen legitimieren sollte. Mehr noch: In diesem Prozess sagte er aus, überhaupt erst 1944 in Stockholm aus einer englischen Zeitung von der sog. »Endlösung« erfahren zu haben.

Auf jeden Fall wurde Diewerge 1966 wegen Meineids in Sachen Grynszpan zu einem Jahr Gefängnis verurteilt – eine Strafe, die später zur Bewährung ausgesetzt wurde. Gleichwohl ordnete der hessische Generalstaatsanwalt Fritz Bauer die Übernahme des Verfahrens durch seine Behörde an, sodass die Generalstaatsanwaltschaft eine Verurteilung wegen Beihilfe zum Mord anstrebte; da es aber seinerzeit gar nicht zu einem Verfahren gegen Grynszpan gekommen war, wurde dieses Verfahren ebenfalls 1969 endgültig eingestellt.

Doch war auch dies noch nicht das Ende von Diewerges Aktivitäten – übernahm er doch 1968 die Geschäftsführung zweier der FDP nahestehender Vereine. Diewerge starb 1977, gleichwohl wurde ihm 1987 postum nachgewiesen, dass beide Vereine nur dem Zweck dienten, steuerbefreite Industriespenden entgegenzunehmen und somit Steuerhinterziehung betrieben zu haben. Bei alledem blieb Diewerge seinen nationalsozialistischen

Überzeugungen treu – noch eine Woche vor seinem Tode war er als Redner für eine Veranstaltung der HIAG, also des Traditionsvereins ehemaliger Waffen-SS-Männer vorgesehen, die er in Öffentlichkeitsarbeit schulen sollte – eine Zusage, die er dann doch kurzfristig absagen musste.

Rolf Lyssys Film

Nach dem Ende des Dritten Reiches wurde die Affäre David Frankfurter zunächst noch einmal von einem Schweizer Filmemacher aufgegriffen. Er verfilmte das Attentat von Davos 1974 unter dem Titel »Konfrontation«. Zwölf Jahre später dann, 1986, nahm Lyssy in einem Sammelband zum Thema noch einmal zu seinem Film Stellung: So stellte er fest, dass sich aufgrund der seinerzeit (1936) gegebenen Ausgangslage »verschiedene dramaturgische Konzeptionen« angeboten hätten:

> »So beispielsweise die ‚Dramaturgie' der Parallelentwicklung nach dem bekannten Muster des Action-Kinos: hier Frankfurter – dort Gustloff: auf dem Höhepunkt treffen sie aufeinander. Eine weitere Möglichkeit wäre gewesen, die zeitliche Kontinuität zu durchbrechen, spätere Ereignisse in Einblendungen vorwegzunehmen. Weil diese Art von manipulatorischer Montage oft nur beim Zuschauer die eigene Reflexion verunmöglicht, suchte ich nach einer Grundkonzeption, die der retrospektiven Betrachtungsweise des Zuschauers Rechnung trug, ihn in das Geschehen mit einbezog. Ich möchte dem Publikum die Möglichkeit geben, durch punktuelle Identifikation die psychische Verfassung des Attentäters nachzufühlen und mitzuerleben.«[23]

Die *Neue Zürcher Zeitung* bewertete den Film seinerzeit u. a. so:

> »Der Film wächst so künstlerisch über das rekonstruierte Dokument hinaus in eine tragfähige historisch-psychologische Interpretation des damaligen Geschehens und hält die Perspektive von der Vergangenheit auf die Gegenwart sowohl menschlich-individuell als auch politisch-gesellschaftlich offen.«[24]

Peter O. Chotjewitz's Sammelband

Wie erwähnt, erschienen Lyssys Bemerkungen in einem 1986 publizierten Sammelband: »Emil Ludwig und Peter O. Chotjewitz: Der Mord in Davos. Texte zum Attentatsfall David Frankfurter Wilhelm Gustloff. Herausgegeben von Helmut Kreuzer« März Verlag, Frankfurt am Main 1986.

Der im damals als »links« geltenden März Verlag erschienene Band enthielt neben einer Einleitung des Siegener Literaturwissenschaftlers Helmut Kreuzer vor allem einen zentralen Text des ungewöhnlich produktiven Schriftstellers und Juristen Peter O. Chotjewitz. Der 1934 als Sohn eines Handwerkers in Berlin geborene Autor Chotjewitz hielt sich von 1967 bis 1973 zunächst mit einem Stipendium der Villa Massimo in Rom auf, um dann in die Bundesrepublik Deutschland zurückzukehren, wo er den Kontakt zu Gudrun Ensslin und Andreas Baader, die er 1966 in Berlin kennengelernt hatte, pflog. So ließ Chotjewitz im Februar 1970 Baader über Horst Mahler ausrichten, dass der hessische Justizminister Karl Hemfler Baaders Gnadengesuch abgelehnt hatte. Mehr noch: Als Baader im April 1970 in Berlin verhaftet wurde, wies er sich mit einem Personalausweis auf den Namen *Peter Chotjewitz* aus. Chotjewitz aber war nicht nur Schriftsteller, sondern auch Jurist und daher Wahlverteidiger von Andreas Baader und Peter Paul Zahl. In dieser Zeit entstand sein Roman »Die Herren des Morgengrauens«[25], in dem es um die Terroristenprozesse gegen die »Rote Armee Fraktion« ging, was zur Kündigung seines Vertrages mit dem Bertelsmann Verlag führte. Nicht zuletzt verfasste Chotjewitz regelmäßig Beiträge für die Wochenzeitungen *FREITAG* und *JUNGLE WORLD*, um 2007 noch den Roman »Mein Freund Klaus«[26], in dem es um den Strafverteidiger des Terrorismus-Angeklagten, um Klaus Croissant ging. Chotjewitz starb 2010 in Stuttgart.

Sein langer Text gilt der Bekanntmachung und Erläuterung von Emil Ludwigs 1936publizierter Schrift »Mord in Davos«, die Chotjewitz als »Streitschrift« bezeichnet und zum Anlass nimmt, das Phänomen des politischen Mordes einer erneuten Betrachtung zu unterziehen:

> »Die Zeit« – so Chotjewitz 1986 – »wäre günstig für eine solche Betrachtungsweise. Seit Einführung des Begriffs ‚Terrorismus' zum Beispiel ist die Literatur zur Problematik des Attentats noch einmal enorm forciert worden. [...] Nun ist es sicher, unabhängig von publizistischen Modeerscheinungen, die von Sicherheitspolitikern aus durchsichtigen Gründen begünstigt werden, immer aktuell, über die Gründe zu spekulieren, die ein politisches Delikt rechtfertigen, entschuldigen oder zumindest in milderem Licht erscheinen lassen – abgesehen von der Frage, ob sich nicht bestimmte Handlungen, die unter Straftatbestände subsumierbar sind, überhaupt der strafrechtlichen Beurteilung entziehen.«[27]

Chotjewitz schildert in seinem Text ausführlich – ganz ähnlich wie Diewerge – die Debatte in der Schweizer

Presse sowie – nicht zuletzt – die Debatten innerhalb der jüdischen Gemeinschaft in der Schweiz, vor allem innerhalb des Schweizerischen Israelitischen Gemeindebundes (SIG), vergisst aber nicht, sich noch einmal auch zu Diewerge zu äußern:

> »Wolfgang Diewerges Schrift vermittelt in ihrer Unterwürfigkeit einen passablen Eindruck davon, wie diensteifrig ein Publizist im Dritten Reich das Hirn abschalten musste, wenn er im Propagandaapparat der Nazis avancieren wollte. Schamlos verbreitet er selbst ihre durchsichtigsten Lügen, wie Hitlers Aufruf in seiner Schweriner Leichenrede, die Nazis hätten nie einen politischen Mord begangen.«[28]

Vor allem aber enthält der Sammelband ein seinerzeit nicht publiziertes Vorwort Emil Ludwigs, das er nach Kriegende, im Oktober 1945 verfasst hat, sowie einen zunächst ebenfalls nicht veröffentlichten Epilog, der schildert, wie der freigelassene David Frankfurter die Juden Europas auffordert, wie er selbst Europa zu verlassen und nach Palästina auszuwandern, und wie er – Emil Ludwig – David Frankfurter kennengelernt hatte.

In dem nach Kriegsende verfassten Vorwort schildert Ludwig nicht nur, dass und wie die Einfuhr seines Buches in die Schweiz verboten war, sondern auch die allgemeine Lage unmittelbar nach dem Krieg:

> »Vier Wochen nach der deutschen Niederlage wurde Frankfurter freigelassen. Hatte sich die moralische Lage in diesen neun Jahren geändert? War ein neues Argument aufgefunden? Nur weil Hitler nicht mehr gefährlich war, ist der Jude Frankfurter befreit worden. Der Zusammenbruch der Barbaren änderte die öffentliche Meinung und auch die Stellung der Behörden

> gegenüber einem Idealisten, der ein Jahrzehnt zuvor dieselben Barbaren bekämpft hatte.«[29]

Schließlich enthält Chotjewitz' Sammelband noch ein Kapitel, das »Die faschistische Perspektive« überschrieben ist und Auszüge aus einem Artikel des Publizisten Wilhelm Stapel aus dem Jahre 1937 enthält. Stapel lebte von 1882 bis 1954, war ein Parteigänger der »Konservativen Revolution« sowie ein bekennender und stolzer Antisemit. Sein Artikel vergleicht Frankfurters Tat mit dem Attentat des Sohnes eines jüdischen Sozialdemokraten Friedrich Adler, der 1911 den k. und k.-Ministerpräsidenten Graf Stürgkh in einem Wiener Restaurant erschossen hatte sowie mit den von Wilhelm Stapel tatsächlich sogenannten »*Mördern*« Walter Rathenaus. Stapel will in seinem 1937 verfassten Beitrag typologisch auf die Differenzen zwischen den Erzberger- und Rathenau-Mördern hier sowie Adler und Frankfurter dort unterscheiden – und zwar so, dass Erstere außerhalb des Gesetzes, diese aber innerhalb des Gesetzes mordeten – und insofern auch nicht revolutionär gedacht hätten. Stapel beendete seinen Artikel mit folgenden Worten – 1937!:

> »Der ‚Frankfurter Prozeß' wurde von der Judenpresse zur Greuelhetze gegen den Nationalsozialismus mit größtem Pomp aufgezogen. Wir setzen ihr nichts anderes entgegen als den zarten Hinweis auf das niedliche Dasein der Juden in Ichenhausen. Wir wissen, daß ihren Rassegenossen derartige Aufmerksamkeiten etwas peinlich sind, aber um der Wahrheit die Ehre zu geben und um ihre fadenscheinigen Lügen zu widerlegen, müssen wir nun einmal dieses Beispiel anführen, um zu zeigen, im Dritten Reich gibt es noch Städtchen, wo es den Juden besser geht als in Palästina«[30]

Eine längere Fußnote von Chotjewitz auf derselben Seite vermerkt dazu, wie viele Jüdinnen und Juden aus der Kleinstadt Ichenhausen tatsächlich in Lagern den Tod fanden: es waren von 362 Menschen mehr als die Hälfte.

Günter Grass' Novelle »Im Krebsgang«

Die Wirkungsgeschichte des Attentatfalles David Frankfurter nahm ihr vorläufiges Ende mit der im Jahr 2002 von Günter Grass publizierten Romannovelle »Im Krebsgang«[31], die historische Informationen in dramatischer Weise mit der Versenkung des nach Wilhelm Gustloff genannten Schiffes der Nationalsozialistischen Deutschen Arbeitsfront voller ostpreußischer Flüchtlinge am 30. Januar 1945 durch ein sowjetisches U-Boot unter der Führung eines Kapitäns namens Marinesko. Grass bzw. der bestens informierte Ich-Erzähler der Novelle kennt alle bereits erwähnte Literatur – von Emil Ludwig bis Wolfgang Diewerge – ebenso gut wie die historischen Vorgänge selbst und leidet offensichtlich an der deutschen Geschichte, nicht zuletzt am Leiden der Deutschen, zumal dem der Ostpreußen. So äußert sich der Ich-Erzähler über den 30. Januar, den Tag, an dem die »Wilhelm Gustloff« versenkt wurde, jenen Tag aber auch, dessen im Dritten Reich als Tag des 30. Januars 1934 gedacht wurde, als die Weimarer Reichsverfassung zugunsten eines »Reichsneuaufbaugesetzes« aufgehoben wurde, mit dem die Souveränität der Länder des Deutschen Reichs aufgehoben, die nun direkt der Reichsregierung unterstanden – was zu einer Verschärfung der Reichsgewalt und zu einem Verlust der Staatsqualität der Länder führte, womit das Reich von einem Bundesstaat endgültig zu einem Zentralstaat wurde und die diktatorischen Rechte der NSDAP noch einmal erweitert wurden. Dazu heißt es in der Novelle:

> »Da ist es wieder, das verdammte Datum. Die Geschichte, genauer die von uns angerührte Geschichte ist ein verstopftes Klo. Wir spülen und spülen, die Scheiße kommt dennoch hoch.«[32]

Aber auch Grass' Ich-Erzähler – der Autor selbst verfasste später ein Gedicht zu Israel/Palästina[33] – konnte es bereits 2002 nicht lassen, auf dieses Thema anlässlich der Geschichte von David Frankfurter, Wilhelm Gustloff und dem nach ihm benannten, 1945 mit tausenden von Flüchtlingen beladenen, dann versenkten Schiff einzugehen. Einen Streit zweier Nebenfiguren schildert der Ich-Erzähler so:

> »Unerbittlich ging es zu. Doch gelegentlich fielen sie aus der Rolle, etwa, wenn mein Sohn Wilhelm die Schlagkraft der israelischen Armee lobte, hingegen David die jüdischen Siedlungen auf palästinensischem Grund und Boden als ‚aggressive Landnahme' verurteilte.«[34]

Immer wieder erörtert die Novelle – hier am Streit zweier Protagonisten (nämlich des Erzählers Sohn und eines jüdischen jungen Mannes namens David) – in einem Chat-Room den Israel-Palästina-Konflikt. Am Ende der Novelle treffen sich diese beiden Angehörigen der zweiten Generation von Tätern und Opfern in Schwerin, wo schließlich des Erzählers Sohn, Konny, seinen jüdischen Chat-Partner umbringt:

> »Trotz des sonnigen Tages trug Konny einen Parka. Aus einer der geräumigen Taschen, der rechten, zog er die Waffe und schoß viermal. Der erste Schuß traf den Bauch, die Folgenden Kopf, Hals und Kopf. David Stremplin stürzte wortlos rücklings. Später legte mein Sohn Wert darauf, genauso oft getroffen zu haben wie

einst in Davos der Jude Frankfurter, wenn auch mit keinem Revolver. Und wie dieser hat er von der nächsten Telefonzelle aus sich selbst angezeigt, nachdem er 110 gewählt hatte. Ohne an den Tatort zurückzukehren, machte er sich auf den Weg zu nächsten Polizeiwache, wo er sich mit den Worten ‚Ich habe geschossen, weil ich Deutscher bin' gestellt hatte.«[35]

Günter Grass' Novelle endete mit den Worten: »Das hört nicht auf. Nie hört das auf.«[36] Nicht zuletzt deshalb fand die Novelle durchaus Aufmerksamkeit, aber auch ein durchaus gemischtes Echo. *Taz*, *FR*, *NZZ* sowie *FAZ* und *ZEIT* bescheinigten der Novelle damals allesamt, mehr oder minder misslungen zu sein.[37]

Ausführlichst hat sich die germanistische Literaturwissenschaftlerin Irmela von der Lühe sowohl mit dem Fall Frankfurter als auch vor allem mit Grass' Novelle befasst[38]. Von der Lühe resümiert:

»Wie geschmackvoll diese Fiktion ist, sei dahingestellt. Tatsächlich aber verdankt sie sich einer irritierenden Instrumentalisierung und einer nicht minder zweifelhaften Musealisierung der Ereignisse des Jahres 1936. Um vor den gefährlichen Folgen eines angeblich einseitigen deutschen Erinnerungsdiskurses, der z.B. die Opfer der Gustloff-Versenkung im Januar 1945 ignoriert, zu warnen; um aufmerksam zu machen auf die Bedrohung, die aus der neonazistischen Bewunderung für Gustloff, den Mann, das Schiff und den Mythos erwachsen kann, lässt Grass den Mord in Davos noch einmal geschehen. Und zwar als Mord an jenem jüdischen Studenten, der mit seiner Tat gegen die Verfolgung der Juden im Deutschen Reich protestieren wollte.«[39]

Schlussbetrachtung

Inzwischen zeigt sich, dass die Geschichte David Frankfurters nicht nur auf das spezifische Verhältnis von nationalsozialistischem, mörderischem Judenhass sowie jüdischer Gegenwehr aufmerksam gemacht hat, sondern auch in die Weltgeschichte politischer Attentate gehört. Oben wurde nicht erwähnt, dass kurz nach David Frankfurters Attentat der Sozialpsychologe Hans Kilian ein Buch unter dem Titel »Der politische Mord. Zu seiner Soziologie«[40] veröffentlichte, das freilich dem Fall Frankfurter selbst nur wenig Raum gab. Die Geschichte des tödlichen politischen Attentats reicht freilich von der Antike – von der auf der attischen Agora aufgestellten Figurengruppe »*Harmodios und Aristogeiton*«[41] aus dem sechsten vorchristlichen Jahrhundert, das schließlich die Perser raubten, über das Attentat von Karl Friedrich Sand, einem radikalen deutschen Burschenschaftler, der 1819 den Politiker und Diplomaten der Restauration, August von Kotzebue, umbrachte[42], bis hin zu den Attentätern des 20. Juli 1944, namentlich Schenck Graf von Stauffenberg. Friedrich Schiller hat diesen Handlungen zumal in seinem Gedicht »Die Bürgschaft«, aber auch in seinem Drama »Wilhelm Tell« literarische Denkmäler gesetzt.

Ob David Frankfurters Attentat auf Wilhelm Gustloff diesem Muster entspricht, ist nach wie vor umstritten; derzeit scheint es eher so, dass seine Tat – ebenso wie der Anschlag Herschel Grynszpans – eher ein äußerst dramatisches Warn- und Wachrufsignal sein sollte, ein Weckruf, um auf von der Vernichtung bedrohte Bevölkerungsgruppen aufmerksam zu machen, denn eine tatsächliche Befreiungstat.

Micha Brumlik

Anmerkungen

Vorwort

1 Eine umfangreiche Zusammenstellung solcher Quellen aus oder kurz nach der Schoa stammen von Yad Vashem. So bspw. Bacharach, Walter Z. (Hg.): Dies sind meine letzten Worte ...: Briefe aus der Shoah. Göttingen 2006, Dafni, Reuvan/Kleiman, Yehudit (Hg.): Final Letters – From the Yad Vashem Archive. London 1991 und Nidam-Orvieto, Iael/Rozett, Robert (Hg.): After so much Pain and Anguish: First Letters after Liberation. Jerusalem 2016.

2 Klemperer, Victor: Tagebücher 1935–1936. Herausgegeben von Walter Nowojski unter Mitarbeit von Hadwig Klemperer. Berlin 1999.

3 Dina Porat hat mit »Die Rache ist Mein allein. Vergeltung für die Schoa: Abba Kovners Organisation Nakam« (Paderborn 2021) eine ausführliche Studie zu der Gruppe »Nakam« veröffentlicht. Auf Grundlage von Zeugenaussagen und bislang unbekannten Quellen erzählt Porat, wie es zu den Racheplänen der Gruppe kam, warum sie scheiterten und was die Beteiligten später über ihre einstigen Absichten dachten.

4 Achim Doerfer geht in seinem Buch »Irgendjemand musste die Täter ja bestrafen: Die Rache der Juden, das Versagen der deutschen Justiz nach 1945 und das Märchen deutsch-jüdischer Versöhnung« (Köln 2021) einem Gefühl nach, das nach den Verbrechen der Nationalsozialisten blass blieb: Rache. Er behandelt Widerstands- und Rachegeschichte und zeigt dabei auf, wie die deutsche Justiz und Erinnerungskultur versagte und so den Opferstatus von Jüdinnen und Juden in Deutschland festigte.

5 Das Buch von Dina Porat (Fußnote 3) wurde die Grundlage zu dem Spielfilm »Plan A« der Brüder Doron und Yoav Paz, der im Dezember 2021 in die deutschen Kinos kam.

6 Tobias, Jim G./Zinke, Peter: Nakam – jüdische Rache an NS-Tätern. Hamburg 2000.

7 Die Jewish Brigade war eine Einheit der British Army, die in Palästina aus rund 5.000 Freiwilligen am Ende des Zweiten Weltkriegs zusammengestellt wurde und unter einem jüdischen Banner operierte. Vom März bis zum Kriegende im Mai 1945 kämpften die Einheiten gegen das Deutsche Reich. Stationiert waren sie in Tarvis an der italienisch-österreichischen Grenze. Nach dem Kriegsende halfen die Brigadisten bei der Errichtung von Displaced Persons Camps oder organisierten die illegale Einreise von Jüdinnen und Juden aus Europa nach Palästina. Manche der Mitglieder nahmen an hochrangigen Nazis für ihre Gräueltaten Rache.

8 Memoiren David Frankfurter in der vorliegenden Publikation, S. 256.

9 Browning, Christopher: Die Entfesselung der »Endlösung«: Nationalsozialistische Judenpolitik 1939–1942. München 2003.

10 Memoiren David Frankfurter in der vorliegenden Publikation, S. 256.

11 Jokusch, Laura: Zu viel oder zu wenig? Jüdische Rache nach dem Holocaust, in: Czollek, Max/Riedel, Erik/Wenzel, Mirjam (Hg.): Rache: Geschichte und Fantasie. München 2022, S. 122.

12 Memoiren David Frankfurter in der vorliegenden Publikation, S. 80.

13 Bossert, Sabina: David Frankfurter (1909–1982). Das Selbstbild des Gustloff-Attentäters. Köln 2019.

Entstehungsgeschichte

1 Diese Ausführungen beruhen auf der Dissertation der Autorin. Bossert, Sabina: David Frankfurter (1909–1982). Das Selbstbild des Gustloff-Attentäters. Köln 2019.

2 *Am Oved*, hebräisch für »arbeitendes Volk«, wurde 1942 von Berl Katznelson als Organ der *Histadrut*, dem Dachverband der Gewerkschaften gegründet.

3 Vertrag zwischen David Frankfurter und Schalom Ben-Chorin vom 1. März 1946, Jerusalem, in: Deutsches Literaturarchiv Marbach, Nachlass Schalom Ben-Chorin.

4 Ben-Chorin, Schalom: David Frankfurter, in: Begegnungen, Porträts bekannter und verkannter Zeitgenossen. Herausgegeben von Verena Lenzen. Gerlingen 1991, S. 140–143, hier S. 140.

5 Ebd., S. 142.

6 Ebd.

7 Beide Zitate: Ebd.

8 Alle Zitate: Ebd., S. 141.

9 Dieses Manuskript mit handschriftlichen Korrekturen und Anmerkungen Frankfurters befindet sich im Deutschen Literaturarchiv Marbach: Frankfurter, David: »Ich toetete einen Nazi ...«, Manuskript der Memoiren mit handschriftlichen Korrekturen und Anmerkungen Frankfurters.

10 Avital Ben-Chorin hatte das Manuskript beim Umzug ins Altersheim auf dem Dachboden gefunden und sich an Professor Willi gewandt mit der Frage, ob er daran interessiert sei. Thomas Willi ließ in der Folge eine Abschrift davon erstellen.

11 In der jüdischen Rezeptionsgeschichte gilt Amalek als sinnbildlicher, archetypischer Feind des Judentums. Amalek, ein biblisches Volk, überfällt Israel während seines Zuges in die Wüste, wie es die Tora berichtet. In der Geschichte wurden immer wieder Personen und Länder, die Jüdinnen und Juden außerordentlich bedrohten, als Nachkommen Amaleks bezeichnet. Zum Wandel der Wahrnehmungsgeschichte von Amalek vgl. Bodenheimer, Alfred: Der physische und symbolische Feind. Wandlungen des Konzepts von Amalek in der jüdischen Tradition, in: Amstutz, Hans et al. (Hg.): Fuzzy Boundaries. Festschrift für Antonio Loprieno. Hamburg 2015, S. 547–557.

12 Werfel, Franz: Die vierzig Tage des Musa Dagh. Erstausgabe in zwei Bänden. Berlin 1933.

13 Alle Zitate: Memoiren David Frankfurter in der vorliegenden Publikation, S. 43f.

14 Alle Zitate: Vardi, Dov: David and Goliath, in: *The Palestine Post* vom 16. April 1948, S. 6 [Via: Historical Jewish Press].

15 Frankfurter, David: Nakam. Paraschat haHitnakschut beSochen-haNazim Gustloff. Tel Aviv 1948.

16 Frankfurter, David: Rischon haLochamim baNazim. Tel Aviv 1984.

17 Vgl. hierzu das Nachwort von Micha Brumlik in diesem Buch.

18 Zur Geschichte der Gruppe *Nakam* und ihrer Rachepläne vgl. Porat, Dina: Die Rache ist Mein allein. Vergeltung für die Schoa: Abba Kovners Organisation Nakam. Paderborn 2021.

19 Frankfurter, David: »I kill a Nazi Gauleiter. Memoir of a Jewish Assassin«, in: *Commentary 9* (1950), S. 133–141.

20 Beispielsweise: Chotjewitz, Peter O.: Mord als Katharsis. Zum Fall David Frankfurter und zu Emil Ludwigs »Mord in Davos«, in: Ludwig, Emil/ Chotjewitz, Peter O.: Der Mord in Davos. Herbstein 1986 oder Fuhrer, Armin: Tod in Davos. David Frankfurter und das Attentat auf Wilhelm Gustloff. Berlin 2012.

21 Vollmacht von David Frankfurter und Schalom Ben-Chorin an Jeanne Bachmann, Buenos Aires, vom 15. August 1950, in: Deutsches Literaturarchiv Marbach, Nachlass Schalom Ben-Chorin.

22 Ebd.

23 Die Zeitung, die früher *Blumenthals Neuste Nachrichten*, später *Israel-Nachrichten* hieß, wurde 1935 von dem nach Palästina emigrierten Berliner Buchhändler Siegfried Blumenthal gegründet. Sie richtete sich an die deutschsprachigen Jüdinnen und Juden und war in den 1950er Jahren eine der meistverkauften Zeitungen Israels.

24 Frankfurter, David: Landung am Rosch Haschanah, in: *Jediot Chadaschot* vom 25.09.1946, S. 9, in: Deutsches Literaturarchiv Marbach, Nachlass Schalom Ben-Chorin.

25 Willi, Thomas: Widerstand: David Frankfurter (1909-1982). Die deutsche Urfassung seines Selbstzeugnisses zum Attentat auf Wilhelm Gustloff, in: Garbe, Irmfried (Hg.): Kirche im Profanen. Studien zum Verhältnis von Profanität und Kirche im 20. Jahrhundert, Festschrift für Martin Onnasch zum 65. Geburtstag. Frankfurt am Main 2009.

26 Memoiren David Frankfurter in der vorliegenden Publikation, S. 78.

27 Memoiren David Frankfurter in der vorliegenden Publikation, S. 93.

28 Anonyme Zuschrift an David Frankfurter, undatiert, Poststempel vom 7. Februar 1936, in: Staatsarchiv Graubünden III23d2 Frankfurter.

29 Botschaft des Kleinen Rates an den Grossen Rat zum Begnadigungsgesuch des Frankfurter Davids, zurzeit in der kantonalen Strafanstalt Sennhof, Chur, in: Begnadigungsakten David Frankfurter i.S. Erlass der Freiheitsstrafe 1945, Staatsarchiv Graubünden III23d2 Frankfurter, S. 311.

30 Memoiren David Frankfurter in der vorliegenden Publikation, S. 254.

31 Kantor; Vorbeter in der Synagoge.

32 Vgl. Interview mit Moshe Frankfurter und Miriam Gepner durch die Verfasserin, 3. Juli 2013, Sal'it.

33 Brief von Alfons Frankfurter an den Zürcher Anwalt Veit Wyler vom 3. Januar 1946, in: Archiv für Zeitgeschichte, Zürich, NL Veit Wyler / 47, S. 8.

34 Interview mit Moshko Frankfurter und Miriam Gepner durch die Verfasserin, 17. Januar 2021, Sal'it.

35 Frankfurter, David: »Für seine Überzeugungen mit Taten einstehen«, in: *Bündner Zeitung*, 31.01.1976.

36 Telegramm zit. n. Brief vom Verband Schweizerisch Jüdischer Flüchtlingshilfe an David Frankfurter, Hotel Edelweiss, St. Moritz, vom 29. Juni 1945, in: Archiv für Zeitgeschichte, Zürich, IB VSJF-Archiv / F.433.

37 Interview mit Moshe Frankfurter und Miriam Gepner durch die Verfasserin, 17. Januar 2012, Sal'it.

MEMOIREN DAVID FRANKFURTER

1 Liegt heute in Kroatien.

2 Marhascheschach ist das Akronym für Moreinu Harav Schmuel Schotten HaCohen. Samuel Schotten (1644 –1719) zog 1682 in die Frankfurter Judengasse und galt als einer der bedeutendsten Talmudgelehrten seiner Zeit. Anfang des 18. Jahrhunderts bekleidete er kurzzeitig den Vorstand des Frankfurter Rabbinats.

3 Heute Bratislava in der Slowakei.

4 Moses Maimonides wirkte im 12. Jahrhundert und verfasste mit der Mischne Tora eine umfangreiche Sammlung jüdischer Gesetze.

5 Heute Kępno in Polen.

6 Liegt heute in Kroatien.

7 Hiermit ist das Sammel-, Konzentrations-, Arbeits- und Vernichtungslager Jasenovac gemeint. Das Lager war der größte Komplex auf dem Gebiet des sog. Unabhängigen Staats Kroatien, in dem 80.000 bis 90.000 Menschen ermordet wurden. Im Sommer 1941 entstand das Lager unweit der Stadt Jasenovac und rund 100 Kilometer südlich von Zagreb. Jasenovac bestand aus mehreren Teillagern, Lager III wurde zum Todeslager, in dem von Beginn an Massentötungen stattfanden. Heute gilt das Lager als Zeichen des Ustascha-Terrors, dem Serben, Juden, Kroaten und Sinti und Roma zum Opfer fielen. Vgl. Benz, Wolfgang/Distel, Barbara (Hg.): Der Ort des Terrors. Geschichte der nationalsozialistischen Konzentrationslager. Band 9: Arbeitserziehungslager, Ghettos, Jugendschutzlager, Polizeihaftlager, Sonderlager, Zigeunerlager, Zwangsarbeitslager. München 2009, S. 327–330.

8 Dr. Arnold Frankfurter (geb. 1881) war Feldrabbiner der österreichisch-ungarischen Armee. Die kaiserliche und königliche Militärseelsorge war eine Institution jener Armee.

9 Mendel Beilis wurde Opfer einer Ritualmordbeschuldigung. Beilis war Verwaltungsangestellter in einer Ziegelfabrik in Kiew, wo am 20. März 1911 der Leichnam eines 13-Jährigen gefunden wurde. Bei der Beerdigung des Jungen wurden Ritualmordbeschuldigungen laut und das Ermittlungsverfahren richtete sich bald gegen Beilis. Über zwei Jahre dauerte der Prozess gegen ihn. 1913 wurde er aufgrund fehlender Beweise freigesprochen und wanderte in die USA aus. Vgl. Benz, Wolfgang/Mihok, Brigitte (Hg.): Handbuch des Antisemitismus. Band 2, Personen. Berlin; München 2009, S. 66f.

10 Das Grenzgebiet am Fluss Isonzo entwickelte sich, nach dem Kriegseintritt Italiens, zu einem der Hauptschauplätze (die sog. 12 Isonzoschlachten) des Ersten Weltkriegs in Südeuropa.

11 Das sog. Rothschild-Spital, eigentlich Spital der Israelitischen Kultusgemeinde in Wien, war ein von der Familie Rothschild gestiftetes Krankenhaus, das 1873 eröffnete. 1942 wurde das Krankenhaus von den Nationalsozialisten geschlossen.

12 Jizchok Leib Perez (1852–1915).

13 Gemeint ist der jiddische Begriff des Schtetl, ein Dorf oder eine Kleinstadt (manchmal auch Stadtteile) mit einem sehr hohen jüdischen Bevölkerungsanteil im Osten Europas vor Beginn des Zweiten Weltkriegs.

14 Hier verweist Frankfurter wahrscheinlich auf die heutige Stadt Wieruszów (dt.: Weruschau). Bis zum Einmarsch der Wehrmacht in der Kleinstadt war ca. ein Drittel der Bevölkerung jüdisch. Wieruszów liegt etwa 13 Kilometer entfernt von Kępno.

15 Scholom Schwarzbard (1886–1938) erschoss den ukrainischen Politiker Symon Petljura 1926 in Paris. Schwarzbard sah in Petljura einen der zentralen Verantwortlichen für die in der Ukraine wütenden Pogrome während des russischen Bürgerkriegs. Vgl. Bossert, Sabina: David Frankfurter (1909–1982). Das Selbstbild des Gustloff-Attentäters. Köln 2019, S. 87f.

16 1903 wurde die Vereinigung jüdischer Akademiker (VJA) gegründet, die 1906 in dem Dachverband Bund jüdischer Akademiker (BJA) aufging. Der BJA sah sich als religiöser Dachverband und Mitglieder konnten nur streng gläubige Juden werden. Politischen Fragen gegenüber verhielt er sich neutral. Ziel der Vereinigung war die Verbindung von säkularer Wissenschaft mit religiöser Erziehung. Vgl. Rürup, Miriam: Verbindungen, in: Diner, Dan (Hg.): Enzyklopädie jüdischer Geschichte und Kultur. Band 6. Stuttgart 2011, S. 251–254.

17 Kartell jüdischer Verbindungen (KJZ) war ein Dachverband, der aus dem Bund jüdischer Corporationen (BJC) und dem Kartell Zionistischer Verbindungen (KZV) vor dem Ersten Weltkrieg hervorging. Der Verband orientierte sich am Baseler Programm der Zionistischen Organisationen. Vgl. ebd.

18 Bereits in der Frühen Neuzeit, noch während des Bestehens der Judengasse, dem ersten jüdischen Ghetto Europas seiner Art, galt Frankfurt als eines der bedeutendsten Zentren jüdischen Lebens in Europa. Im 17. Jahrhundert gab es in keiner anderen deutschen Stadt eine größere jüdische Gemeinde. Wahrscheinlicher ist jedoch, dass Frankfurter auf das 19. und 20. Jahrhundert anspielt. Mitte des 19. Jahrhunderts bewegte sich

die Frankfurter Gemeinde zwischen Reformbewegung und Orthodoxie. Im Konflikt der Gemeinde mit dem Umgang mit der Reformbewegung entstand nicht nur eine neue, orthodox ausgerichtete Gemeinde, sondern ebenso neue Synagogenbauten und die Strömung der heute weltweit bekannten Neo-Orthodoxie. Vgl. Backhaus, Fritz/Kößling, Sabine/Wenzel, Mirjam (Hg.): Jüdisches Frankfurt. Von der Aufklärung bis zur Gegenwart. München 2020.

19 Hier spielt Frankfurter entweder auf die vorher geschilderte Episode in Wieruszów oder auf die osteuropäischen, jüdischen Einwanderer in Frankfurt an. 15 Prozent der Jüdinnen und Juden im Frankfurt der 1920er Jahre galten als »Ausländer«. Hierzu zählten bspw. Einwanderer aus dem zaristischen Russland oder angeworbene Fabrikarbeiter während des Ersten Weltkriegs, die nicht in die neu gegründete Sowjetunion und das neu gegründete Polen zurückkehren konnten oder wollten. Sie waren häufig chassidisch-orthodox. Eine Vielzahl von deutsch-jüdischen Bürgern begegneten ihnen durchaus mit Reserviertheit. Vgl. Jüdisches Museum Frankfurt (Hg.): Ostend. Blick in ein jüdisches Viertel. Frankfurt 2020.

20 Die in Fußnote 18 beschriebenen Entwicklungen ließen Frankfurt zum Laboratorium für Entwicklungen des modernen Judentums werden. Jüdische Tradition und ihre Verbindung zur Modernität waren nicht nur Fragen, die sich in den jüdischen Gemeinden Frankfurts gestellt wurden, sondern spielten bspw. ebenso eine Rolle in dem 1920 gegründeten Freien jüdischen Lehrhaus.

21 Wilhelm Kube (1887–1943) war von 1928 bis 1933 Gauleiter des Gaues Ostmark und von 1933 bis 1936 Gauleiter des Gaues Kurmark. Vgl. Klee, Ernst: Das Personenlexikon zum Dritten Reich. Wer war was vor und nach 1945? Frankfurt am Main 2003, S. 346f.

22 Das Hippodrom, einst die größte öffentliche Reitbahn Deutschlands, wurde Anfang der 1930er Jahre für Kundgebungen genutzt, so auch von den Nationalsozialisten.

23 Hiermit ist wahrscheinlich das Hospital der Georgine Sara von Rothschild'schen Stiftung (1870–1941) gemeint, das kurz Rothschild'sches Hospital genannt wurde.

24 Zwei jüdische Waisenhäuser würden in Frage kommen: Einerseits die Israelitische Waisenanstalt am Röderbergweg 87 und andererseits das jüdische Kinderheim der Flersheim-Sichel-Stiftung in der Ebersheimstraße 5, das sich dort von 1930 bis 1941 befand. Letzteres war ausschließlich für Jungen gedacht, weshalb Frankfurters Erinnerungen dafürsprechen könnten. Vgl. Jüdisches Museum Frankfurt (Hg.): Ostend. Blick in ein jüdisches Viertel. Frankfurt 2020.

25 Hitler sprach nach seiner Ernennung zum Reichskanzler am 30. Januar 1933 von vier Jahren. Diese Zeitangabe wiederholte er in diversen Ansprachen und auch Interviews. Bekannt wurde die von Frankfurter benannte kurze Formel »Gebt mir vier Jahre Zeit«. Ebenso wurde bspw. eine Ausstellung im Jahre 1937 in den Berliner Messehallen genannt, die eine begehbare Belegschaft der Erfolge der Nationalsozialisten sein sollte.

26 Bei dem Verweis von Frankfurter auf die Konzentrationslager lässt sich kein direkter Bezug zu Frankfurt herstellen. Im Frühjahr 1933 entstanden die ersten Konzentrationslager in Dachau und in Osthofen bei Mannheim. In Frankfurt entstanden sog. »Wilde

KZs« unter Führung der SA; so bspw. in der Höchster Kaserne oder im Gaswerk in Fechenheim. Ab August 1944 existierten zwei Außenlager des KZ Natzweiler-Struthof in Frankfurt. Bei der Anmerkung Frankfurters handelt es sich um einen Rückblick und nicht um eine chronologische Wiedergabe der Ereignisse.

27 Ein reichsweiter durchgeführter Boykott der Nationalsozialisten von Warenhäusern, Praxen, Geschäften, Kanzleien am Samstag, den 1. April 1933.

28 Rudolph Haas hat für das United States Holocaust Memorial Museum ein Zeitzeugeninterview gegeben: Interview mit Rudolph Haas, 13. Juni 1995, United States Holocaust Memorial Museum, https://collections.ushmm.org/search/catalog/irn512627 [10.05.2022].

29 Aussage von Haas bei seinem Verhör mit der Städtischen Polizeidirektion Bern, Abteilung Sicherheits- und Kriminalpolizei.

30 Bei einer Radioansprache am 25. März 1933, die an die Intendanten und Direktoren der Rundfunkgesellschaften gerichtet war, fiel der folgende Satz von Joseph Goebbels, der in zeitlicher Nähe zu Frankfurters Wiedergabe stünde: »Erstes Gesetz: Nur nicht langweilig werden. Das stelle ich allem anderen voraus.« Zit. n.: Heiber, Helmut (Hg.): Goebbels Reden 1932–1945. Bindlach 1991, S. 94.

31 Brot und Spiele.

32 Vgl. Fußnote 26. Auch hier unterliegt Frankfurters Verweis keiner chronologischen Wiedergabe der Ereignisse, sondern um einen Rückblick beim Verfassen seiner Memoiren.

33 Frankfurter spricht zuvor von einem Fackelmarsch um die Zeit um Pessach 1933, das zwischen dem 10. und 18. April stattfand. Im hessischen Staatsarchiv sind fotografisch zwei Besuche Hermann Görings in zeitlicher Nähe dokumentiert: am 3. März 1933 zu einer NS-Kundgebung in der Frankfurter Festhalle (Signatur R4 27629) und am 7. Juni 1933 zur Einführung Prinz Philipps v. Hessen zum Oberpräsident von Frankfurt (Signatur: R 4 27628). Letzterer Anlass zeigt einen Fackelmarsch. Ob es sich hierbei um die von Frankfurter beschriebene Situation handelt, ist unklar. So sind beispielsweise ebenso Fackelmärsche in Frankfurt am 24.4.1933 zur Gleichschaltung oder ein wenig später zur Bücherverbrennung belegt, jedoch ohne Anwesenheit von Göring.

34 »Sterbe meine Seele samt den Pelischtim!«, so eine Stelle aus dem Buch der Richter 16:30 (Pelischtim, hebr. für Philister).

35 Am 30. August 1933 wird Hermann Göring zum Reichstagspräsidenten gewählt. Nach dem Regierungsantritt von Hitler wird er zum Reichsminister ohne Geschäftsbereich ernannt und übernimmt das Reichskommissariat des preußischen Innenministeriums, wodurch er große Teile der Polizei im Deutschen Reich kontrollierte. Am 11. April wird er zum Preußischen Ministerpräsidenten und am 5. Mai 1933 zum Reichsminister der Luftfahrt ernannt. Vgl. Klee, Ernst: Das Personenlexikon zum Dritten Reich. Wer war was vor und nach 1945? Frankfurt am Main 2003, S. 189f.

36 Vgl. Fußnote 26 & 32.

37 Mit »Judenfrage« rekurriert Frankfurter nicht auf die nazistische Vereinnahmung dieses Begriffs. Im 19. Jahrhundert begannen Publikationen jüdischer Autoren zu erscheinen, die sich mit Antisemitismus beschäftigten und den Begriff »Judenfrage« dafür verwendeten. Dazu zählen bspw. Simon, Max: Der Weltkrieg und die Judenfrage, Leipzig 1916, Unsere Judenfrage. Von einem Juden deutscher Kultur, Berlin 1906, Centralverein Deutscher Staatsbürger Jüdischen Glaubens (Hg.): Anti-Anti. Tatsachen zur Judenfrage, Berlin 1925 und nicht zuletzt auch Sartre, Jean-Paul: Überlegungen zur Judenfrage, Reinbek 1994 (Erstausgabe 1944).

38 Georges Brunschvig (1908–1973), der u. a. als Strafverteidiger im Berner Prozess um die »Protokolle der Weisen von Zion« in den 1930er Jahren tätig war und später in Frankfurters Begnadigungsverfahren (1945) sowie bei der Aufhebung des Landesverweises (1969) eine wichtige Rolle spielte. Vgl. Einhaus, Hannah: Für Recht und Würde. Georges Brunschvig: Jüdischer Demokrat, Berner Anwalt, Schweizer Patriot (1908–1973). Zürich 2016. In dem Manuskript schreibt Frankfurter fälschlicherweise Brunschwig oder Brunswig.

39 Hierbei handelt es sich um die *Jüdische Rundschau: allgemeine jüdische Zeitung*, die von 1902 bis 1938 erschien.

40 »Tragt ihn mit Stolz, den gelben Fleck« lautete ein Artikel von Robert Weltsch in der *Jüdischen Rundschau* vom 4. April 1933. Mit dem Artikel reagierte Weltsch auf die Markierung jüdischer Geschäfte während des Boykotts vom 1. April 1933. Hierbei geht es nicht um das Tragen des »Judensterns«, wozu Jüdinnen und Juden ab sechs Jahren im Deutschen Reich ab September 1941 gezwungen wurden. Vgl. Buser, Verena/Intrator, Joanne: Der »Judenstern«, in: Geteilte Geschichte, Bundeszentrale für politische Bildung, https://www.bpb.de/themen/zeit-kulturgeschichte/geteilte-geschichte/342565/der-judenstern/ [27.06.2022].

41 Hierbei handelt es sich um *Die Selbstwehr. Unabhängige jüdische Wochenschrift*, die von 1907 bis 1938 erschien.

42 Es ist unklar, von welchen beiden Wochenblättern Frankfurter schreibt. Sehr wahrscheinlich meint er das *Israelitische Wochenblatt* (1901–2001). Weitere Blätter, die zu dieser Zeit erschienen, war *Das Jüdische Heim* (1927–1938), eine zionistische Zeitung, die monatlich bis zweiwöchentlich erschien, wie auch die *Jüdische Pressezentrale* (1918–1940), die erst unregelmäßig und dann wöchentlich erschien.

43 In den meisten Fällen Samuel Untermyer geschrieben, engagierte sich seit dem 30. Januar 1933 in unterschiedlichen Positionen, u. a. als Präsident der World Jewish Economic Federation für einen internationalen Boykott des Deutschen Reichs. Vgl. Hawkins, Richard: »Hitler's bitterest Foe«: Samuel Untermyer and the boycott of Nazi Germany, 1933-1938. *American Jewish History*, 2007.

44 Vgl. Fußnote 26 & 32.

45 Dr. Salomon Frankfurter (1876–1938) wurde 1905 in Berlin zum Rabbiner ordiniert. Die Familie von Frankfurter vermutet, dass er in ein Konzentrationslager verschleppt und dort ermordet wurde.

46 »Der Tod von Smail-aga Čengić« ist ein episches Gedicht von Ivan Mažuranić, das im Jahre 1846 entstand.

47 Deuteronomium 13:6: »Und du sollst das Böse austilgen aus deiner Mitte«.

48 Amos 5:19: »Gleich wie ein Mann fliehet vor dem Löwen, und es trifft ihn der Bär, nun kommt er ins Haus und stützt seine Hand auf die Wand, und beißt ihn die Schlange.«

49 Damit ist Adolf Hitler gemeint, der abfällig von Paul von Hindenburg so genannt wurde.

50 Diese Redensart kommt aus dem Neuen Testament, Lukas 6:45: »Ein guter Mensch bringt Gutes hervor aus dem guten Schatz seines Herzens; und ein böser Mensch bringt Böses hervor aus dem bösen. Denn wes das Herz voll ist, das geht der Mund über.«

51 »Die schlimmen Juden« von Carl Albert Loosli erschien 1927 als scharfe Kritik am Antisemitismus, den er als Bedrohung für die Menschheit, als »Menschenfeind« schlechthin bezeichnete. Vgl. Marti, Erwin/Grunder, Hans-Ulrich (Hg.): Carl Albert Loosli 1877–1959. Partisan für die Menschenrechte. Band 3. Zürich 2018.

52 »Sollst du auslöschen das Gedächtnis Amaleks unter dem Himmel«, so steht es im Deuteronomium 25:19. Amalek gilt als Archetyp des Antisemiten und in der jüdischen Überlieferung, worauf Frankfurter in seinen vorangestellten Zitaten anspielt, werden besonders gewalttätige Antisemiten als Nachfahren Amaleks benannt. Vgl. die Einleitung von Sabina Bossert.

53 Arthur Greiser (1897–1946) war von 1934 bis 1939 Senatspräsident von Danzig und von 1939 bis 1945 Reichsstatthalter und Gauleiter in dem vom nationalsozialistischen Deutschland annektierten Reichsgau Wartheland. Als Kriegsverbrecher wurde er vor einem polnischen Gericht für schuldig gesprochen und zum Tode verurteilt. Vgl. Klee, Ernst: Das Personenlexikon zum Dritten Reich. Wer war was vor und nach 1945? Frankfurt am Main 2003, S. 199. Am 4. Juli 1936 trat Greiser vor dem Völkerbund in Genf auf. Darauf verweist ein Artikel im *Spiegel* (16/1960) »Mission in Danzig« wie auch der Tagebucheintrag von Joseph Goebbels vom 5. Juli 1933: »Da geht Greiser in seiner Rede vor dem Völkerbund aufs Ganze.« Vgl. Reuth, Ralf Georg (Hg.): Joseph Goebbels. Tagebücher 1924–1945. Band 1. Einführung. München 1999, S. 968. Zu diesem Zeitpunkt befand sich Frankfurter jedoch bereits in Untersuchungshaft, sodass es chronologisch nicht stimmig ist.

54 Ende September 1933 hielt Joseph Goebbels vor dem Völkerbund die Rede »Ein Appell an alle Völker«. Mitte Oktober teilte das Deutsche Reich dem Völkerbund formell seinen Austritt mit.

55 Jeremia 1:10: »Siehe, ich bestelle dich an diesem Tage über die Völker und über die Königreiche, auszurotten und einzureißen, und zu vernichten und zu zerstören, zu bauen und zu pflanzen.«

56 Damit sind die limitierten Einwanderungszertifikate gemeint, die die britische Mandatsmacht nur begrenzt zur Verfügung stellte, um nach Palästina zu emigrieren.

57 Im Oktober 1935 wurde Äthiopien, damals Kaiserreich Abessinien, vom faschistischen Italien angegriffen.

58 Exodus 4:10: »Und Mosche sprach zum Ewigen: Bitte, Herr, ich bin kein Mann von Reden, weder seit gestern, noch seit vorgestern, noch seitdem du redest zu deinem Knechte, denn schwer von Mund und schwer von Zunge bin ich.«

59 Jesaia 6:5: »Und ich sprach: Wehe mir! Denn ich vergebe; denn ein Mann unreiner Lippen bin ich, und unter einem Volke unreiner Lippen verweile ich, denn den König, den Ewigen der Heerscharen haben meine Augen gesehen.«

60 Jeremia 1:6: »Und ich sprach: Ach, Herr o Gott, siehe, ich weiß nicht zu reden, denn ich bin jung.«

61 Frankfurters Tatwaffe befindet sich heute im Museum der Kantonspolizei Graubünden. Bei der Waffe handelt es sich um eine Pistole Kaliber 6.35. Das Magazin der Waffe fasst sechs Patronen und der Hersteller ist unbekannt.

62 Die sog. »Nürnberger Gesetze« wurden am 15. September 1935 verabschiedet und bestanden aus drei Einzelgesetzen: das »Reichsflaggengesetz«, das »Reichsbürgergesetz« und das »Gesetz zum Schutze des deutschen Blutes und der deutschen Ehre«.

63 Berthold Jacob (1898–1944) war ein deutsch-jüdischer Publizist und Journalist, dem aufgrund seiner regimekritischen Publikationen die deutsche Staatsbürgerschaft entzogen wurde und der nach Frankreich floh. Dort wurde er von dem Doppelagenten Hans Wesemann der Gestapo, unter dem Versprechen der Organisation gefälschter Papiere, nach Basel gelockt, von wo aus er ins Deutsche Reich entführt und dort verhaftet wurde. Vgl. Degen, Bernard: Jacob-Affäre, in: *Historisches Lexikon der Schweiz*, https://hls-dhs-dss.ch/de/articles/017338/2014-01-30/ [12.07.2022].

64 Gustloff lebte bereits seit 1917 in der Schweiz, trat 1929 in die NSDAP ein und wurde im Februar zum Leiter der NSDAP-Landesgruppe Schweiz ernannt. Gustloff galt als ergebener und treuer Nationalsozialist, der in der Schweiz nicht unumstritten war (vgl. folgende Fußnote).

65 Gaudenz Canova (1887–1962) war Schweizer Nationalrat und nicht Bundesrat. Die Interpellation, von der Frankfurter schreibt, wurde bereits im April 1935 beim Berner Bundesparlament eingereicht. Die förmliche Anfrage an den Bundesrat lautete: »Die Beschwerden gegen Gustloff und die NSDAP-Organisationen«. Bei der Interpellation wurde geprüft, ob sich Gustloff samt seiner Organisation zu sehr in schweizerische Anliegen einmischen würde, ob der Stützpunkt militärisch sei, Hakenkreuzfahnen gehisst würden und grundsätzliche Provokationen ausgingen. Die Interpellation wurde als abschlägig bewertet und man sah keine Gründe des Eingreifens oder Ausweisens Gustloffs. Vgl. Bossert, Sabina: David Frankfurter (1909-1982). Das Selbstbild des Gustloff-Attentäters. Köln 2019, S. 116–123.

66 Hier irrt sich Frankfurter in der Jahreszahl (vgl. Fußnote 64).

67 Frankfurter verwendet hier bewusst den Begriff »Gau«. Gemeint ist damit die NSDAP-Auslandsorganisation der Schweiz bzw. die NSDAP-Landesgruppe der Schweiz.

68 Die Wochenzeitung *Der Reichsdeutsche in der Schweiz* erschien von 1933 bis 1935 und wurde von der Landesgruppenleitung der NSDAP in der Schweiz herausgegeben.

69 Giuseppe Motta (1871–1940) gehörte seit 1911 dem Bundesrat an und bekleidete 1915, 1920, 1927, 1932 und 1937 das Amt des Bundespräsidenten. Vgl. Cerutti, Mauro: Motta, Giuseppe, in: *Historisches Lexikon der Schweiz*, https://hls-dhs-dss.ch/de/articles/003524/2010-03-25/ [12.07.2022].

70 Johannes Baumann (1874–1953) wurde 1934 in den Bundesrat gewählt und fungierte 1938 als Bundesratspräsident. Vgl. Fuchs, Thomas: Baumann, Johannes, in: *Historisches Lexikon der Schweiz*, https://hls-dhs-dss.ch/de/articles/004139/2004-06-10, [11.07.2022].

71 Vgl. zur Geschichte der NSDAP-Ortsgruppen Lachmann, Günter: Der Nationalsozialismus in der Schweiz 1931–1945: ein Beitrag zur Geschichte der Auslandsorganisation der NSDAP. Berlin 1962 und Bucher, Martin J.: Führer, wir stehen zu dir! Die Reichsdeutsche Jugend in der Schweiz, 1931–1945. Zürich 2021.

72 Das Deutsche Reich hatte in der Schweiz eine organisierte Spionagetätigkeit gegen dort lebende deutsche Staatsbürger entfaltet. Alle NSDAP-Ortsgruppenleiter sollen für Berlin spioniert haben. Als sich auch dem Deutschen Reich gegenüber wohlgesinnte Schweizer einspannen ließen, wurde für eine solche Tätigkeit das Strafmaß zum Landesverrat erhöht, auf das die Todesstrafe folgen konnte. Vgl. Wolf, Walter: Nationalsozialismus, in: *Historisches Lexikon der Schweiz*, https://hls-dhs-dss.ch/de/articles/017461/2010-09-07/ [18.05.2022].

73 Eine ausführliche Studie zur »Reichsdeutschen Jugend« in der Schweiz: Bucher, Martin J.: Führer, wir stehen zu dir! Die Reichsdeutsche Jugend in der Schweiz, 1931–1945. Zürich 2021.

74 Rudolf Minger (1881–1955) war ein Politiker und Gründer der kantonalbernischen Bauern- und Bürgerpartei (1918). Bis 1929 blieb er deren Präsident und repräsentierte die Partei in den 1920er Jahren im Nationalrat. 1929 zog er in den Bundesrat ein und leitete das Militärdepartement. 1935 bis 1936 war er zudem Bundespräsident. In Anbetracht der nationalsozialistischen Außenpolitik und der resultierenden Bedrohung reformierte er das Schweizer Militär: Erhöhung der Kriegskredite, Reform der militärischen Ausbildung, neue Truppenordnungen und Wehranleihen sollten die Schweiz vor einem Krieg schützen. Vgl. Stettler, Peter: Minger, Rudolf, in: *Historisches Lexikon der Schweiz*, https://hls-dhs-dss.ch/de/articles/004612/2010-09-16/ [03.07.2022].

75 Schwarz, Hans: Gustloff, der »Diktator von Davos« – Notwendige Abrechnung, in: *Die Nation* vom 04.10.1944.

76 Noch im Februar 1936 verbot der Schweizer Bundesrat die zentralen Leitungsorgane der NSDAP-Organisationen in der Schweiz. Daher konnte die Stelle von Wilhelm Gustloff nicht identisch wiederbesetzt werden, doch übernahm Sigismund von Bibra (1894–1973) die Leitungsfunktion der NSDAP-Landesgruppe der Schweiz, der zugleich als Gesandtschaftsrat in Bern fungierte. Vgl. Wolf, Walter: Nationalsozialismus, in: *Historisches Lexikon der Schweiz*, https://hls-dhs-dss.ch/de/articles/017461/2010-09-07/ [18.05.2022].

77 Vgl. Fußnote 50.

78 Liegt heute in Serbien.

79 Die Notiz befindet sich heute im Staatsarchiv Graubünden und unterscheidet sich minimal: »Liebe Linny! Ich bleibe Heute abend fort, näheres später! Herzliche Grüsse David«.

80 Das Hotel existiert heute nicht mehr.

81 Frankfurter spielt hier auf Heinrich Heines Gedicht »Prinzessin Sabbat« an. Zur weiteren Bedeutung vgl. Eintrag im Glossar zu *Schabbat*.

82 Gemeint ist der Prolog bei Johann Wolfgang Goethes Faust.

83 Frankfurter bezieht sich auf die Heilstätte für jüdische Lungenkranke, die Etania oder Ethania geschrieben wird. Im Jahr 1917 wurde der Hilfsverein für jüdische Lungenkranke in Davos gegründet, der zwei Jahre später die Heilstätte einrichtete.

84 Amos 3:2: »Nur euch hab ich erkannt vor allen Geschlechtern des Erdbodens; darum will ich ahnden an euch all eure Missetaten.«

85 Joe war der Ehemann von Davids Schwester Ruth und Neomi ihre gemeinsame Tochter.

86 Auf der originalen Abschiedskarte schrieb Frankfurter das Wort auf Hebräisch.

87 Die Abschiedskarte befindet sich heute im Staatsarchiv Graubünden. Frankfurter schickte die Karte vor seiner Tat nicht ab.

88 Vgl. vorherige Fußnote.

89 Der »Aktionsplan« befindet sich heute im Staatsarchiv Graubünden. Frankfurter verfasste die Notizen auf Kroatisch. Hier handelt es sich um eine Übersetzung.

90 Es handelt sich um eine Strophe aus dem Lied vom »Sturmsoldaten«, das Ende des 19. Jahrhunderts unter dem Titel »Ihr Landwehrmänner jung und alt« entstand und während des Ersten Weltkriegs gesungen wurde. Das Lied wurde von Freikorps und der SA adaptiert und eine Strophe des Liedes judenfeindlich umgedichtet und mit Gewaltfantasien versehen. Vgl. Kohlstruck, Michael/Scheffler, Simone: Das »Heckerlied« und seine antisemitische Variante. Zu Geschichte und Bedeutungswandel eines Liedes, in: Kohlstruck, Michael/Klärner, Andreas (Hg.): Ausschluss und Feindschaft. Studien zu Antisemitismus und Rechtsextremismus. Festschrift für Rainer Erb. Berlin 2011, S. 135–158.

91 »Zwei Dinge erfüllen das Gemüth mit immer neuer und zunehmender Bewunderung und Ehrfurcht, je öfter und anhaltender sich das Nachdenken damit beschäftigt: Der bestirnte Himmel über mir und das moralische Gesetz in mir. Ich sehe sie beide vor mir und verknüpfe sie unmittelbar mit dem Bewusstsein meiner Existenz.« U. a. in: Kant, Immanuel: Werke in zwölf Bänden. Band 7. Frankfurt am Main 1977.

92 »Und er sprach zu ihnen: ein Ibri bin ich, und den Ewigen, den Gott des Himmels fürchte ich, der das Meer und das Trockene gemacht hat.« »Ibri« wird in den meisten Fällen als »Hebräer« und nicht als »Jude« übersetzt.

93 Salomon Prader (1875–1948) war Architekt, Gemeinde- und Kantonspolitiker und Landammann von Davos zwischen den Jahren 1925 bis 1945. Vgl. Bossert, Sabina: David

Frankfurter (1909–1982). Das Selbstbild des Gustloff-Attentäters. Köln 2019, S. 175f.

94 Eugen Dedual (1899–1968) trat 1932 sein Amt als zweiter Verhörrichter am Kantonsgericht an. 1940 übernahm er die Leitung des Verhöramtes und wurde 1942 zum ersten Untersuchungsrichter und stellvertretenden Staatsanwalt berufen, bevor er 1944 den Posten des ersten Staatsanwaltes übernahm.

95 Heute befindet sich gleich neben dem Sennhof das Staatsarchiv Graubünden. Kurz vor Frankfurters Aufenthalt (1934) wurde das Gebäude um- und ausgebaut. 1949 wurde der sich im schlechten baulichen Zustand befindende Hauptblock stillgelegt.

96 Zur Medienrezeption von Frankfurters Tat vgl. Braunschweig, Pierre-Th.: Ein politischer Mord. Das Attentat von Davos und seine Beurteilung durch schweizerische Zeitungen. Bern 1980.

97 Eugen Messinger (1911–1972) war Berner Rabbiner und der Sohn des Predigers Josef Messinger. Frankfurter kannte beide aus seiner Zeit in Bern.

98 Da Frankfurter der Brief nicht zur Verfügung stand und er diesen während seiner Haftzeit nur vorgelesen bekam, musste er den Inhalt aus seinem Gedächtnis wiedergeben. Sinngemäß hat er ihn korrekt wiedergeben. Der Brief befindet sich heute im Staatsarchiv Graubünden und hatte folgenden zentralen Inhalt: »Sie können sich vielleicht vorstellen, wie unglücklich wir Juden über Ihre Tat sind. Aber meine Zeilen wollen nicht das nicht mehr ungeschehen zu machende beklagen, sondern ein neues Unheil verhüten. Ihr Verteidiger darf keinesfalls ein politisch belasteter Mann sein. Sie dürfen nie vergessen, dass die Deutschen hinter jedem Juden oder Marxisten einen Verschwörer gegen sich erblicken. Ihr Anwalt soll daher weder ein Linksstehender noch ein Jude sein. Es muss ein makelloser Ehrenmann sein, der in der Schweizer Öffentlichkeit großes Ansehen genießt.«

99 Schweizerischer Israelitischer Gemeindebund.

100 Emil Ludwig (1881–1948) war ein Schriftsteller, der hauptsächlich in der Schweiz lebte und arbeitete und 1932 die Schweizer Staatsbürgerschaft annahm. Mit Beginn der 1930er Jahre war der ausgewiesene Demokrat den aufstrebenden Nationalsozialisten ein Dorn im Auge, die ihn zunehmend angriffen und diffamierten. 1933 wurden Ludwigs Bücher von den Nationalsozialisten verbrannt. Breitere Bekanntheit erreichte er durch sein Buch »Mord in Davos«, das unmittelbar nach der Tat von Frankfurter erschien. 1945 erschien das Buch in erweiterter Form, u. a. ergänzt durch ein Interview mit David Frankfurter, als »David und Goliath: Geschichte eines politischen Mordes« in Zürich. Vgl. hierzu Micha Brumliks Ausführungen im Nachwort.

101 Der Brief, der am 5. Februar 1936 in Chur aufgegeben wurde, blieb einen Monat in der Poststelle liegen, bis er als unzustellbar an den Aufgabeort in Davos zurückgeschickt wurde. Der Brief wurde von dem Medizinstudenten Hans Rowarik verfasst und befindet sich heute im Staatsarchiv Graubünden. Darin ist u. a. zu lesen: »Wie Du mir telefoniertest, konntest Du den 'Hund' Gustloff noch nicht niederstrecken. Ich hoffe, dass dies Dir heute oder morgen Mittwoch gelingt. Verrecken soll dieser Schweinehund. Jämmerlich soll dieses Biest zugrunde gehen.« Der Wortlaut, den Frankfurter wiedergibt, ist inhaltlich treffend.

102 Im Staatsrachiv St. Gallen existiert ein Vermerk zu Rohner, in dem es um »fortgesetzter qualifizierter Betrug, betrüglicher Konkurs, fortgesetzte qualifizierte Unterschlagung und fortgesetzte gewinnsüchtige Anfertigung formell echter, inhaltlich aber unwahrer Ausweispapiere, fortgesetzte Gehilfenschaft und Mittäterschaft zum Betrug, Übertretung des Bankengesetzes, fortgesetzte Falschführung der Geschäftsbücher, Hehlerei« geht, vgl. Online Archivkatalog des Staatsarchivs St. Gallen, http://scope.staatsarchiv.sg.ch/detail.aspx?ID=67437 [21.07.2022].

103 Folgt man Frankfurters Aussage, dann muss es sich um Hans Adam Dorten (1880–1963) gehandelt haben.

104 Ozren Krneta (1901–1968).

105 Veit Wyler (1908–2002) war ein Rechtsanwalt und Publizist, der ab 1935 eine eigene Kanzlei leitete. Während des Zweiten Weltkriegs setzte er sich für jüdische Flüchtlinge ein, war von 1940 bis 1945 im Vorstand der Israelitischen Cultusgemeinde Zürich und von 1944 bis 1951 der Präsident des Schweizerischen Zionistenverbandes. 1948 bis 1986 gab er die Zeitschrift *Das neue Israel* heraus. Vgl. Weingarten, Ralph: Weiler, Veit, in: *Historisches Lexikon der Schweiz*, https://hls-dhs-dss.ch/de/articles/017461/2010-09-07/ [18.05.2022].

106 Eugen Curti (1865–1951) war ein Rechtsanwalt und Politiker. Ab 1900 betrieb er ein eigenes Anwaltsbüro in Zürich. Er war Teil des Großen Stadtrats von Winterthur, Zürich wie auch Vertreter des Zürcher Kantonsrats. Bis 1941 war er Mitglied des Kassationsgerichts (zwischenzeitlich als Präsident), Mitbegründer der *Schweizerischer Juristenzeitung* wie auch Mitbegründer und Präsident des Volksbunds für die Unabhängigkeit der Schweiz. Vgl. Bürgi, Markus: Curti, Eugen, in: *Historisches Lexikon der Schweiz*, https://hls-dhs-dss.ch/de/articles/017461/2010-09-07/ [18.05.2022].

107 Psalm 94:1.

108 Wahrscheinlich Regierungsrat Luigi Albrecht (1889–1955), der später auch Nationalrat war.

109 Die Unterlagen des Kantonsgerichts und der am Prozess teilnehmenden Personen weisen zwei Gründe für die von Frankfurter vorgeworfene Verzögerung vor: Einerseits das überraschende Hinscheiden eines Staatsanwalts und andererseits eine längere Session des Großen Rats.

110 Es handelt sich um Leviticus 26:14-29. Ausschnitt aus 14–16: »Wenn ihr mir aber nicht gehorcht und nicht thuet all diese Gebote, Und wenn ihr meine Satzungen verwerft; und wenn euch meine Rechte anekeln, dass ihr nicht thuet all meine Gebote, dass ihr brechet meinen Bund: So werde auch ich dieses euch thun: ich werde euch heimsuchen mit Bestürzung, mit Schwindsucht und Entzündung, durch welche die Augen vergehen und die Seele verschmachtet, und ihr werdet umsonst euern Samen säen; denn eure Feinde werden ihn essen.«

111 Ausschnitt Deuteronomium 28:15: »Und es wird geschehen, wenn du nicht gehorchest der Stimme des Ewigen, deines Gottes, zu beobachten, auszuüben all seine Gebote und Satzungen, die ich dir heute gebiete, so werden auf Dich kommen all diese Flüche und dich treffen.«

112 1848 wurde durch die Bundesverfassung die Todesstrafe für politische Vergehen abgeschafft. 1874 wurde die Todesstrafe generell vorübergehend in der Schweiz verboten. Im Jahr darauf wurde die Wiedereinführung den Kantonen freigestellt: Graubünden entschied sich dagegen.

113 Schalom Ben-Chorin schreibt in seinen Erinnerungen »Jugend an der Isar« »von den kleinen Versuchen [...], die wir unternahmen, um Terrassen in den Erdrutsch unserer Existenz zu bauen.«

114 Bisher konnten keine weiterführenden Informationen zu dieser von Frankfurter erwähnten Person ausfindig gemacht werden. Friedrich Brügger (1854–1930), der bspw. im *Historischen Lexikon der Schweiz* auftaucht, ist möglicherweise dessen Vater. Vgl. Simonett, Jürg: Brügger, Friedrich, in: *Historisches Lexikon der Schweiz*, https://hls-dhs-dss.ch/de/articles/003558/2004-06-08/ [03.07.2022].

115 Johann Benedikt Jörger (1886–1957) leitete von 1930 bis 1946 die Klinik Waldhaus in Chur und verfasste das psychiatrische Gutachten von David Frankfurter, das sich heute im Staatsarchiv Graubünden befindet.

116 *Le Droit de Vivre* ist eine Zeitung der »Ligue internationale contre le racisme et l'antisémitisme«, die seit 1932 erscheint. Georges Zérapha (1887–1979) war einer der Mitbegründer der Ligue.

117 Schwarzbard, Samuel: Mémoires d'un anarchiste juif. Paris: Syllepse, 2010.

118 Friedrich Grimm (1888–1959) war ein nationalsozialistischer Politiker, Jurist und Publizist. Er war Mitherausgeber der *Deutschen Juristenzeitung* und machte sich mit der Verteidigung nationalsozialistischer und republikfeindlicher Tätereinen Namen – so bspw. bei den sog. »Fememordprozessen«. 1933 schloss er sich offiziell den Nationalsozialisten an und trat später auch der NSDAP bei. Grimm vertrat die Nationalsozialisten bei den Prozessen um den Brand des Reichstags und wurde spätestens mit der Teilnahme an dem Prozess gegen David Frankfurter juristischer Vertreter der Nationalsozialisten in außenpolitischen Fragen. Ebenso trat Grimm als Rechtsvertreter des Deutschen Reiches bei dem Prozess gegen Herschel Grynszpan in Paris auf. Vgl. Fuhrer, Armin: Herschel. Das Attentat des Herschel Grynszpan am 7. November 1938 und der Beginn des Holocaust. Berlin 2013, S. 190–193.

119 Die jiddische Tageszeitung *Haynt* erschien von 1906 bis 1939.

120 Wahrscheinlich meint Frankfurter die jiddische Tageszeitung *Der Moment*, die von 1910 bis zum September 1939 in Warschau erschien.

121 Likhtenberg, Shloime: Chesed L'Umim. Der shos in Davos un zayn opklang in Zsheneve, Lodz, 1937. Zu diesem Zeitpunkt, an dem Frankfurter das Buch gelesen haben soll, war das noch nicht möglich. Wenn das Buch 1937 gedruckt wurde, dann kann er es erst nach der Untersuchungshaft gelesen haben. Fälschlicherweise geht Frankfurter von dem Erscheinungsort Lemberg aus.

122 Zwi Taubes (1900–1966) war im Jahre 1936 Rabbiner der Israelitischen Cultusgemeinde in Zürich.

123 Die korrekte Schreibweise lautet: Herschel Grynszpan. Mehr zu Grynszpans Tat bei Gross, Raphael: November 1938: die Katastrophe vor der Katastrophe. München 2013 oder Fuhrer, Armin: Herschel: das Attentat des Herschel Grynszpan am 7. November 1938 und der Beginn des Holocaust. Berlin 2013.

124 Ein Gedicht, das an David Frankfurter in Untersuchungshaft anonym gerichtet wurde und sich heute im Staatsarchiv Graubünden befindet, lautet: »Hoch klingt das Lied vom braven Mann, / Der uns befreit' von dem Tyrann, / Ein tapfrer Jud, gleich Wilhelm Tell / Macht ganze Arbeit auf der Stell'. / Schon König David warf den Stein / Dem Goliath ans Nasenbein. / Bei Tell spricht niemand von Terror, / Den nähme man gewiss am Ohr, / Vermöbelte ihn nach Väterweis, / Dass er erwög 'ne Auslandreis! / Nur ein käuflich Nazipack / Spricht von einem Terrorakt, / Wer liebet Freiheit, Schweizerland, / Der dankt dem Juden in die Hand, / Erhebt ihn auf den Ehrenschild-, / Gebärdet sich Motta noch so wild. / Ohn' diesen Tropf von Diplomaten / Könnt sich die Schweiz sehr wohl entraten; / Schnür er sein Bündel, reis er gleich / Mit Hitler in – das Himmelreich!«

125 Das *Pariser Tageblatt* war eine Exilzeitung, die ab 1933 in Paris erschien. 1936 benannte sich die Zeitung in *Pariser Tageszeitung* um und erschien bis Februar 1940. Von 1936 bis 1938 war Georg Bernhard (1875–1944) der Chefredakteur dieser Zeitung. Bernhard war, nach seiner Flucht nach Paris 1933, ein scharfer und kompromissloser Kritiker der Nationalsozialisten. Das *Pariser Tageblatt* verstand er als Oppositionsblatt zu den Nationalsozialisten, von denen er nach dem Einmarsch in Frankreich 1940 interniert wurde. 1941 konnte er in die USA fliehen. Vgl. Gedenkstätte Deutscher Widerstand: Georg Bernhard, Personenverzeichnis, https://www.gdw-berlin.de/vertiefung/biografien/personenverzeichnis/biografie/view-bio/georg-bernhard/?no_cache=1 [28.06.2022].

126 Friedrich Adler (1879–1960) erschoss aus Protest gegenüber der österreichisch-ungarischen Kriegspolitik den Ministerpräsidenten Karl Reichsgraf von Stürgkh. Für die Tat wird er erst zum Tode verurteilt, dann aber zu 18 Jahren Haft revidiert. 1918 wird er mit Ausbruch der österreichischen Revolution vorzeitig begnadigt. Vgl. Zimmermann, John: Der Prozess gegen Friedrich Adler, Österreich 1916, in: Groenewold/Ignor/Koch (Hg.): *Lexikon der Politischen Strafprozesse*, https://www.lexikon-der-politischen-strafprozesse.de/glossar/adler-friedrich/ [22.06.2022].

127 Soghomon Tehlirian (1897–1960) erschoss im Rahmen der »Operation Nemesis« den früheren osmanischen Innenminister und Regierungschef Talaat Pascha, der mitverantwortlich an dem Genozid an den Armeniern war. Die Operation wurde von einer Gruppe Armenier ausgeführt, die Täter des Genozids aufsuchte und ermordete. Um einer Auslieferung an die Alliierten zu entgehen, floh Pascha zu den deutschen Verbündeten, die ihm Exil gewährten. Tehlirian suchte ihn in Berlin auf, erschoss ihn und wurde vor Gericht gestellt. Das Gericht sprach ihn jedoch frei, da ihm eine Unzurechnungsfähigkeit attestiert wurde. Vgl. Hosfeld, Rolf/Petrossian, Gurgen: Der Prozess gegen Soghomon Tehlirjan, Deutschland 1919–1921, in: Groenewold/Ignor /Koch (Hg.): *Lexikon der Politischen Strafprozesse*, https://www.lexikon-der-politischen-strafprozesse.de/glossar/tehlirjan-soghomon/ [22.06.2022].

128 Die sog. »Conradi-Affäre« handelt von dem Mord von Moritz Conradi (1896–1947) an dem sowjetischen Diplomaten Vaclav Worowsky am 10. Mai 1913 in Lausanne. Con-

radi erschoss Worowsky aus Rache dafür, dass seine Familie in St. Petersburg enteignet wurde. Worowsky wurde auf der Meerengen-Konferenz, für die er nicht akkreditiert war, erschossen, weshalb die Schweizer Justiz den Fall als normale Strafsache beurteilte. Vielmehr nutzte die Schweiz den Fall als politischen Prozess gegen die Sowjetunion. Vgl. Degen, Bernard: Conradi-Affäre, in: *Historisches Lexikon der Schweiz*, https://hls-dhs-dss.ch/de/articles/017335/2010-12-02/ [22.06.2022].

129 Vgl. zu Wolfgang Diewerge (1906–1977) das Nachwort von Micha Brumlik in dieser Ausgabe.

130 Mehr zu dem Zentralverlag der NSDAP bei Hoser, Paul: Franz Eher Nachf. Verlag (Zentralverlag der NSDAP), publiziert am 11.05.2006, in: *Historisches Lexikon Bayerns*, http://www.historisches-lexikon-bayerns.de/Lexikon/Franz_Eher_Nachf._Verlag_(Zentralverlag_der_NSDAP) [21.06.2022].

131 Es handelt sich um die heutige Hallertorbrücke.

132 So bspw. das an das Konzentrationslager Buchenwald angegliederte Gustloff-Werk II.

133 Hierbei handelt es sich wohl, nicht zuletzt durch Günther Grass' Novelle »Im Krebsgang«, um die bekannteste mit Wilhelm Gustloff in Verbindung gebrachte Episode.

134 Royal Air Force.

135 Das 1937 ebenfalls im Franz Eher Nachf. Verlag erschienene Buch trägt den Untertitel »Augenzeugenbericht vom Mordprozess David Frankfurter«.

136 Friedrich Sieburg (1893–1964) war ein Journalist, der für die *Frankfurter Zeitung* in ihrer Blütezeit der 1920er Jahre u. a. als Auslandskorrespondent in Paris und London tätig war. Anfang der 1940er Jahre war er Botschaftsrat in Paris, und kurz nach dem Ende des Zweiten Weltkriegs wurde ihm von den französischen Besatzungsbehörden ein Schreibverbot auferlegt. Seine Haltung und unzureichende Distanz zum Nationalsozialismus, seine nicht vollends geklärten Tätigkeiten im Ausland während der nationalsozialistischen Besatzung wie auch sein NSDAP-Aufnahmegesuch von 1940 brachten ihm Kritik ein, dennoch galt er als einer der einflussreichsten Publizisten der frühen Bundesrepublik. Vgl. Klünemann, Clemens: Friedrich Sieburg: Zeitlebens ein Schrittmacher der öffentlichen Meinung, in: Proske, Wolfgang (Hg.): Täter, Helfer, Trittbrettfahrer. NS-Belastete aus Baden-Württemberg. Band 10: NS-Belastete aus der Region Stuttgart. Gerstetten 2019.

137 Ulrich Fleischhauer (1876–1960) war ein antisemitischer Publizist und Verleger. Nach dem Ersten Weltkrieg gründete er den U. Bodung-Verlag und publizierte darüber antisemitische Bücher und Texte. Nach der Machtübernahme der Nationalsozialisten gründete er die Nachrichtenagentur *Welt-Dienst* und gab kurze Zeit später unter demselben Namen eine Halbmonatsschrift heraus. Vgl. Schörle, Eckart: Internationale der Antisemiten. Ulrich Fleischhauer und der »Welt-Dienst«, in: *WerkstattGeschichte*, Heft 51, 2009.

138 Erich Ludendorff (1865–1937) war im Ersten Weltkrieg der Generalstabschef der 8. Armee unter Hindenburg. 1925 war er Teil des »Hitlerputschs« und publizierte in

den 1920er Jahren antisemitische Hetzschriften, in denen er u. a. forderte, Deutschland vor dem nächsten Krieg »judenrein« zu machen. 1925 wurde er von der NSDAP bei der Reichspräsidentenwahl aufgestellt. Seinen antisemitischen Verschwörungsideologien gab er dann 1929 mit der Zeitschrift *Ludendorffs Volkswarte. Sieg der Wahrheit: der Lüge Vernichtung* eine eigene Plattform. 1933 wird das Blatt von den Nationalsozialisten verboten. Vgl. Klee, Ernst: Das Personenlexikon zum Dritten Reich. Wer war was vor und nach 1945? Frankfurt am Main 2003, S. 382 und Thoß, Bruno: Ludendorff, Erich, in: *Neue Deutsche Biographie* 15, https://www.deutsche-biographie.de/pnd118574841.html#ndbcontent [26.06.2022].

139 Fleischhauer, Ulrich: Schweizerische Mordzentrale, in: *Welt-Dienst*, Sonderbeilage zu Nr. III/6 vom 15.03.1936.

140 Die Schweizer satirische Zeitschrift erscheint seit 1875.

141 Die völkisch-antisemitische Wochenzeitschrift erschien von Februar 1935 bis März 1936 in Berlin.

142 Kilian, Hans: Der politische Mord. Zu seiner Soziologie. Zürich 1936.

143 Bloch, Pierre/Meran, Didier: L'Affaire Frankfurter. Paris 1937.

144 Golding, Louis: Mr. Emmanuel. New York 1939.

145 Die 17-jährige Rachel Habshush, die den hebräischen Rufnamen »Ohevet Ami« besaß, wurde im Jahr 1939 verurteilt, als sie mit einem versteckten Sprengsatz gefasst wurde, der vor dem zentralen Gefängnis von Jerusalem platziert werden sollte. Vgl. Arab Killed, 12 Wounded in Blast; Jewess Gets Life Term for Bomb Attempt, in: *Jewish Telegraphic Agency* vom 13. Juni 1939.

146 Ein Parlamentsgebäude gibt es in Chur nicht, sondern ein Großratsgebäude, in dem der Große Rat tagt, daher ist davon auszugehen, dass Frankfurter jenes Gebäude meint.

147 Zur Bewegung »Freisinn«, die ihre Anfänge in der Schweiz im 19. Jahrhundert nahm und aus der die Freisinnig-Demokratische Partei (FDP) hervorging, vgl. Moser-Léchot, Daniel V.: Freisinnig-Demokratische Partei (FDP), in: *Historisches Lexikon der Schweiz*, https://hls-dhs-dss.ch/de/articles/017378/2022-01-24/ [22.06.2022].

148 »Fememorde« ist ein Begriff aus dem Mittelalter, der in den Unruhen der jungen Weimarer Republik Anfang der 1920er Jahre eine Renaissance durchlebte. Der Begriff bezeichnet eine besondere Kategorie von Verbrechen des politischen Mordes und meint damit eine geheime Form der Selbstjustiz, bei der Angehörige rechtsnationaler Gruppierungen vermeintliche Verschwörer und Verräter der Nation ermorden. Vgl. Hofmann, Ulrike Claudia: Fememorde, publiziert am 15.05.2006; in: *Historisches Lexikon Bayerns*, https://www.historisches-lexikon-bayerns.de/Lexikon/Fememorde [22.06.2022].

149 Die *Jewish Telegraph Agency* ist eine Presseagentur, die 1917 in Den Haag gegründet wurde.

150 In dem Protokoll des Verhörtags, das sich heute im Archiv für Zeitgeschichte in Zürich befindet, listet Brügger insgesamt fünf Punkte des Strafantrags auf: »1. Da-

vid Frankfurter sei des Mordes, begangen an Wilhelm Gustloff, schuldig zu erklären. 2. Er sei dafür zu bestrafen mit 18 Jahren Zuchthaus, Einstellung in den bürgerlichen Ehren und Rechten und lebenslänglicher Landesverweisung. 3. David Frankfurter sei grundsätzlich pflichtig zu erklären, den durch den begangenen Mord entstandenen Schaden zu ersetzen. 4. Die bei der Tat verwendete Waffe sei zu konfiszieren. 5. David Frankfurter habe sämtliche Untersuchungs-, Gerichts- und Strafvollzugskosten zu tragen.«

151 Dr. Curti legte dem Gericht zwei Sammlungen vor, einerseits die »Photographische Dokumentensammlung über die Entrechtung, Ächtung und Vernichtung der Juden in Deutschland seit der Regierung Adolf Hitler« und andererseits die »Dokumentensammlung über die Entrechtung, Ächtung und Vernichtung der Juden in Deutschland seit der Regierung Adolf Hitler«. Erstere zeigt ein Foto einer Armbinde eines ehemaligen jüdischen Gefangenen aus dem Konzentrationslager Columbia in Berlin. Die Dokumentation befindet sich heute im Staatsarchiv Graubünden.

152 In dem Manuskript schreibt Frankfurter fälschlicherweise Tuenna.

153 Der »Verein der Freunde Israels« wurde 1830 in Basel gegründet und 1950 in »Schweizerische Evangelische Judenmission« umbenannt. Seit 1973 nennt sich der Verein »Stiftung für Kirche und Judentum«.

154 Bisher gibt es keine Belege in Literatur oder Quellen, die den Vorfall mit Frau Wolfer belegen.

155 Fritz Höfliger (1892–1985) war 1932 bis 1938 bischöflicher Kanzler in Chur. Für seine Verdienste erhielt er Anfang der 1930er Jahre den Titel des päpstlichen Hausprälaten. Vgl. Meyerhans, Andreas: Höfliger, Franz, in: *Historisches Lexikon der Schweiz*, https://hls-dhs-dss.ch/de/articles/042317/2011-01-04/ [23.06.2022].

156 »Da uns ein Wunder geschehen ist, will ich eine gute Einrichtung treffen. So hat ja auch Jakob der dem Esau durch ein Wunder nach Sichem entronnen war, dort Märkte eingerichtet. Andere berichten, er habe das Münzwesen verbessert, noch andere er habe Bäder gebaut.«, zit. n. Hoffmann, Daniel: Bruchstücke einer großen Tradition: gattungspoetische Studien zur deutsch-jüdischen Literatur. Paderborn 2005, S. 121f.

157 Johannes 14:6.

158 *Neue Wege* erscheint seit 1906 und wurde mit dem Vorhaben gegründet, Brücken zwischen religiösen, politischen und gesellschaftspolitischen Themen zu bauen. Später wurde die Zeitschrift zum Sprachrohr der Arbeiterbewegung wie auch ein Blatt, das sich gegen Militarismus engagierte, was sich auf der Arbeit von Leonhard Ragaz (1868–1945) gründete. Zur Geschichte der Zeitschrift vgl. Spieler, Willy et al. (Hg.): Für die Freiheit des Wortes. Neue Wege durch ein Jahrhundert im Spiegel der Zeitschrift des religiösen Sozialismus. Zürich 2009.

159 *Die Wahrheit* erschien von 1885 bis 1938 und war damit eine der langlebigsten jüdischen Zeitungen Österreichs, bis sie 1938 von den Nationalsozialisten verboten wurde. Die längste Zeit trug sie den Untertitel *Unabhängige Zeitschrift für jüdische Interessen*. In den 1920er Jahren fungierte die Zeitschrift verstärkt als Sprachrohr für die

Österreich-Israelitische Union. Vgl. Hecht, Dieter: Die Stimme und Wahrheit der jüdischen Welt. Jüdisches Pressewesen in Wien 1918–1938, in: Stern, Frank/Eichinger, Barbara (Hg.): Wien und die jüdische Erfahrung 1900–1938. Akkulturation – Antisemitismus – Zionismus. Wien 2009.

160 Irene Harand (1900–1975) gründete Anfang der 1930er Jahre die »Weltbewegung gegen Rassenhass und Menschennot«. Als Sprachrohr für die Bewegung diente die Zeitschrift *Gerechtigkeit*, die von 1933 bis 1938 erschien. Mitte der 1930er Jahre zählt Harands Bewegung über 30.000 Mitglieder und noch weitaus mehr Sympathisanten. Den Einmarsch der Nationalsozialisten in Wien beobachtete Harand von London aus, wohin sie für eine Vortragsreihe reiste und nicht mehr zurückkehrte. Vgl. Friederichs, Hauke: Der Kampf der Irene Harand, in: Die Zeit vom 24.10.2013, Nr. 44/2013.

161 Chaim Nachman Bialik.

162 Ben-Chorin, Schalom: Jüdischer Glaube: Strukturen einer Theologie des Judentums anhand des Maimonidischen Credos. Thüringer Vorlesungen. München 1975.

163 Die Verse stammen aus Goethes Torquato Tasso.

164 David Kin.

165 Vgl. Fußnote 123.

166 Die Novemberpogrome begannen deutschlandweit in der Nacht vom 9. auf den 10. November. In vereinzelten Städten kam es bereits in den Tagen davor zu Gewalttaten gegenüber Jüdinnen und Juden.

167 Die Kapitulation Belgiens, von der Frankfurter ein paar Zeilen später schreibt, fand 1940 statt. Zwar schreibt Frankfurter, dass er 1941 verlegt worden sei, doch Angaben aus Briefen und den Memoiren, wie bspw. der Verweis auf die Kapitulation Belgiens, deuten auf das Jahr 1940 als Zeitpunkt der Verlegung hin.

168 Von Mai 1940 bis April 1945 erschien die Wochenzeitung *Das Reich* im Deutschen Verlag, der dem Zentralverlag der NSDAP, der Franz Eher Nachf. GmbH, angegliedert war. Mit einer zwischenzeitlichen Auflage von 1,4 Millionen lag die Zeitung nur knapp hinter dem *Völkischen Beobachter*. Mitbegründer und Initiator der Zeitung war Rolf Rienhardt (1903–1975). Ein Redaktionsprogramm, das Rienhardt mit Kollegen entwickelte, begeisterte Goebbels, der sich erhoffte, dadurch ein weiteres Publikum zu erreichen. Goebbels verfasste mehrere Leitartikel für die Wochenzeitung. Vgl. Rentrop, Petra: Das Reich (1940–1945), in: Benz, Wolfgang: Handbuch des Antisemitismus. Judenfeindschaft in Geschichte und Gegenwart. Band 6. Berlin; München 2009, S. 583–585.

169 Trotz eingehender Recherchen konnten zu diesem Namen wie auch alternativen Schreibweisen nichts gefunden werden.

170 Trotz Recherchen konnten keine belegbaren Nachweise zur Person gefunden werden.

171 *Le maquis*, franz. für Buschwald, ist eine Bezeichnung für eine Gruppe des französischen Widerstands gegen die Nationalsozialisten. Es bezeichnet zugleich eine bestimmte Form des Widerstands und wird oft als Untergrundbewegung betitelt, da die

Mitglieder in dünn besiedelten Gebieten, dem Bergland oder aus Wäldern heraus operierten. Vgl. Résistance, la (France), in: Riches, Christopher/Palmowski, Jan: A Dictionary of Contemporary World History. Oxford 2019.

172 Im August 1939 unterzeichneten Joachim von Ribbentrop, Außenminister des Deutschen Reiches, und Wjatscheslaw Molotow, Außenkommissar der UdSSR, den als »Hitler-Stalin-Pakt« in die Geschichte eingegangenen Vertrag, der die gegenseitige Neutralität beider Parteien bei einem potentiellen Kriegsfall regelte. Versehen war der Vertrag mit einem geheimen Zusatzprotokoll, das die Aufteilung des Baltikums und Polens im Sinne deutscher und sowjetischer Interessen beschloss. Der Vertrag legte den Grundstein für den Überfall Hitlers auf Polen am 1. September 1939. Für das Deutsche Reich galt der Vertrag nur als temporär. Am 22. Juni 1941 griff das Deutsche Reich die UdSSR an und beendete somit faktisch das Abkommen. Vgl. Weber, Claudia: Der Pakt. Stalin, Hitler und die Geschichte einer mörderischen Allianz. München 2019.

173 Der »Anschluss« Österreichs an das Deutsche Reich fand in den Tagen vom 11. bis 13. März 1938 statt. *Pessach* begann in diesem Jahr am 2. April. Der Überfall auf Polen fand am 1. September 1939 statt, *Rosch haSchana* begann am 13. September. Der Balkanfeldzug der Wehrmacht, der für Frankfurter aufgrund persönlicher Betroffenheit besonders relevant war, begann am 6. April 1941, und *Pessach* begann in diesem Jahr am 11. April.

174 Claparède, Edouard: Morale et politique, ou les vacances de la probité. Neuchâtel 1940.

175 Ernst Rommel (1891–1944) wird im Februar 1941 zum Oberbefehlshaber des Deutschen Afrikakorps benannt. Schnell wurde seine Person nach kurzen militärischen Erfolgen als »Wüstenfuchs« mythologisiert, um von Niederlagen an anderen Kriegsschauplätzen abzulenken. Im Juli 1941 wird er Befehlshaber der Panzergruppe Afrika. Vgl. Klee, Ernst: Das Personenlexikon zum Dritten Reich. Wer war was vor und nach 1945? Frankfurt am Main 2003, S. 506f.

176 Im November 1942 brechen die Briten bei El Alamein durch und Rommel beginnt den Rückzug.

177 Friedrich Paulus (1890–1957) übernimmt im Januar 1942 die 6. Armee. Im Winter 1942/43 gerät die deutsche Wehrmacht durch Gegenoffensiven der Sowjetunion in und um Stalingrad in äußerste Bedrängnis, sodass die geplante Offensive nicht weiter vorrücken kann. Am 31. Januar 1943 kapitulierte Paulus und seine 6. Armee..

178 Im November 1942 landeten die Amerikaner in Nordafrika (Operation Torch).

179 Moses Silberroth (1888–1965) war ein Rechtsanwalt und Politiker. Er ließ sich 1917 in Davos mit eigener Praxis nieder. Ab 1923 war er Mitglied des Kreisgerichts und in den 1930er und 1940er Jahren Teil des Bündner Großrats. Vgl. Bundi, Martin: Silberroth, Moses, in: *Historisches Lexikon der Schweiz*, https://hls-dhs-dss.ch/de/articles/013588/2008-09-17/ [24.06.2022].

180 Paul Schmid-Ammann (1900-1984) war ein Politiker und Redakteur. Er war Mitbegründer von *Die Nation* und Redakteur für *Neue Bündner Zeitung*, *Nation* und *Volksrechts*. Er bekleidete unterschiedliche politische Ämter, darunter Schaffhauser

Kantonsrat und Bündner Kantonsrat. Vgl. Wipf, Matthias: Schmid-Ammann, Paul, in: *Historisches Lexikon der Schweiz*, https://hls-dhs-dss.ch/de/articles/006127/2011-08-17/ [24.06.2022]. In dem Manuskript schreibt Frankfurter fälschlicherweise Amman.

181 Das Buch erschien 1936.

182 Womöglich meint Frankfurter hiermit die Bibliothek der Israelitischen Cultusgemeinde in Zürich.

183 Dodd, William Edward: Ambassador Dodd's Diary, 1933-1938. London 1941.

184 Der Brief von Frankfurter an Regierungsrat Albrecht befindet sich heute im Staatsarchiv Graubünden. Darin heißt es u. a.: »Was ich durch diesen Rapport wünsche, ist weder Rache noch Rewanche [sic] sondern einfach Schutz gegen Beleidigungen und Schmähungen vonseiten Bruderers, dass er einmal darauf aufmerksam gemacht wird, dass er mit Menschen (mit geistig nicht ganz verkrüppelten) zu tun hat, und nicht Bestien, die nur auf die Peitsche reagieren!«

185 Möglicherweise handelt es sich um den jüdischen Psychiater und Psychologen Stanislaus Lazarus Kroll (1892–1979).

186 Möglicherweise handelt es sich um Max Waiblinger (1904–1960), Fürsprecher, Staatsanwalt und Professor für Strafrecht und Strafprozesse an der Universität Bern.

187 Ende Februar 1944 befahl Hitler die Besetzung Ungarns, das sich von dem Deutschen Reich ab- und den Westalliierten zuwendete. Kurze Zeit nach der Besetzung begann die Deportation der ungarischen Jüdinnen und Juden in das Vernichtungslager Auschwitz-Birkenau unter Leitung von Adolf Eichmann.

188 Paul Jörimann (1898–1982) war ein Rechtsanwalt und Politiker, der u. a. Kantonsgerichtspräsident (bis 1968) und Bürgermeister von Chur war. Vgl. Arquint, Jon P.: Jörimann, Paul, in: *Historisches Lexikon der Schweiz*, https://hls-dhs-dss.ch/de/articles/015856/2008-02-14/ [25.06.2022].

189 Heinrich Egg war der Vizepräsident des Wehrbundes, der sich u. a. mit der Amnestie Frankfurters befasste. Der Wehrbund wurde 1942 oder 1943 gegründet.

190 Trotz Recherchen konnte das Interview nicht ausfindig gemacht werden.

191 Schwarz, Hans: Gustloff, der »Diktator von Davos« – Notwendige Abrechnungen, in: *Die Nation* vom 04.10.1944.

192 Es bleibt unklar, was Frankfurter mit Transport meint.

193 In Churwalden gab es vier Flüchtlings- und Interniertenheime.

194 Gion Darms (1896–1976) war Rechtsanwalt und Politiker. Von 1936 bis 1942 war er Amtskläger und bis 1944 Staatsanwalt in Graubünden. In den 1920er und den 1950er Jahren war er Teil des Bündner Großrats und von 1944 bis 1950 Regierungsrat. Vgl. Collenberg, Adolf: Darms, Gion, in: *Historisches Lexikon der Schweiz*, https://hls-dhs-dss.ch/de/articles/005325/2004-03-18/ [25.06.2022].

195 Durch den Aufenthalt jüdischer Flüchtlinge in verschiedenen Flüchtlings- und militärisch geführten Internierungslagern kam es zur Initiierung von Gottesdiensten

im Volkshaus Chur. Aufnahmen (u. a. AfZ, BA BASJ-Archiv / 218 Bild 1) im Archiv für Zeitgeschichte (Zürich) zeigen das zur Synagoge umfunktionierte Volkshaus, die ebenso David Kin zeigen.

196 *Purim* fand am 26. und 27. Februar statt.

197 Konrad Bärtsch (1890–1962) war Politiker in verschiedenen Positionen Churs und Graubündens: Gemeindepräsident, Kreispräsident, von 1925 bis 1947 im Großen Rat und von 1948 bis 1956 im Kleinen Rat Bündens. Vgl. Simonett, Jürg: Bärtsch, Konrad, in: *Historisches Lexikon der Schweiz*, https://hls-dhs-dss.ch/de/articles/005327/2002-01-15/ [25.06.2022].

198 Wahrscheinlich schreibt Frankfurter hier vom Hotel »Metropol«, das noch heute existiert und jüdische Speisegesetze einhält. Eine Synagoge gab es zu der Zeit, in der Frankfurter sich in Arosa aufhielt, ebenfalls im »Metropol«.

199 Frankfurter schreibt vom Hotel »Edelweiß«, das die jüdischen Speisegesetze einhielt und ebenso eine Synagoge aufwies. Das Hotel bestand bis zum Jahr 2010.

200 Samuel Scheps (1904–1999) war ein bedeutender Schweizer Zionist und Leiter des Palästina-Amtes in Basel und später in Genf. Er nahm zentrale Rollen bei Versuchen der Rettung von jüdischen Flüchtlingen ein. Vgl. Haumann, Heiko: Samuel Scheps, in: Ders.: Der Erste Zionistenkongress von 1897. Ursachen, Bedeutung und Aktualität. Basel 1997, S. 216f.

201 Das Palästina-Amt wurde 1908 in Jaffa als Einrichtung der Zionistischen Organisation gegründet. Sie entwickelte sich zur wichtigsten Koordinierungs- und Anlaufstelle bei der Besiedlung Palästinas: Sie organisierte Landkäufe wie auch Gründungen von Siedlungen und gewährte Initiativen für diese Zwecke Kapital. Ab 1918 entstanden weitere Ämter in Europa, um sich insbesondere um die Einwanderung nach Palästina zu kümmern. Zur Geschichte des Palästina-Amtes vgl. Morris-Reich, Amos: Palästina-Amt, in: Diner, Dan (Hg.): Enzyklopädie jüdischer Geschichte und Kultur. Band 4. Stuttgart 2011, S. 478–482.

202 Vermutlich meint Frankurter Mrs. Zérapha.

203 Die Entstehungsgeschichte der Memoiren beschreibt Sabina Bossert in der Einleitung dieses Buchs.

204 Insgesamt befanden sich knapp 1.000 Holocaustüberlebende aus Belgien, Frankreich, Deutschland und der Schweiz an Bord. Viele waren Waisenkinder, aber auch Mitglieder zionistischer Organisationen. Vgl. Happy New Year for Refugee Arrivals, in: *The Palestine Post* vom 10. September 1945.

205 Meist als »Kapo« geschrieben, bezeichnet Funktionshäftlinge in Konzentrations- und Vernichtungslagern der Nationalsozialisten. Ausführlich beschrieben in Jokusch, Laura: Jewish Honor Courts. Revenge, Retribution, and Reconciliation in Europe and Israel after the Holocaust. Wayne 2015.

206 Zur innerjüdischen Auseinandersetzung mit Kollaborateuren – insbesondere in der unmittelbaren Nachkriegszeit –, vgl. ebd.

207 Deuteronomium 8:14: »Dein Herr sich erhebe und du vergessest den Ewigen deinen Gott, der dich aus dem Landes Mizrajim geführt, aus dem Hause der Knechte«.

208 8. September 1945.

209 Yehoshua Kaniel war zu dieser Zeit der aschkenasische Oberrabbiner Haifas.

210 Atlit, eine Stadt südlich von Haifa, in der ein britisches Flüchtlingslager eingerichtet wurde. Das Lager wurde Ende der 1930er Jahre als Militärlager gebaut und später insbesondere für die Internierung illegaler Einwanderer genutzt.

211 Der Kibbuz wurde 1928 gegründet und liegt südlich von Tel Aviv.

212 Das Zitat basiert auf einer Stelle der *Tora* in Jesaia 54:13: »Und all deine Kinder sind Lehrlinge des Ewigen, und groß ist der Friede deiner Kinder.« In manchen Fällen wird Kinder mit Söhne übersetzt. An Feiertagen und zu *Schabbat* wird diese Stelle im Gebet rezitiert. Die Auslegung der Stelle, auf die sich Frankfurter bezieht, stammt von Rabbi Chanina: »Die Schüler der Weisen mehren den Frieden in der Welt, denn es heißt (Jesaia 54:13): und all deine Söhne Schüler Gottes, dann wird reich der Friede deiner Söhne. Lies nicht: Banajich (deine Söhne), sondern Bonajich: deine Erbauer.« Entsprechend ist hier im Manuskript ein Fehler, da es Bonajich heißen müsste. Vgl. zur Deutung dieses Zitats die Einleitung von Sabina Bossert in diesem Buch. Das Zitat von Chanina stammt aus Hirsch, Samson Raphael: Hirsch Siddur. Basel 1992/1998, S. 285.

213 Vgl. Sabina Bosserts Ausführungen in der Einleitung.

Nachwort

1 Begleitband der gleichnamigen Ausstellung: Czollek, Max/Riedel, Erik/Wenzel, Mirjam (Hg.): Rache. Geschichte und Fantasie. München 2022.

2 Porat, Dina: Die Rache ist Mein allein. Vergeltung für die Schoa: Abba Kovners Organisation Nakam. Paderborn 2021.

3 Diewerge, Wolfgang: Ein Jude hat geschossen. Augenzeugenbericht vom Mordprozess David Frankfurter. München 1937.

4 Ludwig, Emil/Chotjewitz, Peter: Der Mord in Davos. Texte zum Attentatsfall David Frankfurter/Wilhelm Gustloff. Herausgegeben von Helmut Kreuzer. Frankfurt am Main 1986.

5 Göttingen 2002.

6 Wilpert, Gero von: Lexikon der Weltliteratur: Autoren. 3. neu bearbeitete Auflage. Stuttgart 1988, S. 932.

7 Ludwig, Emil: Der Mord in Davos. Amsterdam 1936.

8 Ebd., S. 22.

9 Ebd., S. 23.

10 Ebd., S. 47.

11 Ebd., S. 53.

12 Ebd., S. 64.

13 Ebd., S.65 oder Memoiren David Frankfurter in der vorliegenden Publikation, S. 112.

14 Ebd., S. 87.

15 München 1937.

16 Ebd., S. 31.

17 Ebd., S. 97–99.

18 Ebd., S. 101f.

19 Klee, Ernst: Das Personenlexikon zum Dritten Reich. Wer war was vor und nach 1945? Frankfurt am Main 2003, S. 200f.

20 Conze, Eckart et al. (Hg.): Das Amt und die Vergangenheit. Deutsche Diplomaten im Dritten Reich und in der Bundesrepublik. München 2010, S. 19.

21 Buchna, Kristian: Nationale Sammlung an Rhein und Ruhr: Friedrich Middelhauve und die nordrhein-westfälische FDP; 1945–1953. München 2010, S. 85.

22 Zit. nach Frei, Norbert: Vergangenheitspolitik: die Anfänge der Bundesrepublik und die NS-Vergangenheit. München 1996, S. 361.

23 Lyssy, Rolf: Ein Schweizer Filmemacher blickt zurück, in: Ludwig, Emil/Chotjewitz, Peter: Der Mord in Davos. Texte zum Attentatsfall David Frankfurter/Wilhelm Gustloff. Herausgegeben von Helmut Kreuzer. Frankfurt am Main 1986, S. 222.

24 Martin Schlappner in der *NZZ* vom 24.1.1975.

25 Berlin 1978.

26 Berlin 2007.

27 Chotjewitz, Peter: Mord als Katharsis, in: Ludwig, Emil/Chotjewitz, Peter: Der Mord in Davos. Texte zum Attentatsfall David Frankfurter/Wilhelm Gustloff. Herausgegeben von Helmut Kreuzer. Frankfurt am Main 1986, S. 121.

28 Ebd., S. 159.

29 A.a.O., S. 22.

30 A.a.O., S. 220.

31 Göttingen 2002.

32 Ebd., S. 116.

33 *FAZ* vom 4.4.2012: »Warum sage ich jetzt erst,/gealtert und mit letzter Tinte:/Die Atommacht Israel gefährdet den ohnehin brüchigen Weltfrieden?/Weil gesagt werden muß,/was schon morgen zu spät sein könnte;/auch weil wir – als Deutsche belastet genug -/Zulieferer eines Verbrechens werden könnten,/das voraussehbar ist, weshalb unsere Mitschuld/durch keine der üblichen Ausreden/zu tilgen wäre.«

34 Grass, Günter: Im Krebsgang. Göttingen 2002, S. 118.

35 Ebd., S. 175.

36 Ebd., S. 216.

37 Vgl. *Perlentaucher. Das Kulturmagazin*: Günter Grass. Im Krebsgang. Eine Novelle. https://www.perlentaucher.de/buch/guenter-grass/im-krebsgang.html [22.06.2022].

38 Lühe, Irmela von der: Gustloff: Ein Mann, ein Schiff, ein Mythos, in: Gollec, Janusz/ Lühe, Irmela von der (Hg.): Literatur und Zeitgeschichte. In: Zwischen Historisierung und Musealisierung. Frankfurt am Main 2014, S.65–76.

39 Ebd., S. 10.

40 Zürich 1936.

41 Burkhard, Fehr: Die Tyrannentöter oder: kann man der Demokratie ein Denkmal setzen? Frankfurt am Main 1984.

42 Zimmermann, Harro: Ein deutscher Gotteskrieger? Der Attentäter Carl Ludwig Sand – die Geschichte einer Radikalisierung. Paderborn 2020.

Glossar[1]

Al kiddusch hashem: *Kiddush ha-Shem* kann als »Heiligung des göttlichen Namens« und *mawet al-kiddush ha-Shem* als der »Tod zur Heiligung des göttlichen Namens« aus dem Hebr. übersetzt werden. Mit diesem Prinzip wurde der Tod als Martyrium in der rabbinischen Literatur der Antike diskutiert. Es wird die Frage gestellt, ob ein Märtyrertod notwendig ist, wenn man, so wie es Frankfurter anwendet, vor die Wahl des Todes oder der Konversion gestellt wird. Der »Tod zur Heiligung des göttlichen Namens« kann als extremer Akt zur Erfüllung des jüdischen Gesetzes gedeutet werden. Welche Personen in die Gruppe von Märtyrern aufgenommen werden, wurde von Gelehrten bspw. im Zuge von Pogromwellen während des Mittelalters diskutiert.[2]

Aliya: *Alija*, hebr. für »Aufstieg«, bezeichnet die Einwanderung nach Palästina bzw. seit 1948 nach Israel. Es bezeichnet ebenso den Aufruf zur Tora-Lesung in der Synagoge.

Awinu Malkenu: Eines der wichtigsten Gebete des Judentums, das an *Jom Kippur* und an *Rosch haSchana* gesprochen wird und eines der Bittgebete darstellt. *Awinu Malkenu*, hebr. für »Unser Vater, unser König«, enthält u. a. diesen Vers: »Unser Vater, unser König, gedenke unser in Güte vor Dir!«

Bachur: Hier ist der Student einer *Jeschiwa* gemeint. *Bachur* kann als »junger Mann« aus dem Hebr. übersetzt werden.

Bar Mizwa: *Bar Mitzwa*, hebr. für »Sohn des Gebots«, bezeichnet die

1 Das Glossar beinhaltet hebräische Begriffe und Ausdrücke, die David Frankfurter in seinen Memoiren verwendet. Dabei wurde zwecks Auffindbarkeit die Schreibweise übernommen, die Frankfurter gebraucht. Falls sich Transliterationen von den korrekten Schreibweisen unterscheiden, wurde dies nochmals zu Beginn kursiv aufgeführt. Insofern nicht anders darauf verwiesen, wurden für die Erstellung des Glossars folgende Publikationen verwendet: Nachama, Andreas/Homolka, Walter/Bomhoff, Hartmut (Hg.): Basiswissen Judentum. Freiburg 2021 sowie Publikationen aus Ausstellungen des Jüdischen Museums Frankfurt: Backhaus, Fritz/Kößling, Sabine/Wenzel, Mirjam (Hg.): Jüdisches Frankfurt. Von der Aufklärung bis zur Gegenwart. München 2020, Backhaus, Fritz/Gross, Raphael/Kößling, Sabine/Wenzel, Mirjam (Hg.): Die Frankfurter Judengasse. Geschichte – Politik – Kultur. München 2016 und Bohus, Kata/Grossmann, Atina/Hanak, Werner/Wenzel, Mirjam (Hg.): Unser Mut. Juden in Europa 1945–48. Berlin 2020.

2 Vgl. Heil, Johannes: Märtyrer, in: Diner, Dan (Hg.): Enzyklopädie jüdischer Geschichte und Kultur. Band 4. Stuttgart 2011, S. 55–60.

religiöse Mündigkeit von Jungen im Alter von 13 Jahren, nachdem sie das erste Mal zur *Tora*-Lesung aufgerufen wurden. *Bar Mitzwa* bezeichnet zudem die Feierlichkeit rund um dieses Ereignis. *Bat Mitzwa*, hebr. für »Tochter des Gebots«, bezeichnet dasselbe für Mädchen im Alter von zwölf Jahren.

Beth Hamidrash: In den meisten Fällen *beth midrash*, hebr. für »Wort« oder »Ort der Auslegung«, wofür auch *Jeschiwa* als Synonym gebraucht wird. Oft wird *beth midrash* als »Studierhaus« bezeichnet. Historisch sind die Studienhäuser mit der Bedeutung der Synagoge als Versammlungsort gewachsen und befanden sich meist im unmittelbaren Umfeld der Synagogen und ihrem Hof.

Chaluz: Hebr. für »Pionier«, bezeichnet Jugendliche und junge Erwachsene, die sich in *Hechaluz*-Organisationen vereinigten, die die Emigration nach Palästina vorbereiteten. Nach der Auswanderung leisteten sie in ihrem Selbstverständnis »Pionierarbeit« beim Aufbau eines jüdischen Staatswesens in Palästina.

Chanukka: Hebr. für »Weihung«, wird im Dezember gefeiert und dauert acht Tage. Es erinnert an die Wiedereinweihung des Zweiten Tempels in Jerusalem im Jahr 165 v. d. Z., nachdem dieser von den Makkabäern zurückerobert wurde. Es wird auch als Lichterfest bezeichnet.

Chassidismus: *Chassidismus* kommt von dem hebr. *chassid* und bedeutet der »Fromme«. Es handelt sich um eine Frömmigkeitsbewegung, die auf Lehren der jüdischen Mystik zurückgreift und seit dem Ende des 18. Jahrhunderts insbesondere in Osteuropa Fuß fasste.

Chawerim: Hebr. für »Freunde«, bezeichnet Mitglieder eines *Kibbuz* und kann auch als »Genossen« gebraucht werden.

Cheder: Im 18. Jahrhundert wurde der Elementarunterricht für jüdische Jungen meist privat organisiert und fand daher häufig im Haus des Lehrers statt, weshalb sich für die traditionelle Elementarschule der Begriff *Cheder*, hebr. für »Zimmer«, festsetzte.

Erez Israel: Frankfurter schreibt an manchen Stellen *Erez Israel* und an anderen wiederum *Erez-Jisrael*. *Eretz Israel* bedeutet das »Land Israel« und ist ursprünglich die biblische Bezeichnung für das von Gott verheißene Land für die Juden. Während der Entstehungszeit des politischen Zionismus im 19. Jahrhundert, aber auch noch heute im Staat Israel, wird dieser Begriff verwendet.

Erev Pessach: *Erew Pessach* bezeichnet den Vortag von *Pessach,* an dem die Erstgeborenen fasten.

Erev Rosch haSchana: *Erew Rosch haSchana* bezeichnet den Vorabend von *Rosch haSchana.*

Galil: Hebr. Bezeichnung für Galiläa.

Galut: Hebr. für »Verbannung«, das in manchen Fällen auch mit dem griechischen »Diaspora« beschrieben wird, stellt ein Prinzip der jüdischen Religion dar, das die biblische Deutung des Exils als Strafe für Sünden interpretierte. Insbesondere wird es für die Zeit nach der Zerstörung des Zweiten Tempels gebraucht.[3]

Gemara: Hebr. für das »Erlernte« oder das »Vollendete«, bezeichnet einen Teil des *Talmuds.*

Golah: Hiermit ist die *Diaspora* gemeint. Der Term unterscheidet sich nur leicht von *Galut,* die mehr die Verbannung, das Exil nach der Zerstörung des Zweiten Tempels umschreibt und somit prozesshafter gemeint ist als der statische Begriff *Golah.*

Halacha: Hebr. für »der Weg, der gegangen wird«, bezeichnet das jüdische Religionsgesetz.

Hatarath Hora'a: Eine rabbinische Lehrbefugnis, die auch dazu befugt, Entscheidungen über religionsgesetzliche Fragen zu treffen.

Hatikwah: *Ha-Tikwa*, hebr. für »die Hoffnung«, ist die Nationalhymne Israels.

Horra: Auch *Hora* oder *Horah,* ist eine Form des Kreistanzes.

Ir wa Em be Israel: Der Ausspruch stammt aus 2. Samuel 20:19: »Ich bin (von) den Friedlichen, Treuen in Jisrael; du trachtest zu tödten eine Stadt und eine Mutter in Jisrael; warum willst du das Erbe des Ewigen zu Grunde richten?« In vielen Fällen meint dieser Ausspruch nicht blühend, wie es Frankfurter verwendet, sondern eine Stadt mit einer hohen jüdischen Population.

Jamim Noraim: *Jamim nora'im*, hebr. für die »ehrfurchtsvollen Tage«, ist die Bezeichnung für die hohen Feiertage im Judentum: *Rosch haSchana* und *Jom Kippur.* Zentral für diese Tage ist die Reue der Sünden und Vergebung des vergangenen Jahres.

3 Vgl. Goldberg, Sylvie-Anne: Exil, in: Diner, Dan (Hg.): Enzyklopädie jüdischer Geschichte und Kultur. Band 1. Stuttgart 2011, S. 295–304.

Jeruschalajim: Hebr. für »Jerusalem«. Diese Bezeichnung wird nicht durchgängig von Frankfurter verwendet. An anderen Stellen verwendet er Jerusalem.

Jeschiwa: Die *Jeschiwa* ist eine religiöse Hochschule, in der der *Talmud* wie auch die rabbinische Tradition gelehrt wird (auch Talmudhochschule genannt).

Jiskor Elohim: Hebr. für »Gott möge gedenken«, lautet der Anfang eines zentralen Gebets zu *Jom Kippur*, das der Verstorbenen gedenkt. Es ist keines der Pflichtgebete, gehört jedoch seit dem 11. Jahrhundert zum festen Bestandteil der Liturgie.

Jom Kippur: Der höchste jüdische Feiertag, hebr. für »Tag der Sühne«, wird kurz auch als Versöhnungstag bezeichnet. Er ist ein strenger Fast- und Bußtag. Das Ziel dieses Tages ist die Versöhnung mit Gott und seinen Mitmenschen.

Kaddisch: Wird auch als Gebet für die Toten und zum Gedenken an die Verstorbenen gesprochen.

Kapores-Hahn: Der Brauch der *Kapparot*, hebr. für »Sühnungen«, sieht am Vorabend zu *Jom Kippur* vor, dass eine Person ein Huhn oder ein Hahn über den Kopf schwingt und hebräische Formeln rezitiert, die die Sünden von sich auf das Tier übertragen sollen. Bei einem Kapores-Hahn handelt es sich um ein solches Tier.

Kavana: *Kawwana* bedeutet »Hingabe«, »Absicht« und bezieht sich auf die Hingabe, mit der die jüdischen Gesetze erfüllt werden oder auch die Hingabe, mit der gebetet und sich so Gott zugewendet wird.

Ki tov: Während des dritten Schöpfungstags, also einem »Dienstag«, kommt es in der Genesis zwei Mal zu dem Ausspruch von Gott, »dass es gut war«: *ki tov*. Genesis 1:10: »Und Gott nannte das Trockene Erde, und die Sammlung des Wassers nannte er Meere, und Gott sah, dass es gut war.« Genesis 1:12: »Und die Erde brachte hervor Gespross, Kraut Samen bringend nach seiner Art, und Bäume Frucht tragend, worin ihre Samen wachsen, nach ihrer Art, und Gott sah, dass es gut war.« Daher wird dieser dritte Tag als besonderer Tag gedeutet.

Kibbuz: In der Regel landwirtschaftlich ausgerichtete Kommunen in Israel. Ihre Bewohner werden als Kibbuznik bezeichnet. Die *Kibbuzim* (Mehrzahl) spielten bei der Staatsgründung und der Besiedlung Israels eine relevante Rolle. Meist waren die *Kibbuzim* sozialistisch ausgerichtet.

Koscher-le-Pessach: *Koscher* für *Pessach*, da an *Pessach* besondere Speise- und Zubereitungsregeln gelten. *Kaschrut*, hebr. für »Eignung«, bezeichnet die Speisegesetze verbotener und erlaubter Nahrungsmittel wie auch ihrer Zubereitung. *Koscher*, hebr. für »recht« oder »tauglich«, bedeutet die Erlaubnis zum Genuss, also der Entsprechung der *Kaschrut*.

Lehitraot be Eretz Jisrael: Auf Wiedersehen in *Eretz Israel*.

Machsor: Hebr. für »Kreislauf«, bezeichnet ein für die Festtage gedachtes Gebetbuch.

Mamlechet Kohanim: Kann aus dem Hebr. als »Herrschaft« oder »Königreich der Priester« übersetzt werden. Diese Vorstellung bezieht sich auf Exodus 19:6: »Aber ihr sollet mir sein ein Königreich von Priestern und ein heiliges Volk. Dies sind die Worte, die du reden sollst zu den Kindern Jisrael.«

Matmid: Eine Person, die außerordentlich fleißig ist, insbesondere beim Studium des *Talmuds*.

Mincha-Gebet: Bezeichnung des Nachmittagsgebets.

Minjan: Die vorgeschriebene Anzahl von mindestens zehn mündigen Juden, um einen Gottesdienst abhalten zu können.

Mischna: Hebr. für »Wiederholung«, ist der zentrale Teil des *Talmuds*. Dabei handelt es sich um die Redigierung und Kanonisierung der mündlichen *Tora*, also der rabbinischen Diskussionen um die Gebote und ihre Auslegungen. Sie wurde um 200 n. d. Z. in hebr. Sprache schriftlich festgehalten.

Mischne Tora: Hebr. für »Wiederholung der Tora«, ist eine umfangreiche Sammlung jüdischer Gesetze, die im 12. Jahrhundert von Moses Maimonides verfasst wurde.

Misrachim: Lässt sich aus dem Hebr. mit »Orientalen« übersetzen, bezeichnet seit dem Konstituierungsprozesses der israelischen Gesellschaft jüdische Einwanderer aus Nordafrika, Asien und dem Balkan.[4]

Mizrajim: Hebr. Name für Ägypten.

Moraoth: 1936 und 1937 kam es in Palästina zu heftigen und häufigen Aufständen von arabischer Seite, die sich gegen jüdische Siedler wie auch das britische Mandat richteten. Auf Hebr. nannte man diese Unruhen »Moraoth«. Als *me'braot*, hebr. für »Ereignisse«, wurden bereits im

4 Zur Begriffsgeschichte vgl. Amor, Meir/Bram, Chen: Misrachim, in: Diner, Dan (Hg.): Enzyklopädie jüdischer Geschichte und Kultur. Band 4. Stuttgart 2011, S. 200–204.

19. Jahrhundert Übergriffe auf jüdische Gemeinschaften in Jerusalem, Tiberias oder Safet bezeichnet.

Mosche: Hebr. Aussprache für Moses.

Moza'e Schabbat: *Mozej Schabbat* wird der Ausgang des Schabbats bezeichnet.

Mussaf: Ein Zusatzgebet, das zu *Schabbat* und diversen Festtagen gesprochen wird.

Neila: *Ne'ila*, hebr. für »Schließung«, ist das Abschlussgebet zu *Jom Kippur*.

Olim: Bezeichnung für jüdische Einwanderer nach PalästinaLeerzeichen einfügen bzw. seit 1948 nach Israel.

Omed: Lesepult des Vorbeters in der Synagoge.

Pejoth: Schläfenlocken; auch *Pejot* oder *Peot* geschrieben.

Pessach: Hebr. für »vorübergehen«, ist ein Fest, das an den Auszug aus Ägypten und an das Ende der Sklaverei erinnert.

Pirkej Awot: Ein Traktat des *Talmuds*, die »Sprüche der Väter«, das in besonderem Charakter ethische Fragen verhandelt.

Purim: An *Purim*, hebr. für »Lose«, wird die Errettung der Juden Persiens durch Esther gefeiert, die einen geplanten Komplott Hamans verhinderte, wie es im Buch Esther erzählt wird.

Raw: Hebr. für Rabbiner.

Rosch HaSchana: *Rosch haSchana* ist das jüdische Neujahrsfest und bedeutet übersetzt »Kopf des Jahres«.

Schabbat: Hebr. für »Ruhen«, ist der Tag der Ruhe und der Heiligung, der an die Weltschöpfung erinnert, der siebte Tag der Woche. Während des Gottesdiensts am *Schabbat*-Beginn wird sich zur Tür der Synagoge gewendet und die Königin *Schabbat* begrüßt.

Schehechejanu, wekijemanu, wehigijanu laseman haseh: Hierbei handelt es sich um einen Segensspruch. *Bracha*, ein Begriff für Gebete, die eine bestimmte Wendung enthalten und Gott preisen: »baruch ata Adonai«. *Schehechejanu*, hebr. für »der uns am Leben erhalten hat«, ist eines dieser Gebete, die zu bestimmten Anlässen gesprochen werden. Der deutsche Text lautet: »[...] der Du uns hast leben lassen, uns erhalten hast und uns hast diese Zeit erreichen lassen.«

Schma Israel: *Shema Yisra'el*, hebr. für »Höre Israel«, gilt gemeinhin als das jüdische Glaubensbekenntnis. Seit der Spätantike gilt es als liturgischer Bestandteil und wichtigstes Gebet des Judentums.

Sederabend: Frankfurter schreibt von der *Seder*-Nacht. Der *Sederabend* ist der Auftakt von *Pessach*. *Seder*, hebr. für »Ordnung«, steht für ein symbolträchtiges Festmahl, bei dem der Tisch mit symbolischen Speisen, die an die *Pessach*-Geschichte erinnern, gedeckt und der Abend von der gemeinsamen Lektüre der *Pessach-Haggada* geprägt ist.

Siddur Tefillah: *Siddur*, von hebr. seder, und *tefillah*, hebr. für »Gebet«, bezeichnet ein jüdisches Gebetbuch für den Alltag und den *Schabbat*.

Sukkot: Hebr. für »Hütten«, bezeichnet das Laubhüttenfest, eines der drei Wallfahrtsfeste, das mit *Simchat Tora*, dem »Tag der Torafreude« endet. Teil des Festes ist der Aufenthalt in einer Laubhütte (*Sukka*) in Erinnerung an die Israeliten und ihr provisorisches Leben in Hütten während der Wüstenwanderung.

Tallit: Ein Gebetsumhang, der zum Morgengebet umgelegt wird.

Talmid: Hebr. für Schüler.

Talmud: Hebr. für »Belehrung«, »Studium«, ist neben der *Tora* das wichtigste Schriftwerk des Judentums. Der *Talmud* liegt in zwei umfangreichen Fassungen vor: dem Babylonischen Talmud und dem Jerusalemer Talmud. Ersterer wird als bedeutenderes Werk rezipiert. Der *Talmud* besteht aus der *Mischna* und der *Gemara* und wurde zwischen dem 5. und 8. Jahrhundert fertiggestellt.

Tanach: Die hebräische Bibel, bestehend aus der *Tora* (Lehre), *Newi'im* (Propheten) und *Ketuwim* (Schriften). Aus diesen drei Hauptteilen setzt sich das Akronym *Tanach* zusammen.

Tefillin: Gebetsriemen, die zum Morgengebet an Werktagen an einem Arm und den Kopf angelegt werden. Sie bestehen aus zwei schwarzen Lederriemen mit jeweils einer Kapsel. Beide Kapseln enthalten ein handbeschriebenes Pergament mit dem *Shema Yisra'el*.

Teschuwa: Lässt sich aus dem Hebr. mit »Buße« oder »Umkehr« übersetzen. *Teschuwa* begegnet uns insbesondere an den hohen Feiertagen zwischen *Rosch haSchana* und *Jom Kippur*. Denn wenn man gesündigt hat, soll man *Teschuwa* praktizieren. In den Tagen zwischen den beiden Feiertagen stehen die »Tore« der Reue weit offen.

Tochecha: *Tochechot*, hebr. für »Flüche«, werden die in den Fußnoten (Memoiren David Frankfurter) 110 und 111 erwähnten Textstellen aus der *Tora* genannt – insbesondere die Androhung der Flüche seitens Moses gegenüber den Israeliten, wenn sie Gottes Regeln missachten.

Tora: Die *Tora*, hebr. für »Lehre«, ist eines der wichtigsten Schriftstücke des Judentums und Teil des *Tanachs*. Sie ist die Bezeichnung für den Pentateuch und besteht aus den fünf Büchern Moses: Genesis, Exodus, Levitikus, Numeri und Deuteronomium. Während eines jüdischen Kalenderjahres wird die *Tora*, eingeteilt in etwa 50 Wochenabschnitte, in der Synagoge vorgetragen. Für den Gebrauch im Gottesdienst wird die *Tora* auf eine Pergamentrolle geschrieben.

Tora im Derech Erez: Der Leitsatz *Tora im Derech Erez*, was aus dem Hebr. mit »Tora in dem Weg des Landes« übersetzt werden kann, wurde von dem Frankfurter Rabbiner Samson Raphael Hirsch (1808–1888) in seinen Schriften und Predigten anders geprägt. Dabei geht es um das Verhältnis der *Tora* mit der menschlichen Umwelt und den weltlichen Wissenschaften. Für Hirsch galten *Tora* und *Talmud* als gottgegeben, und er ließ nur punktuell Abweichungen ihrer Auslegung zu. Trotzdem propagierte er eine Kombination der *Tora*-Lehre mit dem Studium der Wissenschaften, um die göttlichen Gebote noch besser verstehen und anwenden zu können. Damit legte Hirsch in Frankfurt den Grundstein einer modernen Orthodoxie, die heute weltweit als Neo-Orthodoxie bekannt ist.

Widduji: *Widduj*, hebr. für »Bekenntnis«, ist das Schuldbekenntnis im Judentum.

Yishuv: Mit *Jischuw* wird seit dem Ende des 19. Jahrhunderts die vorstaatliche jüdische Gemeinschaft in Palästina bezeichnet.

Zedek, zedek tirdof: »Der Gerechtigkeit sollst du nachjagen«, so ein Zitat aus Deuteronomium 16:20. Der Ausspruch ist eines der jüdischen Grundprinzipien, das darauf zielt, dass immer eine Gerichtsentscheidung anzustreben ist, unabhängig davon, ob man freigesprochen oder verurteilt wird.

Zion: *Zion* ist eine Anhöhe in Jerusalem. Seit biblischer Zeit ist es ein Synonym für Jerusalem, für den Tempel und schließlich für Israel selbst. Mit *Zionsliebe* beschreibt Frankfurter seine Liebe zu Israel respektive Jerusalem.

Mit Unterstützung der:

GESELLSCHAFT
DER FREUNDE UND FÖRDERER
DES JÜDISCHEN MUSEUMS E.V.

Bibliografische Information der Deutschen Nationalbibliothek
Die Deutsche Nationalbibliothek verzeichnet diese Publikation in der Deutschen Nationalbibliografie; detaillierte bibliografische Daten sind im Internet über http://dnb.d-nb.de abrufbar.

S. Marix Verlag in der Verlagshaus Römerweg GmbH, Wiesbaden 2022

Lektorat: Gabriele Günther
Covergestaltung: Karina Bertagnolli, Wiesbaden
Layout & Satz: Anja Carrà, Weimar
Bildnachweis Cover & Seite 1: Identifikationskarte für Palästina von David Frankfurter aus der Britischen Mandatszeit, 1945, Privatarchiv Moshe Frankfurter

Der Titel wurde in der Baskerville gesetzt.
Gesamtherstellung: CPI books GmbH, Leck – Germany

ISBN: 978-3-7374-1202-5

Mehr über Ideen, Autoren und Programm des Verlags finden Sie auf www.verlagshausroemerweg.de und in Ihrer Buchhandlung.